Hape Kerkeling
Der Junge muss an die frische Luft

D0631697

PIPER

Zu diesem Buch

»Was, um Himmels willen, hat mich bloß ins gleißende Scheinwerferlicht getrieben, mitten unter die Showwölfe? Eigentlich bin ich doch mehr der gemütliche, tapsige Typ und überhaupt keine Rampensau. Warum wollte ich also bereits im zarten Kindesalter mit aller Macht ›berühmt werden‹? Und wieso hat das dann tatsächlich geklappt? Nun, vielleicht einfach deshalb, weil ich es meiner Oma als sechsjähriger Knirps genau so versprechen musste ...« Hape Kerkeling, der mit seinem Pilgerbericht »Ich bin dann mal weg« seine Fans begeisterte und Leser jeden Alters für sich gewann, lädt auf die Reise durch seine Memoiren ein. Sie führt nach Düsseldorf, Mosambik und in den heiligen Garten von Gethsemane; vor allem aber an die Orte von »Peterhansels« Kindheit: in Recklinghausens ländliche Vorstadtidylle und in die alte Bergarbeitersiedlung Herten-Scherlebeck. Eindringlich erzählt er von den Erfahrungen, die ihn prägten, und warum es in fünfzig Lebensjahren mehr als einmal eine schützende Hand brauchte.

Hape (eigentlich Hans-Peter) Kerkeling, geboren 1964 in Recklinghausen, ist einer der beliebtesten Entertainer und vielfach preisgekrönter Comedian, Sänger, Schauspieler, Moderator, Kabarettist und Autor. Er wurde u. a. mit der Goldenen Kamera, dem Adolf-Grimme-Preis und dem Deutschen Fernsehpreis ausgezeichnet. Sein Buch »Ich bin dann mal weg« stand hundert Wochen auf Platz 1 der Bestsellerliste, hat fünf Millionen Leser erreicht und wurde mit Devid Striesow in der Hauptrolle erfolgreich verfilmt. Hape Kerkeling lebt in Bonn und Italien. Zuletzt erschien von ihm der Bestseller »Frisch hapeziert«.

Hape Kerkeling

DER JUNGE MUSS AN DIE FRISCHE LUFT

Meine Kindheit und ich

Mit farbigem Bildteil

PIPER

Mehr über unsere Autoren und Bücher:
www.piper.de

Von Hape Kerkeling liegen im Piper Verlag vor:
Ich bin dann mal weg
Der Junge muss an die frische Luft
Frisch hapeziert

Dank an den G. Reichel Verlag für die Genehmigung des Textabdrucks auf
S. 7 aus »Babaji – Unergründlich tief wie das Meer: 108 Begegnungen«

Der Autor spendet zehn Prozent seines Honorars an die
Deutsche AIDS-Stiftung, Bonn.
Spendenkonto: Deutsche AIDS-Stiftung, Sparkasse Köln Bonn
IBAN: DE85 3705 0198 0008 0040 04
BIC: COLSDE33

MIX
Papier aus verantwor-
tungsvollen Quellen
FSC
www.fsc.org **FSC® C083411**

Ungekürzte Taschenbuchausgabe
ISBN 978-3-492-31239-4
1. Auflage Dezember 2018
12. Auflage Januar 2020
© Piper Verlag GmbH München 2014
Redaktion: Matthias Teiting, Leipzig
Umschlaggestaltung: FAVORITBUERO, München
Szenenfotos und Umschlagabbildung:
© 2018 UFA Fiction GmbH/Warner Bros. Entertainment GmbH
Originalfotos von Hape Kerkeling im Bildteil:
Privatarchiv Hape Kerkeling
Satz: Satz für Satz, Wangen im Allgäu
Gesetzt aus der The Antiqua
Druck und Bindung: CPI books GmbH, Leck
Printed in the EU

Dieses Buch widme ich meiner Mutter Margret.

Liebe die ganze Menschheit.

Hilf allen Lebewesen.

Sei glücklich. Sei höflich.

Sei eine Quelle unerschöpflicher Freude.

Erkenne Gott und das Gute in jedem Gesicht.

Kein Heiliger ist ohne Vergangenheit, kein Sünder ohne Zukunft.

Sprich Gutes über jeden.

Kannst Du für jemanden kein Lob finden, so lasse ihn aus Deinem Leben gehen.

Sei originell. Sei erfinderisch.

Sei mutig – schöpfe Mut, immer und immer wieder.

Ahme nicht nach. Sei stark. Sei aufrichtig.

Stütze Dich nicht auf die Krücken anderer.

Denke mit Deinem eigenen Kopf. Sei Du selbst.

Alle Vollkommenheit und Tugend Gottes sind in Dir verborgen – offenbare sie.

Auch Weisheit ist bereits in Dir – schenke sie der Welt.

Lasse zu, dass die Gnade Gottes Dich frei macht.

Lasse Dein Leben das einer Rose sein – schweigend spricht sie die Sprache des Duftes.

Shri Babaji Haidakhan, 1984

INHALT

GRUSS AN DIE LESER

Liebe Leser,

es ist schon ein ziemliches Ding, dass jemand, dessen Namen man im deutschen Sprachraum nicht einmal wirklich kennt, großspurig ein Buch über seine Kindheit verfasst.

Tatsächlich kann sich kaum jemand meinen Namen wirklich merken, auch wenn ich selbst inzwischen recht bekannt bin. Es würde mich zum Beispiel überhaupt nicht wundern, wenn Sie nicht wüssten, wie mein Name eigentlich geschrieben wird. Ach, geben Sie es doch zu! Vermutlich müssen Sie genau in diesem Moment auf dem Buchdeckel nachsehen. Dort angekommen, werden Sie dann etwas perplex feststellen, dass ich eben nicht Harpe Kerpelin, Herpes Ferkeling, Herbert Harleking oder Hete Kerkerdings heiße, sondern schlicht: Hape Kerkeling.

Obwohl ich so ja eigentlich auch nicht heiße. Tatsächlich ist und war mein Vorname immer Hans-Peter. So steht er auch im Pass.

Hape Kerkeling!? Tja, wer soll sich diesen knappen, skandinavisch anmutenden Vornamen auch schon merken können oder wollen – zumal in Verbindung mit dem besonders auswärtig klingenden Zunamen, welcher hochdeutsche Ohren vermutlich ans Zuchthaus denken lässt? Abgesehen natürlich von meinen treuesten Fans Dina und Moreen aus Magdeburg. Auch so Namen, die immer falsch geschrieben oder schlecht verstanden werden. Welch humoriger kleiner Zufall.

Hape also! Diese radikale Verstümmelung meines Taufnamens zu Karrierezwecken war im fernen Jahre 1984 die glorreiche Idee meines ersten Managers Manfred Schmidt. Man hätte mich damals auch auf den Namen Silvio La Palma oder Tino Teufel taufen können. Ich hätte das wahrscheinlich mitgemacht, ganz toll gefunden und mit einem halben Liter klebrig süßem Prosecco beschwingt darauf angestoßen.

Franz Elstner, Uwe Jürgens oder Ulli Glas. So hätte ich mich mal nennen sollen. Das sind Namen, die sich ein geneigtes deutsches Publikum wenigstens hätte merken können. Tatsache ist: Für manchen Bayern bin ich »der Harpe«, in Sachsen »der Herbe« und im Rest der Welt vermutlich »der Dings aus dem Ruhrpott«. Manche denken auch, ich heiße Hefe. Dazu verkneife ich mir jetzt mal jeden Kommentar zu meiner Figur.

Mittlerweile habe ich allerdings meinen Frieden mit meinem zweisilbigen Künstlervornamen gemacht. Vor allem seitdem mir meine liebe Freundin Penny McLean – ihres Zeichens Welt- und Popstar der späten 1970er-Jahre sowie vor allem auch Numerologin – erläutert hat, welch mysteriöse Kraft angeblich hinter dieser Abkürzung steckt. Ohne den »Hape« hätte ich ihrer Auffassung nach niemals einen so erfolgreichen Lebensweg beschritten.

»Ha-« steht demnach für das erleichterte Seufzen des Herzens und, wie kann es anders sein, für ein befreites Lachen.

»-pe« hingegen steht für Vitalität und Macht.

Also steht Hape für ein mächtiges Herz, welches vital lacht. Gar kein schlechtes Bild.

Kerkeling hingegen ist niederländisch oder auch niederdeutsch und bedeutet nichts anderes als: Kirchling. Also jemand, der nahe bei der Kirche, der Kerke, lebt, sie auffallend oft in frommer Absicht besucht oder schlicht als Küster arbeitet. Mit meinem Buch *Ich bin dann mal weg* scheine ich der in meinem Nachnamen verankerten religiösen Strebung meiner niederländischen Urahnen schlussendlich brav nachgegeben zu haben und ihr auf angenehme Weise erlegen zu sein.

Gleich hier im Vorwort muss ich unumwunden und ganz offen etwas bekennen. Trotz der scheinbar schicksalhaft richtigen Vornamenwahl habe ich dennoch den falschen Beruf gewählt. Definitiv! Was allerdings ein großes Glück war. Denn was hätte ich alles für verrückte, erschreckende und schöne Erfahrungen nicht gemacht, wenn ich die Weichen nicht von Anfang an so gänzlich falsch gestellt hätte ...

Vielleicht merken sich einige auch genau deshalb meinen Namen nicht, weil sie unterschwellig spüren: Hey, dieser gemütliche, tapsige Typ passt doch gar nicht ins grelle Rampenlicht!?

Wie dem auch sei: Egal, wo in Deutschland ich sitze, liege oder stehe, tue ich das inzwischen als sogenannte öffentliche Person. Und das, obwohl ich es eigentlich eher ruhig und beschaulich mag und es mir lieber ist, wenn ich nicht der Mittelpunkt des Geschehens bin. Rote Teppiche finde ich dämlich und unnütz. *Call me Mr. Boring!*

Kunstlicht setzt meinen Augen massiv zu. Mein Augenarzt hat mir mehrfach eindringlich empfohlen, doch besser den Beruf zu wechseln. Fernseh- und Filmproduktionen überstehe ich nur mit verschreibungspflichtigen Augentropfen, die ich mir quasi ampullenweise in mein Sehorgan einträpfele, um den beißenden Schmerz auf der geröteten Netzhaut zu lindern.

Wenn also auf jemanden die unschöne Titulierung »Rampensau« eigentlich nicht zutrifft, dann auf mich!

Was, um Himmels willen, hat mich dann ins gleißende Scheinwerferlicht getrieben und somit mitten unter die Showwölfe? Warum wollte ich bereits im zarten Kindesalter mit aller Macht »berühmt werden«? Und wieso hat das dann tatsächlich geklappt, und zwar sehr viel besser, als ich es mir in meiner kindlichen Naivität jemals hätte vorstellen können? Nun, vielleicht einfach deshalb, weil ich es meiner Oma Anna als sechsjähriger Knirps genau so versprechen musste.

Jeder Lebensroman ist einmalig, und allein diese Tatsache macht ihn bedeutsam. Dies ist meine Geschichte. Oder besser gesagt: der entscheidende Teil meines bisherigen Lebensfilms. Ein schlichter Holzstuhl am Küchenfenster spielt dabei keine ganz unbedeutende Rolle.

Wenn Sie mich nun begleiten wollen auf der Reise durch meine Memoiren, dann sind Sie herzlich eingeladen. Immer hat da irgendwer schützend seine Hand über mich gehalten, manchmal ganz konkret, manchmal auf mir unbegreifliche Weise.

Jetzt sollen Sie mich mal kennenlernen. Ich habe jetzt schon Kreislauf!

In diesem Sinne: Prosit!

KAPITEL 1

NIEMAND BETRITT DIESEN GARTEN

Niemand, behaupte ich, kann
so überzeugend harmlos und
ungefährlich dreinschauen wie ich.

»Niemand betritt diesen Garten. Was meinen Sie, warum wir einen Zaun drum herum gebaut haben? Wahrscheinlich, damit jeder hier durchlatscht, wie er will? Haben Sie das Schild draußen nicht gelesen?«

Der grauhaarige, griesgrämige Wärter mit dem dicken Schlüsselbund in der sonnengegerbten Hand spricht zwar nur gebrochenes Englisch, ist aber trotzdem unerbittlich. Obwohl uns die Sonne schon jetzt am frühen Morgen wieder erbarmungslos auf den Pelz brennt, bleibt mein Produzent und Regisseur wie stets höflich und distinguiert. Genau auf diese Art und Weise hat Gero von Boehm zum Wohle unserer gemeinsamen Fernseharbeit noch fast immer seinen Willen durchgesetzt.

Auf der Jagd nach spektakulären und einzigartigen bewegten Bildern für unsere sechsteilige und aufwendige ZDF-Dokumentation »Unterwegs in der Weltgeschichte« sind der Produzent, sein Team und ich bis zum Oktober dieses abenteuerlichen Jahres 2009 bereits einmal fast um den gesamten Erdball gejettet und haben unter anderem die Pyramiden in Mexiko und die Freiheitsstatue in

New York fernsehtechnisch »abgefrühstückt« und in das rechte historische Licht gerückt.

»Dann lassen wir das eben mit dem Dreh in dem Garten!«, sage ich resignierend, wohl auch ein bisschen überreizt infolge meines Dauer-Jetlags.

Während ich mir den Schweiß mit einem penetrant nach billigem Fliederparfüm riechenden Papiertaschentuch von der Stirn wische, arbeite ich allerdings innerlich an einer möglichst konstruktiven Alternative. Schließlich schlage ich vor: »Wir könnten doch über den Zaun hinweg drehen. Ganz einfach!«

Der Produzent schaut mich verdutzt an. So, als wollte er sagen: Haben wir uns auch nur ein einziges Mal während unserer Dreharbeiten mit dem Nein eines mürrischen Schwellenwächters zufriedengegeben?

Wo wir überall eigentlich nicht hätten drehen dürfen! In der Blauen Moschee in Istanbul, im Herzen des Vatikans oder auch im großen Tempel in Luxor. Überall hieß es: Nein! Nicht mit uns! Wir haben uns trotzdem nicht vertreiben lassen. Und auch diesmal bleibt unser Produzent auf charmante Weise ungehorsam. Er weiß, dass die jeweils Verantwortlichen es nie bereuen, ihren anfänglich rigorosen Widerstand schlussendlich aufgegeben zu haben.

Es ist uns stets gelungen, ihren guten Willen nicht zu enttäuschen, und das, obwohl wir zum fahrenden Volk der »Fernsehfuzzis« gehören. Und so lautet Gero von Boehms etwas halsstarrige Antwort nun vollkommen zu Recht: »Das kommt gar nicht infrage! Das Bild, das wir für den Film brauchen, bist du im Garten und nicht irgendwo vor einem Eisengitter. Von außen ansehen darf sich den Ort ja jeder Tourist.«

Der Produzent hält dem skeptischen Wärter entgegen, dass wir eigens aus Deutschland angereist seien und eine Drehgenehmigung vom zuständigen Ministerium für das gesamte Areal in der Tasche hätten. Im Übrigen würde ich – der Moderator der Sendung – selbstverständlich nur schweigend und andächtig durch den geheimnisumwitterten Garten wandeln.

Das ist ein wirklich kluger Schachzug, denke ich, auch wenn mir diese Tatsache völlig neu ist. Denn ich hätte eigentlich einen zwar poetischen, aber doch ellenlangen Text im Garten zu sprechen gehabt. Der wird nun aus gegebenem Anlass gestrichen. Bilder sind eben manchmal aussagekräftiger als Worte. Eine Stärke jedoch werfe auch ich in den Ring, um Gero stumm lächelnd zu unterstützen. Ich gucke harmlos! Niemand, behaupte ich, kann so überzeugend harmlos und ungefährlich dreinschauen wie ich, zumindest wenn es, so wie jetzt, darauf ankommt.

Die Argumente und vor allem aber die hypnotisierende Ausstrahlung unseres Produzenten scheinen indes auf fruchtbaren Boden zu fallen, denn der störrische Wärter des Allerheiligsten wirft einen nachdenklichen Blick auf seinen Schlüsselbund und verkündet dann verschwörerisch, während er dabei auf mich deutet:

»Okay. Aber nur fünf Minuten, und er darf im Garten nicht sprechen!«

Er greift nach einem der halb verrosteten Schlüssel am Bund und öffnet tatsächlich das kleine schmiedeeiserne Tor zum Garten Gethsemane in Jerusalem. Dem letzten Zufluchtsort Jesu vor seiner Kreuzigung. Der Platz, an dem der Messias verraten wurde.

Was schier unmöglich schien, ist mit einem Mal und allein durch Herrn von Boehms diplomatisches Geschick und sein Fingerspitzengefühl zum Greifen nahe. Mit einer knappen und wenig einladenden Geste fordert mich der grimmige Wärter auf, den Garten zu betreten. Er selbst setzt den Fuß nicht einmal auf die Schwelle und bleibt mahnend am Tor stehen. Der Kameramann folgt mir samt seinem technischen Equipment still ins Allerheiligste.

Es ist ein eigenartiges Gefühl der besonderen Ehre, welches uns beschleicht, als wir zwei diesen zweifellos bedeutenden Ort der Menschheitsgeschichte betreten dürfen.

Ein schlichter kleiner sonnendurchfluteter Olivenhain mit exakt acht uralten und ehrwürdigen Bäumen; mehr ist es zunächst gar nicht. Ein sanfter Wind lässt die Blätter an den Olivenbäumen leise rascheln. Das also ist der Lieblingsplatz Jesu.

Eigentlich bin ich jemand, der heiligen Stätten oder sogenannten spirituellen Orten eher skeptisch gegenübertritt, da diese Plätze meist nur das sind, was Menschen unbedingt in ihnen sehen wollen.

Aber dieser Garten ist ganz anders als alles, was ich bisher an Vergleichbarem sehen durfte. Er besitzt so etwas wie eine eigenständige Wirksamkeit, die unabhängig von meinem Wünschen, Wollen, Denken oder Betrachten arbeitet. Mit einem Mal wird etwas in mir sanft »verrückt« oder, besser gesagt, gerade gerückt. Wild durcheinanderkreisende Gedanken in meinem Kopf scheinen sich hier wie von selbst in einer sinnvollen Reihenfolge zu ordnen.

Das karge Wäldchen durchströmt spürbar eine liebevolle Kraft, der ich mich, selbst wenn ich es wollte, nicht erwehren kann. Energetisch ist hier alles im harmonischen Fluss, mein Geist und mein Körper geraten automatisch in Einklang mit dieser zarten und friedvollen Schwingung.

Seltsam befreiend fühlt es sich an, still durch diesen Garten zu wandeln. Die heilsame Kraft, die von diesem grünen Fleck ausgeht, ist für mich körperlich wahrnehmbar und beschert mir unerwartet einen der schönsten und damit unvergesslichsten Momente meines Lebens. Tatsächlich empfinde ich es als eine Art Gnade, meinen Fuß in dieses gut bewachte Heiligtum setzen zu dürfen.

Der Ort selbst wirkt dabei so verletzlich. Ein falsches, lautes oder unbedachtes Wort an diesem Platz würde die friedensstiftende Energie vermutlich trüben, und ein einziger glühender Funke würde ausreichen, um das trockene Grün innerhalb kürzester Zeit lichterloh in Flammen aufgehen zu lassen.

Wie hat dieser fragile Ort bloß die vergangenen 2000 Jahre vollkommen schadlos überstanden? Und das quasi mitten im von Krisen und Krieg geplagten Jerusalem? Vermutlich muss man vielen Generationen von argwöhnisch dreinschauenden Wächtern dafür danken, dass der Ort noch intakt ist. Die ungewöhnliche Widerborstigkeit des wachhabenden Hüters kann ich nun nachvollziehen. Es muss im Innersten des Gartens allzeit absolute meditative Stille herrschen. Der hier gewirkt hat, hat seine nachhaltigen Spuren im Schatten der Olivenbäume fühlbar hinterlassen.

Als wir den Garten, förmlich verwandelt, durch das kleine Tor nach gut fünf Minuten wieder verlassen, steht da immer noch der schlecht gelaunte Wärter und raunzt mir leise zu: »Haben Sie es gespürt?«

Zwar bin ich etwas verblüfft über seine Frage, sage aber dann doch freiheraus: » Ja, das habe ich in der Tat!«

»Gut!«

Mit diesem gegrummelten Wort verschließt er das Tor auch wieder. Der Produzent lächelt mehr als zufrieden. Und für mich bleibt Jerusalem der bewegendste Ort, an dem ich je sein durfte. Ich kann es drehen und wenden, wie ich will: Das, was ich im Oktober des Jahres 2009 in diesem Garten gespürt habe, es festigt meinen Glauben.

Dass mein kurioser Weg als Fernsehkomiker und Moderator mich nach knapp 26 Berufsjahren in den Garten Gethsemane führen würde, hätte ich wohl selbst für am wenigsten wahrscheinlich gehalten. Eine selten glückliche und durchaus schräge Fügung. Letztlich war der kurze Aufenthalt in Gethsemane ausschlaggebend dafür, dass ich die Kraft und die Überwindung aufbringen konnte, das vorliegende, für mich stellenweise schwierige Buch überhaupt zu schreiben.

Glaubt man der Kabbala, der uralten mystischen Tradition des Judentums, dann steckt hinter jedem Namen oder Wort neben seiner offensichtlichen noch eine verborgene Bedeutung. Anagrammspezialisten würfeln die Buchstabenfolge eines Wortes so oft neu zusammen, bis sich ihnen ein neuer, geheimer Sinn des Namens erschließt. Ein an der Kabbala interessierter Leser hat das mit dem Titel meines ersten Buches versucht und ist zu einem frappierenden Ergebnis gelangt. *Ich bin dann mal weg* wird zu: »Weib, Mann, Ding, lach!«

Diesen Satz dürfen Sie gern als dringende Lebensempfehlung meinerseits verstehen. Aber wozu wird wohl *Der Junge muss an die frische Luft*? Ich bin gespannt.

KAPITEL 2
DU BIST WIE ICH, HORST SCHLÄMMER!

*Erkenne Gott und das Gute
in jedem Gesicht.*

Der 11.11.2011 ist ein matschig verregneter, nasskalter Tag in Düsseldorf. Ob allein aufgrund des miesen Wetters oder der drolligen Schnapszahl wegen, das weiß ich nicht genau, jedenfalls bedeutet dieser Tag eine Zäsur in meinem Leben. Es endet etwas Altvertrautes, und etwas aufregend Neues scheint sich Bahn zu brechen.

Richtig hell ist es den ganzen Tag nicht geworden; jetzt am frühen Nachmittag ist es eigentlich schon wieder dunkel. Selbst in Reykjavik ist das Wetter heute wahrscheinlich freundlicher. Die fünfte, närrische Jahreszeit hält im Rheinland in diesem Jahr eher schlapp ihren Einzug, zu hören ist bestenfalls ein ganz maues Helau, das sich am liebsten wohl unter einem Regenschirm verschanzen würde. Bei diesem Aschermittwochwetter bleibt selbst der närrischste Jeck zu Hause, um jetzt schon für die kleinen Sünden zu büßen, welche er noch gar nicht begangen hat und die er, wenn das Wetter so bleibt, aus purer Lustlosigkeit auch nie begehen wird.

Der ockerfarbene Horst-Schlämmer-Mantel und das dazugehörige schwarze Herrenhandtäschchen aus billigem

Kunstleder mit Griffschlaufe liegen auf der ausladenden waidmannsgrünen Samtcouch zum Einsatz parat. Alles andere, was noch zur Maskerade gehört, wird Inge später mitbringen. Mein Blick aus dem Fenster der irgendwie altdeutsch eingerichteten und überheizten Schleiflack-Präsidentensuite im mondänen Parkhotel trifft auf die größte und wahrscheinlich auch dezibelstärkste Baustelle Europas.

Mitten in der schlimmsten und von uns Deutschen mit-verschuldeten Wirtschaftskrise nach dem Zweiten Welt-krieg macht Düsseldorf auf richtig dicke Hose und verlegt eine mehrspurige Brückentrasse mit aller Gewalt unter die Erde. In ferner Zukunft soll hier eine autofreie Grünflä-che für erholungsbedürftige Düsseldorfer entstehen. Die Erholung werden sie auch bitter nötig haben nach all dem Radau.

Im Moment sieht es hier noch so aus wie kurz nach einem Bombenangriff. Genau deswegen kann man im Hotel auch besonders preiswert wohnen, und ich begreife, wieso ich ausnahmsweise mal in einer Präsidentensuite logieren darf.

Heute Abend findet die Vorpremiere des Musicals *Hape Kerkelings Kein Pardon* im Düsseldorfer Capitol Theater statt, morgen dann die eigentliche sogenannte Welturauf-führung, in Anwesenheit vieler aufgebrezelter Fernseh-promis, mit all dem dazugehörigen Medientamtam.

Diese Baustelle funktioniert gewissermaßen wie eine Metapher für mein eigenes Leben, denn so wie sich Düs-seldorf gerade mit diesem Großbauprojekt ein wenig über-nimmt, so übernehme ich mich wieder einmal mit mei-nem Job ... und überhaupt.

Dieses klaffende, wunde Loch mitten in der ansehnlichen Landeshauptstadt steht für das mühsame Werden einer vermutlich in Zukunft einmal wunderschönen Oase. Wenn man nicht genau wüsste, was sie da unten lautstark inmitten der ohnehin quirligen Metropole Düsseldorf treiben, könnte man den verantwortlichen Projektleiter getrost für komplett verrückt halten. Es sieht im Moment einfach nicht so aus, als würde oberhalb dieser schlammigen und lärmenden Grube jemals eine blühende kleine Landschaft entstehen wollen.

War mein Leben zu Beginn nicht auch eine ziemlich aufgewühlte Baustelle und ein einziges Chaos? Gab es da nicht auch eine klaffende Wunde, die einfach nicht heilen wollte? Hätte ich jemals ernsthaft annehmen können, dass aus dieser Wunde über die Jahrzehnte etwas derart Schönes entsteht?

Aus dem Film *Kein Pardon* von 1993 ist jedenfalls unter der Federführung von Thomas Hermanns ein ausgesprochen gelungenes Comedy-Musical geworden.

Viele inhaltliche und konzeptionelle Diskussionen, Castings, kalte und heiße Proben, ziemlich blöde und ausgesprochen nette Interview- und Fototermine haben mich deshalb in den vergangenen Monaten immer wieder in meine geliebte alte Wahlheimat geführt.

Als ich jenen Streifen damals gemeinsam mit dem unvergesslichen Filmproduzenten Horst Wendlandt verwirklichen durfte, flog mir parallel dazu das Angebot des ZDF ins Haus, *Wetten, dass..?* von Thomas Gottschalk zu übernehmen. Ich lehnte umgehend und dankend ab, und zwar mit einem klaren: »Nein danke. Ich möchte nicht.«

Und nun, knapp 18 Jahre später, wird aus dem Film das Musical, und vor exakt einer Woche habe ich *Wetten, dass..?* zum zweiten Mal abgelehnt. Diesmal live und im Fernsehen! Direkt neben Thomas Gottschalk, auf dessen berühmter Couch hockend, und somit vor den Augen der deutschen Öffentlichkeit. Ich hab sie doch nicht mehr alle!? So etwas sagt man nämlich nicht vor laufender Kamera ab, sondern schlicht mit einem knappen und amüsanten Pressestatement.

Habe ich das jetzt aus verirrtem Größenwahn oder aus purer Erschöpfung getan? Tatsache ist: Ich hab's getan. Im Rückblick einfach nur peinlich.

In den vergangenen Jahren ist mir jedoch so einiges an Schönem, leider aber auch an weniger Erbaulichem in die Quere gekommen. Manche Dinge sind mir dadurch schlicht aus dem Ruder gelaufen. Diese Jahre, von 2009 bis 2011, waren für mich besonders ereignisreich, geprägt von jeder Menge Abenteuer und Wirbel.

Mein bereits 2006 erschienener Erstling *Ich bin dann mal weg!*, der tatsächlich von Gott und der Welt handelt, avancierte gegen alle meine Erwartungen zum erfolgreichsten deutschen Sachbuch der Nachkriegszeit und ist in 16 Sprachen übersetzt worden. Ulkiger und ehrenvoller Nebeneffekt dieses überwältigenden Erfolges war, dass mich der spanische König wegen besonderer Verdienste um Spanien im Jahre 2011 zum »Illustrissime« ernannte und ich somit quasi zum niederen spanischen Adel gehöre. Natürlich gab es bei allem Rummel um diesen Erfolg vereinzelt auch harsche Kritik. Dilettantisch, unpersönlich, fade, schlecht geschrieben, naiv, nicht nachvollziehbar, eitel, esoterisch, langweilig, redundant, verkorkst und nicht der Rede wert – dies waren die negativen Begriffe, mit denen man das Buch und somit auch mich belegte. Und gelegentlich habe ich auch diese Dinge an mich herangelassen.

Mit dem bereits eingangs erwähnten Gero von Boehm und seinem großartigen Team habe ich die sechsteilige ZDF-Reihe *Unterwegs in der Weltgeschichte* gedreht. Eine Mammutaufgabe. Auf dem eng gestrickten Arbeitsplan standen als Drehorte die Türkei, Ägypten, Israel, Spanien, Italien, Großbritannien, die Niederlande, die Tschechische Republik, Frankreich, Russland, die USA, Mexiko, die Wartburg und obendrein der neblige Teutoburger Wald. Das alles innerhalb nur eines Jahres.

Parallel dazu beschlossen mein langjähriger Lebenspartner Angelo und ich schweren Herzens, getrennte Wege zu gehen. Mitten in dieser schlimmen Lebenskrise verschlug es mich paradoxerweise also immer wieder an die schönsten Orte des Erdballs. Das will dann alles auch einfach mal verdaut werden.

Nur wann eigentlich? An friedliches Innehalten und stille Reflexion ist gar nicht zu denken. Denn an wie vielen atemberaubenden Schauplätzen und in wie vielen unterschiedlichen Klima- und Zeitzonen an wie viel Tagen wir gedreht haben, das weiß ich beim besten Willen nicht mehr genau. Es waren unzählige, und manchmal ist die Arbeit auch eine willkommene Ablenkung gewesen.

So schön und erlebnisreich das Leben eines Weltenbummlers auch sein mag, ganz ehrlich, die berühmten Sätze: »Willkommen an Bord!« und »Die Schwimmwesten befinden sich unter Ihrem Sitz!« kann ich eine ganze Weile lang einfach nicht mehr hören.

Manchmal frage ich mich, wie ich über all die Jahre in dieser durchaus auch kaputten Branche überhaupt halbwegs heil geblieben bin. Ein Wunder, dass ich nicht tatsächlich so aussehe wie Horst Schlämmer! Zugegeben – der Stress im Showbusiness ist nichts weiter als ein massives Luxusproblem, für das ich zumeist sogar dankbar bin. Es gibt Schlimmeres. Viel Schlimmeres. Davon soll gleich noch die Rede sein.

Vor all den Premierenzirkus am heutigen 11.11.11 hat der liebe Gott nämlich noch einen wirklich wichtigen Termin gesetzt.

Vor zwei Stunden sind mein Freund Henning und ich, aus Berlin kommend, am Düsseldorfer Flughafen gelandet und haben es uns nun in dieser rheinischen Luxusresidenz an der Kö so gemütlich wie nur eben möglich gemacht. Selbst bei geschlossenem Fenster hat man das Gefühl, dass man live auf der Baustelle beim Presslufthämmern mit dabei wäre.

Wie zum Trotz einen melancholischen alten Schlager trällernd macht Henning sich im Bad nebenan frisch. Er hat einfach immer gute Laune; auch an einem so schwierigen Tag wie heute bleibt er sonnig bis heiter. Mir gefällt das. Und hat er mal schlechte Laune, dann handelt es sich bei ihm immer noch um eine abgespeckte Variante von guter Laune. Er ist ein Wunder für mich! Seit gut einem Jahr.

Pünktlich um 17.00 Uhr steht Inge vor unserer Hotelzimmertür. Meine Maskenbildnerin. Eine temperamentvolle, dunkelhaarige, herztüchtige Fränkin. Wir kennen und schätzen uns seit 1985 – das ist schon verdammt lange. Alles fühlt sich heute irgendwie so an, als wäre es lange her. Länger als sonst, komischerweise ...

Nach einer herzlichen Umarmung, einem kurzen Plausch bei einer Zigarette und einem schönen, schnöden Filterkaffee kramt Inge wie schon so oft die grau gelockte Perücke, die schiefen Zähne und den dazugehörigen verfilzten Schnauzbart aus den Untiefen ihres Maskenkoffers hervor. Beim bloßen Anblick dieser drei Gegenstände bekomme ich wahlweise entweder Kreislauf oder Rücken. Und das ist normalerweise auch gut so.

Sie legt alles, so als handele es sich um die Kronjuwelen des niederländischen Königshauses, behutsam auf den kurzerhand zum Schminktisch umfunktionierten Biedermeiersekretär.

Oft werde ich den schmierigen grauen Schlämmer-Kittel nicht mehr anziehen können, schießt es mir bei einer eingehenden Untersuchung des abgegriffenen Mantels durch den Kopf. An den Ärmeln gibt der inzwischen transparente Stoff infolge des siebenjährigen Einsatzes bereits bedrohlich nach.

»Wie bin ich bloß auf die bescheuerte Idee gekommen, derart hässliche Kleidung und eine so abartige Maskerade zur besten Sendezeit im Deutschen Fernsehen zu tragen?«, denke ich laut.

Inge lacht, und zwar so, wie sie es immer tut. Schallend, herzlich und ansteckend. »Na, da gab es aber schon weitaus schlechtere Ideen als diese!«

Ob es allerdings so eine gute Idee ist, ausgerechnet heute in diese Kostümierung zu steigen, dessen bin ich mir gar nicht mehr so sicher. Was für ein verrücktes Phänomen, dass meine schmuddelige und nuschelnde Kunstfigur Horst im Prinzip bekannter und beliebter ist als ich, ihr Darsteller.

Henning ist mittlerweile dem Bad entschwunden und hat sich in seinen feinsten, silbergrau schimmernden Zwirn geworfen.

»Toll siehst du aus!«, entfährt es Inge – und sie meint damit nicht mich. Denn ich lasse mich gerade auf eigenen Wunsch ja höchst professionell von ihr verunstalten.

»Also, wie machen wir das jetzt?«, will Henning vorsichtig in Erfahrung bringen. »Ich gehe mit ... oder? Es ist, glaube ich, gut, wenn ich dich heute begleite.«

»Allein schaffe ich das nicht«, sage ich mit belegter Stimme. »Es wäre schon toll, wenn du dabei bist!«

In solchen Situationen legt sich immer ein klebriger und gegen alle Linderungsversuche resistenter Film auf meine Stimmbänder, der es mir partout nicht mehr gestattet, etwas in normaler Zimmerlautstärke zu äußern.

Inge ihrerseits bekundet wie immer Solidarität und absolute Loyalität.

»Wenn du willst, gehe ich auch mit! Kein Thema!«

Dass sie mich heute schminkt und ganz nebenbei auch moralisch stärkt, kostet niemanden einen Cent. Sie ist gekommen, weil sie es für richtig hält.

»Nein, lass mal, Inge ...«, sage ich zwar dankend, aber trotzdem bestimmt. »Es sollten auch nicht zu viele Menschen dabei sein. Ich kenne das Mädchen doch gar nicht.«

Mit dem breiten Mastix-Pinsel verteilt Inge inzwischen großzügig den gleichnamigen Perückenkleber unter meiner Nase. Der Schnauzbart muss ja schließlich irgendwie halten. Dieses eklige Zeug mit dem schönfärbenden Namen »Mastix« hat die bösartige Eigenschaft, bei direktem Hautkontakt schlagartig eiskalt und gleichzeitig ätzend heiß zu werden. Dabei stinkt es penetrant nach einer Mischung aus Harz, Dieselkraftstoff und ranzigem Marzipan. Irgendwie lieblreizend süßlich, aber auch verdorben sauer. Und fragen Sie mich bitte nicht, woher ich weiß, wie ranziges Marzipan riecht, ich weiß es natürlich nicht. Aber eines weiß ich, nämlich, dass Mastix genau so riecht. Bäh! Und das meistens direkt unter meiner Nase.

Wieder und wieder habe ich mir in den vergangenen fast dreißig Jahren diese zähflüssige Teufelstinktur unter die Nase, an die Schläfen, auf die Stirn, ans Kinn oder sonst wohin schmieren oder reiben lassen, damit irgendein Fremdhaar zu mehr oder weniger gelungenen Fernsehunterhaltungszwecken bombenfest in meinem Gesicht oder auf dem Kopf halten konnte. So wurde ich zu Hannilein, Siggi Schwäbli, Beatrix, dem Hurz-Sänger Miroslav Lemm, Rico Mielke, Gisela, Uschi Blum, der Paartherapeutin Evje van Dampen und – last, but not least – zu Horst Schlämmer.

Meine Maskerade ist perfekt. Der Kleber ätzt und riecht streng, und ich sehe nun so aus, als würde ich dasselbe tun. Heute passiert das alles allerdings nur auf Wunsch einer einzelnen jungen Dame. Melanie. So heißt die kleine Duisburgerin. Sie ist gerade einmal neun Jahre alt und hat nach Aussage ihrer behandelnden Ärzte nicht mehr viel Zeit auf diesem komischen und manchmal recht zickigen Planeten.

Eine Organisation, die todkranken Kindern ihren letzten Wunsch erfüllt, hat mich angeschrieben und mir von Melanie erzählt. »Eine Ballonfahrt und einmal Horst Schlämmer treffen!« Das stand auf ihrem bescheidenen Wunschzettel.

Ballon gefahren ist sie bereits, und es soll toll gewesen sein. Nun will sie Horst Schlämmer kennenlernen. Wohlgemerkt, nicht mich. Von mir hat sie wahrscheinlich noch nie etwas gehört.

In *Ich bin dann mal weg* habe ich eine ähnliche Begegnung bereits beschrieben. Damals, 1992, begegnete ich – übrigens auch in Düsseldorf – der 15-jährigen Alexandra. Das Erlebnis hat mich erschüttert und verändert. Deswegen weiß ich von der Kraft und der Wucht, die in derart endgültigen Begegnungen steckt. In meinen frühen Sketchen spielte ich oft eine von mir erfundene Melanie, die pausbäckig, frech und sehr lustig war – die kleinere Schwester des vorlauten Hannilein. Auf was für eine Melanie werde ich heute treffen?

Es klopft an die Tür. Das muss Nancy sein.

Meine wuselige, kessblonde Managerin Elke hat in ihrer Heimatstadt Berlin zu tun, und so wird ihre weitaus ruhigere Assistentin sich um die Koordination der heutigen Termine kümmern. Ich öffne die Tür.

»Melanie und ihre Eltern sind gerade unten in der Lobby angekommen. Das Hotel war so freundlich und hat extra eine andere Suite vorbereitet, wo ihr euch in Ruhe treffen könnt. Du bist ja schon umgezogen. Ich begleite dich hinauf, okay?«, bereitet Nancy mich vor.

Wie vor jedem Auftritt mustert mich meine Maskenbildnerin noch einmal eingehend und kritisch. Etwas scheint nicht zu stimmen, denn Inges suchender Blick landet mit weit aufgerissenen Augen auf dem Sofa.

»O Gott, bloß nicht den Schnapper aus Nappa vergessen!« Inge reißt die Herrenhandtasche vom Sitzmöbel und wirft sie mir entschlossen zu.

Recht hat sie. An dem Herrenhandtäschchen hält sich Horst Schlämmer nämlich immer fest. Sonst weiß er partout nicht, wohin mit den Händen. Ohne diese Tasche ist er nicht er selbst.

Gemeinsam mit Nancy fahren Henning und ich mit dem Aufzug in die oberste Etage des schicken Hauses, um kurz danach die stilvolle und angenehm beleuchtete Suite zu betreten. Eigentlich ein sehr schöner Ort. Die Hotelangestellten wussten von der geplanten Begegnung und haben alles auf berührende Weise liebevoll hergerichtet.

»Gut. Dann werde ich deinen Gast jetzt in der Lobby in Empfang nehmen und hierher begleiten«, erklärt Nancy in besänftigendem Tonfall und zieht die Tür wieder leise hinter sich ins Schloss.

Der Baustellenlärm verebbt, und so herrscht bald eine eigentümlich friedvolle Feierabendstimmung in den Räumlichkeiten.

An der schwarzen Herrenhandtasche nestelnd, setze ich mich in einen der schweren grünen Sessel – und Herr Schlämmer versinkt fast darin.

»Das sieht sicher lustig aus«, denke ich laut, »und Horst wirkt dadurch kleiner.« Vielleicht ist das gut? Oder eher nicht? Wie lege ich Horst Schlämmer eigentlich an? Dies ist kein Auftritt wie alle anderen, sondern das gnadenlose Leben.

»Meinst du, ich sollte mich im Laufe des Gesprächs mit Melanie langsam demaskieren? Damit sie sieht, wer ich wirklich bin?«, frage ich Henning.

»Bloß nicht! Sie will Horst Schlämmer treffen«, bremst er mich laut flüsternd. »Das musst du so gut gelaunt wie nur eben möglich durchziehen. Sonst ist sie vielleicht enttäuscht.«

Vielleicht sollte ich einfach an Horsts durchschlagenden Erfolg bei Damen jeden Alters glauben? Er kriegt das schon hin, und wahrscheinlich sogar besser als ich.

Es klopft. Von einem Hotelangestellten wird die schwere Tür von außen geöffnet. Aus dem Flur ist eine neugierige Kinderstimme zu hören: »Und da ist er jetzt wirklich drin?«

»Ja, er wartet da drinnen auf dich!«, höre ich Nancy noch sagen, bevor die Tür sich wieder schließt und Melanie, in einem großen Rollstuhl sitzend, von ihren Eltern sanft und fast lautlos ins Zimmer gefahren wird.

Sie strahlt über das ganze Gesicht und kommt mir vor wie eine kleine Königin.

Von der Krankheit ist sie schwer gezeichnet, und nicht nur die sehr kurzen Haare lassen erahnen, dass sie in der Therapie durch die Hölle gegangen sein muss. Trotzdem ist auch ihr sonniges Gemüt einfach nicht zu übersehen. Sie sieht frech, aufgeweckt, hübsch und pausbäckig aus. Genau wie die kleine Melanie in meinen Sketchen.

»Booooaaaah, Horst Schlämmer! ... Ist das cool!!!«, prustet es laut aus ihr heraus, und dabei klatscht sie mit der linken Hand heftig auf die Lehne ihres Rollstuhls. Die rechte Hand bleibt reglos in ihrem Schoß liegen.

»Schätzelein, du has' heute aber den ganz großen Auftritt, chrrr, weisse Bescheid ...«, grunze ich ihr gewohnt aufdringlich und unter Zuhilfenahme meines ganzen Körpers entgegen. Sie kichert herrlich unkontrolliert in die kleine Runde, während ihr Vater den Rollstuhl so neben meinem Sessel platziert, dass wir uns auf Augenhöhe begegnen können.

Melanie ist aufgeregt, ihre Augen strahlen. Irgendwie komme ich mir grad vor wie der Nikolaus persönlich, und deswegen lege ich Horst Schlämmer heute auch genauso an, indem ich nahezu unverständlich nuschele:

»Sach ma', Schätzelein, wie isch disch so einschätze, hasse sischer einen Mordsappetit auf Schokolade. Wat meinsse ... du und isch und 'ne schöne Tafel Schokolade ... bisse dabei?«

»Hast du Schokolade hier?«

Melanie ist begeistert. Die Idee scheint also nicht so schlecht gewesen zu sein. Ihre Mutter, die nun neben ihrem Mann und Henning auf dem Sofa Platz genommen hat, nickt schüchtern und gibt damit ihr Einverständnis.

So stakse ich, immer noch nervös an meinem Handtäschchen fummelnd, zur Minibar, und wie es sich für ein Hotel der Spitzenklasse gehört, befinden sich darin auch drei kleine Tafeln Schokolade eines namhaften Schweizer Herstellers.

»Sach ma, und wat trinkste, mein Engelschen? Apfelsaft oder Doornkaat?«

»Natürlich Dooooooornkaaaaaaat, Horst!«, quietscht sie erheitert, um dann gespielt vernünftig fortzufahren: »Aber weil Mama heute dabei ist, lieber nur Apfelsaft!«

Die Atmosphäre entspannt sich mithilfe der Schokolade zusehends, und so lasse ich mich auf einen unterhaltsamen Schlagabtausch mit der schlauen Melanie ein. Ähnlich wie Horst Schlämmer ist sie ein lustiger Platzhirsch mit viel Selbstbewusstsein. Wie schön!

»Wieso wolle se denn ausgerechnet misch treffen, Schätzelein? Wie komme isch zu der Ehre? Wolle se mir wat erzählen?«

»Nö! Ich find dich cool, Horst! Total cool!«, lautet ihre knappe, aber überzeugende Antwort.

»Ja, weisse, dat liescht daran, dat isch 'nen unheimlischen Schlag bei Frauen hab, weil isch so mördermässsisch jut aussehe. Wusstese dat, Melanie?«, flöte ich voller Überzeugung im dröhnenden Bass vor mich hin.

Alles, was Melanie bis zu diesem Zeitpunkt in ihrem Mund hatte, fliegt nun im hohen Bogen Richtung Edelsitzecke. Mich streift das Apfelsaft-Schokoladen-Konzentrat zum Glück nur knapp. Die Kleine lacht das ganze Hotel zusammen. Das ist ansteckend. Wenn Kinder so lachen, muss ich mitlachen und falle komplett aus allen Rollen.

»Wie war denn eigentlisch deine Ballonfahrt, du verrückter Hase?«, schlämmere ich mich, nachdem ich die Fassung wiedergewonnen habe, zurück in die Rolle.

»Ganz toll! Ich bin über unser Haus geflogen und hab den Garten und meine Geschwister gesehen. Alles von oben. Hast du das auch schon mal gemacht, Horst?«

In ihrer Beschreibung schwingt Wehmut, aber auch Freude mit.

»Nee, hab isch nisch ... bisse verrückt!? Weisse wat, Melanie, eigentlisch is dein Horstilein nämlisch ein Angsthase!«, sage ich über Horst und meine natürlich mich.

»Du bist doch kein Angsthase!«, empört sie sich. »Du bist wie ich. Du sagst immer ehrlich, was du denkst. Das gefällt mir!«

Der Satz trifft mich voll ins Herz, und ich ringe innerlich um Fassung. Es gehört nämlich Mut dazu, immer zu sagen, was man denkt – was mir persönlich auch nicht immer gelingt. Was für eine Lektion, die mir dieses kleine kraftstrotzende und todkranke Mädchen da mit auf den Weg gibt. Jetzt hat sie mich bei einer Schwäche ertappt!

Melanie hat offensichtlich nicht nur eine Mordsaufregung mitgebracht, sondern auch einen ebensolchen Appetit, denn im Verlauf unseres Gesprächs verputzt sie genüsslich alle drei Tafeln Schokolade.

Als ich für einen flüchtigen Moment darüber nachdenke, mich zu demaskieren, und die Perücke und die schiefen Zähne ablegen will, frage ich Melanie beim Griff ans gelbe Plastikgebiss: »Soll isch ...?«

Sie hält meine Hand fest und sagt leise: »Neeee, lass mal lieber, Horst! So ist es gut.«

Natürlich sprechen wir in der kleinen Runde auch offen über ihre dramatische Situation und den damit verbundenen seelischen und körperlichen Schmerz.

Das zutiefst Beeindruckende an dieser Begegnung mit Melanie ist für mich: Ihr Körper beginnt zwar zu sterben, aber ihre Seele und ihr Geist sind strotzend vital. Sie wirkt – fast traue ich mich nicht, es zu sagen – auf seltsame Weise glücklich und frei von Angst. Ihre sprühende Offenheit, ihr stilles Vertrauen und ihre geistige Klarheit sind imponierend.

Wie macht sie das? Dieses kluge, kleine, stolze und lebenslustige Menschenkind? So ganz in Frieden mit sich und ihrer Welt zu sein? Es bleibt ihr Geheimnis.

»Und Mama?! Wie jeht et uns heute so?«, versuche ich, als ein ungewöhnlich gutmütiger und naiver Horst Schlämmer Melanies Mutter nach ihrem aktuellen Gemütszustand zu befragen.

»Ach!«, stöhnt die ebenfalls schwer geprüfte Mutter zunächst, um dann aber hinzuzufügen: »Mama geht's mal so ... und mal so. Aber so unglaublich es klingen mag, Melanie gibt mir ganz viel Kraft.«

Das glaube ich der bezaubernden Mutter aufs Wort. Zum Abschluss unserer Begegnung drücke ich Melanie stumm und ganz fest an mich. Mein Gott, es fällt mir so schwer, dieses Kind einfach wieder loszulassen.

»Erkenne Gott und das Gute in jedem Gesicht.«
Diesen evangelischen Kalenderspruch habe ich mal auf einem muffigen Krankenhausflur im Vorbeigehen auf einer vergilbten Pinnwand gelesen, und er ist mir seither in Erinnerung geblieben. Nie war die Umsetzung dieser Aufforderung leichter für mich als in diesem Moment.

Wenige Wochen nach unserer Begegnung wird Melanie friedlich einschlafen und diese Welt mit unbekanntem Ziel verlassen.

Mit einem vernehmbaren »Puh!« öffne ich unsere Zimmertür. Inge ist bereits wieder auf dem Heimweg durch den prasselnden Novemberregen, und ich lasse mich erschöpft auf das Sofa plumpsen.

Über das soeben Erlebte reden Henning und ich nicht. Was sollte man auch sagen? Es war schmerzhaft, aber eben auch schön. Manchmal vereint das Leben beide Gefühle in ein und demselben Moment. Das lässt sich nicht erörtern, sondern nur still wahrnehmen.

Henning geht schweigend ins Nebenzimmer, um, wie ich am Klappergeräusch der Kleiderbügel höre, einige Hemden in den Schrank zu hängen. Dazu sind wir beide heute noch nicht gekommen. Wir sind noch gar nicht richtig angekommen in diesem Zimmer und eigentlich ebenso wenig auf diesem Planeten. Die Hindus haben recht: Die Welt ist ein vorübereilendes Schauspiel.

Als ich, auf der Couch liegend, an die weiße Decke starre, sagt mir mein Gefühl: Das war Horsts letzter und vielleicht sein wichtigster Auftritt. Horsts komische Mission ist erfüllt. Für ein paar Minuten schließe ich die Augen und denke natürlich an Melanie. Ihre eindringlichen Worte klingen in mir nach.

»Du bist doch kein Angsthase! Du bist wie ich. Du sagst immer ehrlich, was du denkst. Das gefällt mir!«

Schließt sich für mich heute, an diesem seltsam jecken Tag, etwa ein Kreis mit ihrem Appell an mich? War ich als neunjähriges Kind eigentlich auch so angstfrei und offen? Vielleicht muss ich doch irgendwann einmal die Ereignisse meiner eigenen Kindheit mutig Revue passieren lassen?

KAPITEL 3
DER JUNGE SPRICHT NICHT VIEL

*Vielleicht kann die eigene Geschichte
anderen ein bisschen
Lebensmut geben.*

Während ich in meinem Hotelzimmer auf dem Sofa liege, verirren sich meine Gedanken nach Maputo, in die Hauptstadt von Mosambik. Die Erinnerung an die Begegnung mit einem besonders starken, zehnjährigen, HIV-positiven Jungen flammt in mir auf. Luis.

Seit knapp 15 Jahren engagiere ich mich im Rahmen meiner Möglichkeiten für die Deutsche Aids-Stiftung. Dr. Ulrich Heide, der ideenreiche Geschäftsführer, lässt sich in seinem Bonner Büro ständig etwas Neues einfallen, um seine Mitarbeiter und eben manchmal auch mich auf Trab zu halten und so den nationalen und weltweiten Projekten die dringend benötigte finanzielle Unterstützung zu sichern. So überrascht er mich eines Tages mit dem folgenden, etwas umständlichen Anruf:

»Heide hier! Guten Tag. Sie können sich sicher denken, warum ich Sie mal wieder anrufe, mein lieber Herr Kerkeling. Was kann ich schon von Ihnen wollen? Ihre Unterstützung!«

Genau das mag ich, neben vielem anderem, an Ulrich. Er kommt immer schnell auf den Punkt, und das nie, ohne eine gehörige Prise Humor beizumischen. Der promovierte Historiker ist Realist, aber auch Humorist – und damit einer der wenigen Menschen, die mich mit voller Absicht herzlich zum Lachen bringen können.

Allein deshalb habe ich wahrscheinlich fast alles, was er mir in den vergangenen zehn Jahren an Benefizaktionen zugunsten der von HIV und Aids betroffenen Menschen so vorgeschlagen hat, nahezu widerstandslos erfüllt und beispielsweise die eine oder andere Kunstauktion oder Operngala moderiert. Jetzt am Telefon ringt Dr. Ulrich Heide weiter um die passenden Worte:

»Ich weiß zwar schon, was Sie mir auf meine durchaus heikle und vielleicht in Ihren Augen auch anmaßende Frage antworten werden, aber ich hoffe inständig, dass Ihre Antwort doch anders ausfallen wird, als ich es jetzt gerade, während wir telefonieren, befürchte!«

O Gott! Hält er mich tatsächlich für so einen schwierigen Charakter? Vorsichtshalber entscheide ich mich spontan für folgende Antwort:

»Also, verehrter Herr Dr. Heide, wenn Sie Ihr Anliegen schon so umständlich vorbringen, dann ist meine Antwort natürlich: Nein! Das klingt mir zu kompliziert, also lassen wir es gleich.«

Ich posaune meine Sätze vollmundig in den Hörer, um möglichst entschieden zu klingen. Wer weiß, was er sich da wieder ausgedacht hat?

»Sehen Sie, und genau das dachte ich mir! Mhmhmh. Was machen wir zwei denn nun?«

Wie schon so oft lässt er eine wohldosierte, blecherne Kunstpause durch den Hörer auf seinen Gesprächspartner einwirken. Und welcher Naivling fällt darauf herein? Ich!

Wie vermutlich von Ulrich gewünscht und einkalkuliert, frage ich neugierig: »Wollen Sie mir denn wenigstens verraten, was ich Ihnen jetzt so unwirsch und ungalant abgesagt habe?«

Mann, ich bin aber auch leicht durchschaubar. Es gibt nun einmal ein paar Menschen, die mich spielend um den Finger wickeln können. Ulrich weiß ganz genau, dass er zu dieser seltenen, sympathischen Spezies gehört. Er hat das Herz auf dem rechten Fleck und ist dabei noch besonders lustig. Dagegen kann ich mich nicht wehren, ich werde sofort zu Wachs. Dr. Ulrich Heide kommt nun ohne Umschweife zum Punkt:

»Ich wollte eigentlich mit Ihnen gemeinsam nach Mosambik reisen. Das ZDF will unser Projekt dort im Rahmen einer großen Spendengala finanziell unterstützen. Jetzt fehlt mir nur noch ein berühmter Name, jemand Prominentes, der unser Behandlungszentrum in Maputo den Fernsehzuschauern vorstellt. Dabei dachte ich natürlich an Sie!«

Für ungeschulte Ohren mag Mosambik zunächst nach Strandurlaub unter Palmen klingen. Tatsächlich ist es jedoch eines der am schlimmsten von HIV und Aids betroffenen Länder der Erde. Es passieren dort, wie ich durch mein ehrenamtliches Engagement weiß, aber auch kleine Wunder.

Das Hilfsprogramm *Dream* (*Drug Resource Enhancement against AIDS and Malnutrition*) beweist nämlich eindrücklich: Es ist möglich, die Ausbreitung des HI-Virus zu stoppen.

Die in Rom gegründete katholische Gemeinschaft Sant'-Egidio hat in Mosambik elf Behandlungszentren für die

Erkrankten aufgebaut. Die Deutsche Aids-Stiftung finanziert einen guten Teil dieser wundervollen Arbeit.

Ulrich hatte mich dementsprechend eigentlich bereits vor unserem Telefonat in der Reisetasche. Einem so enorm wichtigen Projekt mag sich ja niemand entziehen.

Also hole ich knapp zwei Monate später wieder einmal meinen Koffer aus dem Schrank und packe diesmal vorsorglich Malaria- und Kohletabletten ein.

Bei unserer Ankunft in Maputo ist es tropisch schwül. Der Flughafen ist ursprünglich für Militärflugzeuge gedacht gewesen; die Baracke vor uns jedenfalls verleiht dem Begriff »Internationales Terminal« eine ganz neue Dimension.

Ein fleißiger und beherzter Mitarbeiter der deutschen Botschaft nimmt uns in der wackeligen Ankunftshalle freudestrahlend in Empfang. Kurz bevor wir in den klimatisierten VW-Bus der Botschaft steigen, fragt er mich: »Herr Kerkeling, waren Sie schon einmal in Schwarzafrika?«

Meine Antwort lautet: »Nein!«

Mit diesen Worten klettere ich auch schon flugs auf die Rückbank. Mein Begleiter dreht sich nach einem kurzen Räuspern vom Beifahrersitz zu mir um und ergänzt etwas besorgt: »Dann machen Sie sich auf einiges gefasst. Sie werden hier womöglich Dinge sehen, die Sie sich nicht haben vorstellen können.«

Ich bin gespannt. Rund um den Flughafen sieht es zwar ärmlich aus, insgesamt entspricht das Bild aber meinen Erwartungen. Was ich dann allerdings auf der Fahrt ins Zentrum von Maputo zu sehen bekomme, verschlägt mir die Sprache. Hunderte von kleinen Kindern, die kaum

Kleidung am Leib tragen, spielen in der offenen und stinkenden Kanalisation. Gigantische Müllberge türmen sich entlang unseres Fahrweges am Straßenrand. Die Einwohner dieser Stadt sind fast ausnahmslos bitterarm.

Zu meinem Erstaunen fahren wir dann durch einen baufälligen Stadtteil, in welchem die ohnehin nur halb fertigen Häuser nicht etwa aufgebaut, sondern stattdessen, gegen jede schwäbische Logik, Stück für Stück von den Eigentümern wieder abgetragen werden. Eigenhändig schlagen die Hausbesitzer die Ziegelsteine aus den Wänden und türmen sie vor ihrem langsam verschwindenden Heim auf. Etwa jedes dritte Haus ist von dieser seltsamen Maßnahme betroffen.

»Sagen Sie, was passiert denn hier Eigenartiges? Warum tragen diese Menschen denn ihre Häuser ab?«

Nachdenklich schaut mich der Mitarbeiter der Botschaft an und sagt: »Sie verkaufen die Ziegelsteine einzeln, damit sie sich die Medikamente gegen HIV oder Aids leisten können. In jedem dieser Häuser ist mindestens ein Mensch erkrankt.«

Wir sind auf dem Weg durch die Hölle. Die sichtbare Hoffnungslosigkeit der Menschen ist bedrückend. Fast drei Jahrzehnte lang tobte ein Krieg im Land, der Tod, Verwüstung und Armut brachte. Nun ist Aids wie ein neuer gewaltiger Krieg. In Mosambik sind knapp zwei Millionen Menschen HIV-infiziert. Das sind elf Prozent der Gesamtbevölkerung. Das Durchschnittseinkommen der Menschen liegt bei etwa 200 Euro im Jahr. Die Behandlung von Aids kostet pro Jahr mindestens das Dreifache.

Das hoffnungsvolle Afrika lerne ich durch den anschließenden Besuch im Behandlungszentrum von *Dream* kennen. Dort hat die resolute, hemdsärmelige und immer lächelnde Schwester Adalberta das Sagen.

Sie leitet das Zentrum und betreut seit Jahren HIV-infizierte Schwangere. Hier werden die erkrankten Frauen umsorgt und erhalten Medikamente, die nicht nur ihr eigenes Leben bedeutend verlängern, sondern die tatsächlich verhindern, dass sich ihre ungeborenen Kinder mit dem Virus anstecken. *Dream* gelingt es allein über die Spenden, knapp 34 000 Menschen zu versorgen, von denen bereits 27 000 eine antiretrovirale Therapie benötigen und erhalten. Über 2000 Kinder im Jahr erblicken dank dieser Behandlung gesund das Licht der Welt. Dieses und zehn weitere Gesundheitszentren im Land leisten aber noch vieles mehr. Dieter Wenderlein von Sant'Egidio bildet beispielsweise auch Apothekerinnen, Krankenschwestern und ehrenamtliche Mitarbeiter aus.

Die von Schwester Adalberta geleitete Station wird zu meinem Lieblingsort in Maputo. Man hört hier verängstigte Menschen geradezu vernehmbar aufatmen, denn es werden ihnen endlich taugliche Werkzeuge gegen Aids an die Hand gegeben. Schonungslose Aufklärung, wirksame Medikamente und somit auch ein bisschen Hoffnung.

Während unserer mehrtägigen Dreharbeiten besuche ich vor allem den kleinen tropischen Garten hinter dem Haus gern, in welchem manchmal Hunderte Frauen geduldig und seelenruhig auf ihre Sprechstunde warten.

Unter dem blühenden Mangobaum halte ich dann einen Plausch mit der wundervollen Emilia. Sie gehört zu den infizierten Frauen, die ein gesundes Kind zur Welt bringen durften und nun als freiwillige Helferin oder, wie es hier heißt, *Activista* die dringend notwendige und harte Aufklärungsarbeit in den Vorstädten leisten. Dabei darf ich sie mit der Kamera begleiten.

Da man in Mosambik Portugiesisch spricht und mein Italienisch durchaus passabel ist, gelingt es uns beiden, ohne die Hilfe des Dolmetschers durch ein kreatives Mischmasch der beiden romanischen Sprachen direkt und einigermaßen unverkrampft miteinander zu reden. Himmel, was hat dieses Mädchen bloß durchlitten! Wenn ich in ihre Augen sehe, bekomme ich ein Gefühl für das Leid, das ihr begegnet ist.

Einen Tag vor unserer Heimreise steht noch ein letztes Interview auf meinem Drehplan. Bisher hatte es noch kein einziger der wenigen männlichen *Activistas* gewagt, vor unsere Kamera zu treten. Zu groß ist vor allem bei den Männern die Scham, öffentlich über das gewaltige Problem zu sprechen. Es sind fast ausschließlich die betroffenen Frauen, die sich nach vorn wagen. Nach meiner Überzeugung werden es die afrikanischen Frauen sein, die den Schwarzen Kontinent eines Tages gewaltig umkrempeln und sein Schicksal zum Besseren wenden.

Dieter Wenderlein gelingt es zu meiner Überraschung schließlich, doch noch einen Mann davon zu überzeugen, mutig vor unsere Kamera zu treten und über sein persönliches Schicksal und seine Arbeit im Projekt Auskunft zu geben.

Der junge Mann, der Kokoja heißt, bringt seinen zehnjährigen Sohn mit zum Gespräch. Beide, der Vater und sein einziger Sohn, sind infiziert und werden von Schwester Adalberta im Zentrum regelmäßig betreut. Der Vater hat, wie der Zufall es will, vor Jahren eine Ausbildung zum

Maschinenbauer in Cottbus gemacht und spricht nahezu perfekt Deutsch.

Im Garten unter dem Mangobaum machen wir es uns auf drei quietschblauen Plastikstühlen so bequem wie möglich. Der kleine Junge nimmt schüchtern zwischen seinem Vater und mir Platz. Bevor die Kamera allerdings starten und das Interview beginnen kann, frage ich den sichtlich verängstigten Jungen: »Wie heißt du denn?«

Der Kleine lächelt mich zunächst verlegen an und sagt dann mit Blick auf seine ständig nervös gegeneinanderschlagenden Knie: »Luis!«

Nachdem auch ich mich den beiden vorgestellt habe, frage ich den Vater vorsichtig: »Denken Sie, dass es Ihrem Sohn gefällt, vor unserer Kamera zu sitzen?«

Der Vater grinst zaghaft und meint: »Das werden wir sehen. Ich weiß nicht, ob er Ihnen eine Frage beantworten wird. Er spricht nämlich nicht viel. Wir probieren es einfach mal.«

Der Ton läuft, der Kameramann beginnt zu drehen, und ich stelle meinem Gesprächspartner die erste Frage. Während der Vater mir nun also engagiert antwortet, gewinne ich mehr und mehr den Eindruck, dass es dem kleinen Luis neben mir dabei leider überhaupt nicht gut geht. So einen verzweifelten und hoffnungslosen Blick in den Augen eines Kindes habe ich noch nie gesehen. Das ist erschütternd. Kurz entschlossen rufe ich mitten in die laufende Aufnahme hinein: »Stopp! Macht bitte die Kamera und den Ton aus!«

Seitens des fünfköpfigen Drehteams ernte ich leicht verwirrte Blicke und füge erklärend hinzu: »Tut mir leid. Das geht so nicht. Ich brauche hier jetzt erst mal eine halbe Stunde ohne euch.«

Die kleine Mannschaft verzieht sich also schnell in den überfüllten Warteraum des Gesundheitszentrums, etwas grummelnd und mitsamt dem technischen Equipment. Nun sind wir zu dritt.

Ich schaue dem Jungen tief in die Augen und frage ernsthaft besorgt in meinem besten Italo-Portugiesisch: »Luis, Was ist denn mit dir? Möchtest du mir das vielleicht erzählen?«

Der Junge schüttelt den Kopf. Ich wende mich wieder dem Vater zu: »Entschuldigen Sie bitte, dass ich mich ungebeten einmische. Es geht mich ja auch eigentlich gar nichts an, aber mit Ihrem Sohn stimmt doch ganz offensichtlich etwas nicht. Wovor hat er bloß diese höllische Angst? Das kann ich ja gar nicht mitansehen.«

Der Vater streichelt seinem Sohn liebevoll über den Kopf und sagt sehr schnell, somit für mich unverständlich, etwas zu ihm auf Portugiesisch. Luis nickt daraufhin wieder nur kurz und schaut mich seltsam erwartungsvoll an.

Der Vater sagt: »Okay. Ich soll es Ihnen erzählen. Luis hat nichts dagegen.«

Der Vater holt kurz Luft und erzählt mir sehr knapp und so, als müsste er sich innerlich dabei gewaltig zusammenreißen: »Wissen Sie, als die Milizen vor einigen Jahren auf Menschenjagd die Leute durch unser Dorf gehetzt haben, da hat sich seine Mutter aus Todesangst vor seinen Augen in unserer Hütte erhängt. Seitdem spricht er nicht mehr viel.«

An meinem versteinerten Gesichtsausdruck erkennt Luis, dass mir sein Vater nun die Nachricht von der Tragödie seines Lebens übermittelt hat. Prüfend ruht der Blick des Kindes auf mir. Ich bin sprachlos. Nur schwer kann ich meine Tränen zurückhalten.

Denn wenn ich hier losheule, dann hilft das dem Jungen leider gar nicht weiter. Dass es schlimm ist, weiß er selbst. Das muss ich ihm gewiss nicht erzählen. Ich versuche also, direkt mit Luis zu reden, aber er bleibt weiterhin stumm. Er will nicht sprechen. So wie er mich allerdings gerade anschaut, vertraut er mir inzwischen. Ich werde ihm ebenfalls mein Vertrauen schenken und treffe den Entschluss, Luis nun eine Geschichte zu erzählen. Meine Geschichte. Vielleicht kann ich ihm auf diese Weise ein bisschen Lebensmut geben. Vielleicht fasst er sich ein Herz und beginnt seinerseits zu sprechen.

Also sage ich zum Vater: »Übersetzen Sie Ihrem Sohn bitte ganz genau, was ich ihm nun anvertrauen werde. Wort für Wort. Beschönigen Sie bitte gar nichts! Er wird es verstehen, das weiß ich.«

Ich neige mich dem Jungen zu und beginne eindringlich auf ihn einzureden, so als wollte ich ihn aus seinem eigenartigen Dämmerzustand aufwecken: »Luis, hör mir mal genau zu. Jetzt erzähle ich dir meine Geschichte.«

Und tatsächlich lauscht Luis gespannt und aufmerksam.

KAPITEL 4
ALLES ZURÜCK AUF ANFANG!

Der vorweihnachtliche
Nachzügler aus Versehen

Die menschliche Erinnerung ist immer an Emotionen gebunden. Unsere inneren Bilder sind untrennbar mit dem dazugehörigen Gefühl verknüpft. Das werden renommierte Hirnforscher und beeindruckende Gedächtniskünstler bestätigen. Erinnerungswürdig scheinen uns vor allem besonders positive Momente und Stationen. Negatives wird gern ausgeblendet oder im Nachhinein gar verschönert und von positiven Begleitgeschichten umrankt. Nur diese Fähigkeit lässt uns Menschen so manche Lebensphase überhaupt unbeschadet durchstehen.

Da selbstverständlich auch ich den Gesetzen des menschlichen Daseins unterliege, kann ich Ihnen nur versprechen, dass ich versuchen werde, genau dieses Verschönern und Verzerren zu unterlassen. Vorwärts leben wir, und erst rückwärts verstehen wir. So hat es der dänische Philosoph Søren Kierkegaard treffend formuliert.

Wenn eine Probe beim Film oder Fernsehen gänzlich missglückt oder es daran etwas Entscheidendes zu bemängeln gibt, hört man häufig die wutentbrannte Stimme des Regisseurs: Alles zurück auf Anfang! Wie allerdings etwas laufen wird und in welche Richtung es sich bewegt, zeichnet sich meistens schon zu Beginn der ersten Szene ab. Man wird, was man bereits ist. Aus einer Tulpenzwiebel kann ja auch keine Rose wachsen. Und Gott allein kann Wasser in Wein verwandeln.

Der 9.12.1964 ist ein eisig kalter Mittwoch, und im gesamten Nordrhein-Westfalen liegt der Schnee etwa kniehoch. Als zweiter Sohn meiner Eltern werde ich an jenem Tag in der nördlichen Hälfte des Bundeslandes im unter Schneemassen ächzenden katholischen Prosper-Hospital zu Recklinghausen geboren – knapp 19 Jahre nach Beendigung des schwersten und grauenvollsten Krieges, den dieser Erdball je gesehen hat, und acht Jahre nach der Geburt meines Bruders Josef.

Nun bin ich also der vorweihnachtliche Nachzügler aus Versehen. Generalstabsmäßig geplant, so wie mein Bruder, bin ich nicht, und heiß ersehnt scheine ich zumindest vonseiten meiner Mutter Margret auch nicht zu sein: Sie hatte sich von ganzem Herzen ein süßes, kleines, blondes Mädchen gewünscht.

Diesem Wunsch kann ich offensichtlich auch auf den letzten Metern meiner Geburt nicht mehr entsprechen, denn was da in meiner Gestalt die Welt erblickt, ist alles andere als zierlich; es handelt sich eindeutig um einen ziemlich wuchtigen und quietschfidelen Brocken männlichen Geschlechts. Lediglich was die Haarfarbe betrifft, scheine ich ein Einsehen zu haben. Die ist ordnungsgemäß flachsblond.

Wie die Sache liegt, wird sich meine Frau Mama damit begnügen müssen, zwei Jungen geboren zu haben. Mit ihren 34 Jahren ist sie in den 1960er-Jahren sowohl biologisch als auch in den Augen der bundesrepublikanischen Gesellschaft schon zu alt, um ein weiteres Kind zu bekommen. Selbst ich bin schon verdammt spät dran.

Mein Vater Heinz, nur unwesentlich älter als seine Ehefrau, ist natürlich der Erste, der mich bewundern will, und so steht er am frühen Abend meines Geburtstages nervös vor der großen Scheibe zur Säuglingsstation, welche die frischgebackenen Papas damals noch von ihren Kindern trennt und hinter welcher mein erster großer Auftritt stattfinden soll.

Die diensthabende Ordensschwester präsentiert ihm ein auffallend dickes, gesundes und deutlich schwarzafrikanisches Baby mit niedlichen Löckchen, das an dieser Stelle seinen einzigen schrillen Auftritt in meinen Memoiren haben soll, da mir über das weitere Schicksal des süßen Kindes leider nichts bekannt ist. Nur so viel: Ich bin das nicht. Zumindest nicht, dass ich wüsste?!

Als mein etwas verwirrter Herr Papa unter Protest dann anschließend mich in Augenschein nimmt, liegt es zumindest im Bereich des Möglichen, dass es sich im zweiten Anlauf wirklich um seinen eigenen Sprössling handelt. Das Erste, was mein Vater jedoch von nun an und für immer mit mir in Verbindung bringen wird, ist dieser ziemlich deftige Scherz der Ordensschwester – wobei heute niemand mehr mit Bestimmtheit sagen kann, ob es sich bei der Aktion tatsächlich um eine Verwechslung oder um Absicht handelte.

Meiner Mutter mit ihrer charmant vorwitzigen Art jedenfalls hätte ich es durchaus zugetraut, die Ordensschwester so lange zu becircen, bis diese vor dem trockenen Humor ihrer Patientin kapituliert und sich auf den beinahe filmreifen und nicht besonders katholischen Streich einlässt.

Abgesehen vom Gewicht, ist an meinem Babykörper auf den ersten Blick nichts Auffälliges zu erkennen. Bei genauerem Hinsehen entdeckt man allerdings auf der Innenseite des rechten Handgelenks ein ungewöhnliches Geburtsmal. Eine Art Uhrkreis aus sehr hübschen Hautreaktionen: Direkt unterhalb des Handtellers befinden sich zwölf erhabene, nach oben sich zuspitzende Hautpunkte von identischer Größe. Sie bilden einen gleichmäßigen Kreis, wie mit dem Zirkel gezogen, der komplett unnatürlich aussieht, aber durchaus künstlerisch verspielt, als hätte mit diesem Hautschmuck der Medizinmann eines afrikanischen Stammes in mühevoller Tätowierungsfeinarbeit sein rätselhaftes Meisterstück abgeliefert.

Obwohl das seltsame Kunstobjekt ganz und gar nicht nach einer verwachsenen Narbe aussieht, ist es dann aber wahrscheinlich doch die Geburtszange des Gynäkologen gewesen, welche durch unsachgemäßen Einsatz diese ungewöhnlich anmutige Verunstaltung noch im Kreißsaal verursacht hat. Zu meinem Bedauern verschwindet der komische Kreis allerdings kurz vor meiner Einschulung spurlos. Er war wirklich sehr schön.

So wie es sich für einen frischgebackenen Papa gehört, stürzt sich mein Vater am Abend meines Geburtstages im Hause seiner Schwester Anna mit Freunden und Verwandten in ein improvisiertes und vollkommen übertriebenes Besäufnis, welches laut Polizeibericht bis weit nach Mitternacht andauert.

Ab hier widersprechen sich die mehr oder weniger zuverlässigen Zeugenaussagen meiner ebenfalls angeschickerten Verwandten. Einige behaupten gegenüber den vernehmenden Beamten, er, mein Vater, habe den knapp zwei Kilometer langen Heimweg durch die ländliche Vorstadtidylle nach Bockholt auf eigenen Wunsch allein und ausdrücklich zu Fuß antreten wollen und man habe ihn, schon wegen der allgemein vorherrschenden Fahruntüchtigkeit an jenem Abend, gewähren lassen müssen.

Andere wiederum geben an, ihm sei speiübel gewesen und er habe sich auf dem Abort eingesperrt. In den frühen Morgenstunden des 10. Dezember habe irgendwer dann die überraschenderweise unbesetzte Toilette aufgesucht und in diesem Moment erst das Fehlen des frischgebackenen Vaters bemerkt, was dazu geführt habe, dass man zwar immer noch leicht angeheitert, aber doch sehr bald die örtliche Polizei einschaltete.

Die Beamten gratulieren bei ihrem Eintreffen am Tatort zunächst einmal ganz herzlich allen Anwesenden zu meiner Geburt. Denn so angesäuselt die Zeugen auch scheinen mögen, sie alle sind über Nacht zu irgendetwas Frischgebackenem geworden: Tante, Onkel oder was auch immer.

Ja, diese verantwortungslose, feierlustige und fahruntüchtige Truppe aus der etwas schickeren Vorstadt ist meine Familie. Ohne es zu ahnen, muss ich, kaum geboren, vor den Beamten zum ersten Mal für das seltsame Verhalten meiner Verwandten einstehen.

Die anschließende hektische Suchaktion nach dem Vermissten, durchgeführt von der bedingt einsatzbereiten Familie und zwei staatlichen Ordnungskräften, endet damit, dass die gesuchte Person gegen 6 Uhr morgens tief schlafend und nur leicht verletzt in einem verschneiten

Straßengraben gefunden wird – kaum 300 Meter von ihrer Wohnstätte entfernt.

Mein noch immer stark benommener Herr Papa gibt glaubhaft zu Protokoll, sich an rein gar nichts erinnern zu können, außer eben daran, der Vater eines ziemlich schweren Sohnes geworden und im Anschluss daran von seinen nächsten Verwandten sachkundig und ordnungsgemäß abgefüllt worden zu sein. Woraufhin die Ordnungskräfte, der Situation völlig angemessen, auch ihm herzlich gratulieren und von der detaillierten Aufnahme seiner Personalien absehen. Die eigens hinzugeeilte und äußerst besorgte Mutter meines Vaters nimmt den vollkommen derangierten Mann wutschnaubend in Gewahrsam und führt ihn persönlich ab. Gemeint ist hier meine eigentlich sehr friedvolle Oma Bertha.

Hätte er nicht so ausgiebig gefeiert, dann wäre er vielleicht nicht in den Graben gestürzt. Ohne die durchzechte Nacht und ohne den Alkohol im Blut hätte er andererseits den Sturz vielleicht gar nicht überlebt. Und dass er ihn überlebt hat, das bejubelt mein Vater bis heute!

Zur Ehrenrettung meines Vaters und meiner Familie sollte ich vielleicht anfügen, dass sich erstens eine solche Sache nie mehr wiederholt und ich meinen Vater in meiner Kindheit nie betrunken oder auch nur angeheitert erlebe. Und zweitens ist meiner Geburt eine Phase der erhitzten und absurden Diskussionen innerhalb der Familie meiner Mutter vorausgegangen, während der man über die Festlegung meines Geburtsortes stritt. Dass man sich über so etwas in die Haare kriegen kann, verstehe ich zwar bis heute nicht, aber angestachelt wird diese Debatte von meiner übermächtigen und traditionsbewussten Groß-mutter mütterlicherseits: Anna, genannt »Änne«.

Kern dieser Streitigkeiten ist der Wunsch, oder, besser gesagt, der Befehl meiner Großmutter, dass ich in jenem Zimmer das Licht der Welt erblicken soll, in dem alle ihre Enkelkinder, ihre drei eigenen Kinder und zu Beginn des 20. Jahrhunderts eben auch sie selbst und ihre beiden Geschwister geboren wurden. Ich soll das zehnte Familienmitglied sein, welches, einem undurchsichtigen Plan folgend, von diesem Zimmer aus in die Welt tritt.

Auf Anraten der behandelnden Ärzte findet meine Geburt jedoch stationär statt, und das nicht nur, weil meine Mutter zuvor bereits zwei Fehlgeburten erlitten hat, sondern eben auch wegen ihres vorgerückten Alters, welches zur damaligen Zeit unvorhersehbare Komplikationen befürchten lässt. Meine kernige und schwarzhaarige Großmutter Änne beeindruckt das wenig; sie fordert unverdrossen, dass der Familientradition und vor allem ihrem persönlichen Willen widerspruchslos Gehorsam geleistet werde.

Nach dem plötzlichen Unfalltod ihres geliebten Sohnes Wilhelm auf spiegelnasser Straße im Frühsommer meines Geburtsjahres trägt sie nur noch Schwarz. Mein Onkel Willi war, so hat man es mir erzählt, damals frisch verliebt – und die Angebetete erwartete bereits ein Kind von ihm. Dieser Ehe verweigerte meine Großmutter jedoch kleinmütig ihre Zustimmung, da die Frau in ihren Augen nicht die passende Gattin für den vergötterten Sohn darstellte, nicht zuletzt, da sie mit der damals noch geltenden Tradition der vorehelichen Enthaltsamkeit gebrochen hatte.

Ob nun mein Onkel vielleicht aus Verzweiflung darüber den Freitod wählte oder tatsächlich verunglückte, darüber spekuliert man in der Familie noch heute. Zumal er, und das hat angesichts seiner Todesursache fast etwas Absurdes, Inhaber einer gut gehenden Fahrschule war.

Bis heute läuft in dieser Welt also irgendwo ein etwa gleichaltriger Cousin von mir herum. Wer weiß, vielleicht treffen wir uns irgendwann und sehen uns wie aus dem Gesicht geschnitten ähnlich?

Jedenfalls trägt meine Großmutter – in den wenigen Jahren, die uns noch bleiben – selten etwas anderes als ihr tiefschwarzes Gewand. Diese wie versteinert und gleichzeitig weich wirkende Frau mit der tiefen, durchdringenden Stimme, von ihrer Familie nicht nur »Änne«, sondern noch treffender auch »Der Boss« genannt, besitzt einen unglaublich starken Willen und enorme Durchsetzungskraft.

Sobald sie den Raum betritt, herrscht eine angespannte Ruhe. Allein durch ihre Präsenz verbreitet sie unter den Anwesenden eine Stimmung, die zwischen Ehrfurcht und leichter Panik schwankt. Allerdings empfinde ich das selbst nie so, sondern kann es als Kind nur von den Gesichtszügen der anderen Familienmitglieder ablesen. Auf mich überträgt diese überaus kluge und gebildete Frau später ihre Kraft, ich fühle mich in ihrer Gegenwart immer sehr sicher, da sie neben ihrem schwierigen Charakter auch von einer tiefen Herzenswärme und einer besonderen Verletzlichkeit durchdrungen ist.

Wie viel Mut und Überwindungskraft mag es meine Mutter gekostet haben, sich gegen den Willen ihrer übermächtigen Mutter zu stellen und sich mit meiner Geburt zum ersten Mal von ihrem strengen Diktat zu befreien?

Zum Ausgleich übrigens – da ich ja im Krankenhaus geboren worden bin – wird das geheimnisvolle Geburtszimmer im Hause meiner Großmutter einige Jahre später zu meinem Kinderzimmer werden. Ein schauriges Schwarz-Weiß-Foto, welches meine Urgroßmutter auf ihrem Totenbett mit einem Rosenkranz in den gefalteten Händen zeigt, hängt damals noch in dem düsteren Raum. Durch das Fenster hat man einen freien Blick auf die elf Meter hohe, fensterlose und graue Wand des einschüchternd großen Nachbarhauses. Eine in ihrer Seltenheit nicht zu unterschätzende und durchaus inspirierende Perspektive für einen heranwachsenden Komiker aus der Provinz.

Den Namen Hans-Peter brockt mir dann mein Bruder ein. Oder dachten Sie etwa, ich heiße freiwillig so?

Meine Mutter hat vor meiner Geburt nur über Mädchennamen nachgedacht – wahrscheinlich über so etwas Ähnliches wie Gisela oder Uschi Blum –, also muss nun ein passender Name für einen Jungen gefunden werden. Mein Vater hält ein flammendes Plädoyer für den Namen Gregor und über die Menschen, die er kennt, die eben genau diesen Namen tragen. Alle durchweg sympathisch. Den Namen hätte ich übrigens gar nicht schlecht gefunden. Immerhin heißen konservative Päpste und linke Politiker so. Hingegen Hans-Peter: So heißen bestenfalls unfähige Innenminister.

Mein Großvater väterlicherseits, Hermann, macht den Vorschlag, mich auf den Namen seines jüngsten, im Krieg gefallenen Bruders Clemens Bernhard zu taufen. Das stößt auf gar keine Gegenliebe in der Familie. Nach einem gefallenen Soldaten will man mich partout nicht benennen. Meine Meinung tut hier zwar nichts zur Sache, aber wenn ich gekonnt hätte, dann wäre dieser Name auch meine erste Wahl gewesen. Obwohl Clebe Kerkeling? Nee, das hätte vielleicht doch nicht gepasst!

Stattdessen tut sich mein überaus vorwitziger achtjähriger Bruder mit einem höchst eigenwilligen Vorschlag in folgender Weise hervor: »Ich hab da einen ganz netten Schulkameraden, der heißt Hans ... aber auch Peter. Hans-Peter! Alle mögen ihn, und ich finde den Namen sooo toll!«

Das Show-Gen liegt scheinbar in der Familie, denn das ist nichts anderes als eine gut verkaufte und glatte Lüge. Weder mag mein Bruder den Schulkameraden, noch ist er nett. Tatsächlich mag niemand in seiner Klasse diesen Schüler oder dessen doofen Namen. Ich darf das sagen, denn ich heiße ja selbst so.

In Wahrheit findet mein Bruder den Doppelnamen – genau wie ich – selten blöd und extrem unterhaltsam. Da mein Bruder Josef, genannt Jupp, unter seinem eigenen, schon damals altmodischen und wenig gängigen Namen und den dazugehörigen Hänseleien zu leiden hat, sorgt er entweder aus purer Eifersucht oder aus einem sich mir nicht erschließenden Humorverständnis mit Hartnäckigkeit dafür, dass ich auf diesen Namen getauft werde: Hans-Peter.

Meine Oma Änne will – egal, wie ich nun heiße – nach meiner Geburt in einem schnöden, weiß gekachelten Kreißsaal nichts mit mir zu tun haben. Und da die anderen es gewohnt sind, nach ihrer Pfeife zu tanzen, bleibt die Familie meiner Mutter in ihrer Gesamtheit meiner Taufe in der Kapelle des katholischen Prosper-Hospitals demonstrativ fern. Dieser Zweig der Familie ist halt vorzugsweise

laut und grundlustig, aber immer auch ein wenig einge-
schnappt. Man will mich einfach nicht auf dieser Welt
willkommen heißen. Die Familie meines Vaters hingegen,
die geschlossen vor den Altar tritt, ist eher leise, verhalten
heiter und definitiv leidensfähig. Ich selbst habe wohl von
beiden Zweigen des Stammbaumes etwas. Und eine gute
Mischung ist ja bekanntlich nicht das Schlechteste.

Als einziger Taufpate in der kleinen Kapelle fungiert
schließlich mein schweigsamer Opa Hermann, jener Großvater väterlicherseits, der mich nach dem gefallenen Soldaten hatte benennen wollen. Und nun frage ich mich, wie
in Gottes Namen man damals vor dem Priester die Ab-
wesenheit des zweiten Paten eigentlich begründet hat?
Etwa so:

»Tut uns sehr leid, aber unser zweiter Opa ist heute leider sehr beleidigt, und zwar weil das dicke Baby hier im
falschen Zimmer geboren wurde. Er muss sich erst mal
beruhigen und eine Zigarre rauchen!«

Katholische Priester sind ja an jede Menge Zirkus gewöhnt, aber dass der Pfarrer in diesem Fall mitspielt, liegt
wohl nur daran, dass er ein entfernter Cousin meiner Mutter ist und sämtliche orthodoxen Augen zudrückt.

Dass aber ausgerechnet mein stiller Opa Hermann das
vollmundige Versprechen meiner Taufpatenschaft übernimmt, ist wahrhaft ein gruseliges Omen. Denn sollte den
Eltern etwas zustoßen, dann sind es vor Gott die Paten, die
sich des Täuflings anstelle der Eltern annehmen sollen.
Vielleicht wissen die da oben ja schon, dass mein Großvater sein Versprechen wird einlösen müssen?

Im frühkaiserlichen China kannten die Schamanen eine
äußerst fragwürdige Tradition, nach welcher sie kleine Jun-

gen mit voller Absicht einer traumatischen Situation aussetzten. Es ging für die bedauernswerten Kinder dabei um Leben und Tod. Beispiele dafür mag ich hier nicht anfügen, da sie einem die Haare zu Berge stehen lassen. Durch dieses brutale Ritual jedenfalls sollten sie zu unbesiegbaren Kriegern geformt werden.

Denn hielten die Kinder das Erlebte aus, dann gingen sie vermeintlich gestärkt daraus hervor und wuchsen zu glorreichen Kämpfern heran, die durch ihre in der Initiation erworbenen Fähigkeiten ihren Gegnern zumeist einen Schritt voraus waren. Hatten sie doch in Trance einen tieferen Einblick in die größeren Handlungszusammenhänge erlangt.

Versagten sie aber während des Rituals oder wurden dadurch geschwächt, dann waren sie in den Augen der alten Schamanen anschließend zu nichts mehr zu gebrauchen und fristeten fortan ein Dasein am Rande der Gesellschaft.

KAPITEL 5
IN MAMAS GARTEN

Ein kleines Glück
wird einmal groß.

Pudelwohl fühlt sich unsere kleine und durchaus humorige Familie im Hause meiner Großeltern väterlicherseits in der Vorstadtgemeinde Bockholt. Umgeben von Wiesen, Feldern und Wäldchen, stehen drei schöne alte und verschnörkelte Häuser ganz allein und wie von der restlichen Welt vergessen inmitten dieser ländlichen Idylle. Wie drei ältere, zum Plaudern aufgelegte Damen scheinen sie ins Gespräch vertieft, einander wohlgesinnt und neugierig zugeneigt. Zwei der Häuser stehen auf unserer, eines steht auf der anderen Seite einer selten befahrenen und mehrere Kilometer langen Straße, an deren Ende und Anfang wiederum ein wuchtiger alter münsterländischer Bauernhof steht.

Die wenigen Bewohner dieser kleinen Welt bilden eine angenehm verschworene Nachbarschaft. Man mag sich, man teilt untereinander und feiert miteinander. Wie herausgerückt aus dem übrigen Kohlenpott wirkt dieses glückliche Fleckchen Erde.

In einem der verwinkelten und leicht windschiefen Häuser lebt die jüngere Schwester meiner Oma Bertha, die

Großtante Lore. Dieser wundervollen kleinen Frau verdanke ich eine meiner frühesten und vielleicht auch stärksten Kindheitserinnerungen, mit der noch heute ein wohliges Glücksgefühl verbunden ist.

In meiner Erinnerung sehe ich stets ein und dasselbe Bild. Aus der Vogelperspektive erkenne ich meine gut gelaunte und unaufhörlich auf mich einredende Tante, die mich schwungvoll im geflochtenen Kinderwagen über den von Klatschmohn gesäumten und scheinbar endlosen Bockholter Feldweg schiebt. Ein Bild, als bewegten sich die zwei am besten gelaunten Menschen direkt in die Glückseligkeit des Nirwana.

Erstaunlicherweise sehe ich die Szene vor meinem geistigen Auge zunächst nur von oben. Erlaube ich mir dann, mich mit dem damit verbundenen Glücksgefühl voll und ganz zu identifizieren, sitze ich wieder im gemütlich vor sich hin quietschenden Kinderwagen und mümmele genüsslich einen Butterkeks. Buddha gleich lächelnd, genieße ich einen sonnenüberstrahlten, nach Wildblumen duftenden und wolkenlosen Sommertag. Hinter mir, hin und wieder meinen blonden Schopf tätschelnd, geht in ihrem schrill-bunten kurzärmeligen Kleid meine unverwüstliche Tante Lore und drückt kraftvoll und entschlossen die Räder des Wagens in den braunen Lehmpfad.

Vorbei geht es an saftig gelben Kornfeldern und schwarzweiß gescheckten Kühen auf grünsatten Wiesen. In rasantem Tempo werde ich durch die Bilderbuchlandschaft kutschiert, und unaufhörlich wird intensiv, um nicht zu sagen, penetrant auf mich eingeredet. Nur dann und wann wird der Redefluss unterbrochen vom glucksenden Lachen meiner Tante.

Ob ihr in jenem Moment wohl klar ist, dass sie gerade dabei ist, mich ins Leben zu quasseln?

Es ist herrlich, ihr zuzuhören und diesen Tag mit ihr zu erleben. Ihr kantig schöner Kopf, gekrönt vom frisch ondulierten und kastanienbraunen Haar, beugt sich ständig über mich und ... redet. Ohne Punkt und Komma. Tatsächlich erinnere ich mich zwar an diese frühkindliche Szene, aber an kein einziges konkretes Wort von dem, was sie erzählt. Nur daran: Es ist alles hochinteressant und wichtig. Zumindest für Tante Lore und mich. Wie eine gute Fee weckt sie mich aus einem Zauberschlaf und stattet mich vermutlich mit vielen guten Wünschen aus. Jeder Ausflug mit ihr gerät zu einem märchenhaften Abenteuer.

Von meinem ersten bis zum vierten Lebensjahr steht sie, die Schwester meiner Großmutter, fast täglich um 15 Uhr auf der Fußmatte vor unserer Tür. Meistens schallt dann ihre etwas schrille Stimme durchs ganze Treppenhaus: »Peterhansel, komm Taita gehen!«

Sie ist vollkommen unbeirrbar. Ihr berüchtigter Satz: »Der Junge muss an die frische Luft!« wird in der Familie bald zum geflügelten Wort. Nur bei Gewitter wagt sich die sonst unerschrockene Frau nicht aus ihrem Haus.

Mit knapp zwei Jahren bin ich, wenn ich Tante Lores Aussagen Glauben schenken darf, in der Lage, so etwas Ähnliches wie eine Konversation mit ihr zu führen. Jedes Wort, das mir entfährt, wird von ihr beklatscht, belacht und wie ein Olympiasieg gefeiert. Es bleibt mir ja auch gar nichts anderes übrig, als mich irgendwie mit ihr zu unterhalten. Tante Lore will ständig eine Reaktion von mir auf das, was sie während unserer Ausflüge so alles zum Besten gibt. Sie quatscht unaufhörlich mein Bewusstsein wach.

In diesem sonnigen Moment auf dem Feldweg nehme ich dank der liebevollen Dauerberieselung meiner Seelenverwandten mich zum ersten Mal als ICH wahr.

Und gleichzeitig bin ich auch Tante Lore und die Richtung, in die sie mich schiebt. Ich bin die gescheckten Kühe auf der Weide, das gelbe Korn auf dem Feld und der rote Mohn am Wegesrand. Ich bin der schmale Trampelpfad und dessen Ende. Ich bin der wolkenlose Himmel über uns. Ich bin wach.

Dieses Souvenir meiner frühesten Kindheit ist so kraftvoll, munter und zärtlich. Selbst in den schwierigeren Phasen meines Lebens hat es mich tragen können.

Opa Bödeker, der leicht verschrobene Nachbar von gegenüber, ein pensionierter Bergmann, der immer in alten Holzschuhen umherläuft, modelliert, baut, hämmert und schnitzt in seinem Garten ununterbrochen an rätselhaft schönen und manchmal mannshohen Figuren aus Holz, Stahl und Beton. Leider erst lange nach seinem Tod wird er dadurch tatsächlich zu einem naiven Künstler von Weltruf.

Seinen Garten bevölkern unzählige kunterbunte und langköpfige Skulpturen, die mit spindeldürren Gipsärmchen ausgestattet sind. Bergarbeiter, Polizisten, Fußballer, Bischöfe und schräge Filmstars. Sie alle befinden sich in Gesellschaft von Gipspalmen, Betonkakteen, dicken Löwen und ausgemergelten Nashörnern. Diese außergewöhnlich schönen Arbeiten haben inzwischen den Weg in renommierte internationale Museen gefunden, sie sind bei Sammlern begehrt und erzielen auf Auktionen beachtliche Preise. Ihm zu Ehren wird später einmal die bedeutende Erich-Bödeker-Gesellschaft gegründet werden.

Seine nicht minder sympathische Ehefrau Erna hingegen widmet ihr Leben der Pflege und dem Erhalt der Kunstwerke ihres Mannes. Ganz vorsichtig reinigt sie immer wieder die langköpfigen Phantasiegeschöpfe.

Erna Bödeker hat – in meiner Erinnerung – stets ein Putztuch in der Hand. Oder ist es vielleicht das Putztuch, das Erna Bödeker in der Hand hat? Sie spürt garantiert alles auf, was noch sauberer sein könnte, als es bereits ist.

Opa Bödeker ist ein fröhlicher Zeitgenosse, auch wenn er manchmal etwas knurrig im Umgang mit seinen Mitmenschen wirkt. Stundenlang können wir uns miteinander in seinem Garten beschäftigen und ab und zu angeregt unterhalten.

Einmal schaut er ganz verzückt, wie andere vor ihm auch schon, auf den komischen Kreis unterhalb meines rechten Handgelenkes und sagt bedeutungsschwanger: »Der Kreis, der hat wat zu bedeuten!«

»Was denn, Opa Bödeker?«, frage ich gespannt wie ein Flitzebogen, denn wenn nicht hier in dieser von ihm geschaffenen Märchenwelt, wo dann erfahre ich des Rätsels Lösung – nämlich die Bedeutung meines Geburtsmales?

»Dat weiß ich nicht, Hans-Peter ... aber er hat wat zu bedeuten!«, lautet seine westfälisch trockene Antwort.

Hinter unserem Haus erstreckt sich ein ebenso riesiger Garten wie bei den Bödekers, in welchem nicht nur Rosen und Tulpen blühen, sondern auch Kohlrabi und Salat gedeihen; das ist Mamas Reich. Hier wühlt, pflanzt und herrscht sie uneingeschränkt. An seiner Grenze verliert sich der Garten in der Endlosigkeit der flachen westfälischen Felder. Es ist ein herrlich friedlicher Platz abseits der Ruhrgebietshektik.

Vor dem Haus steht ein quietschgrüner Renault 4, zumindest wenn Papa mal zu Hause ist, was selten genug der Fall ist. Aber dann macht er ständig Faxen und imitiert alles und jeden, und mindestens einmal wöchentlich erfindet er eine neue absurde Sprache. Er ist auch der eigentliche Erfinder der schnarchenden Horst-Schlämmer-Lache! Denn gehen die Pferde mit ihm durch, lacht er ziemlich genau so.

Nicht nur darüber lacht dann wiederum Mama gern, viel und ansteckend laut. Oft singt sie bei bester Laune während des gemeinsamen Flurputzes mit ihrer Schwiegermutter Bertha die kitschigsten deutschen Schlager. Ihr schier unerschöpfliches Repertoire reicht von Adamos »Ein kleines Glück wird einmal groß!« über Rita Pavones »Arrivederci Hans« bis hin zu Wencke Myhres »Er hat ein knallrotes Gummiboot«.

Gekonnt und glockenhell trällert sich meine Mutter durch die jeweils aktuellen Schlagercharts der Swinging Sixties. Meine Oma Bertha steht dann nicht selten mit verträumtem Blick und verschränkten Armen, deren Enden in gelben Gummihandschuhen stecken, auf einen Besenstiel gelehnt, vor ihr und schwärmt bewundernd: »Ach, Margret! Du singst so schön! Sängerin hättest du werden sollen.«

Was meine Mutter meistens mit dem für sie typischen grollenden Lachen quittiert, das sich in einer für eine Frau wirklich ungewöhnlich tiefen Bassfrequenz bewegt. Sie singt wie ein Engel, aber sie lacht wie ein Seemann. Und beides ist ansteckend schön.

Ihren Beruf als Floristin hat meine Mutter nach der Geburt meines Bruders zwar an den Nagel gehängt, aber der ihr unterstehende Blumengarten tröstet sie darüber hinweg. Dort blüht sie – man verzeihe mir das Wortspiel – richtiggehend auf.

Mein Vater arbeitet als Schreiner für eine Firma, die europaweit luxuriöse Bars und Nachtclubs einrichtet. Mal ist er einen Monat in Paris, mal ein Vierteljahr in Brüssel oder Amsterdam oder einer ähnlich aufregend klingenden europäischen Stadt. Am Wochenende ist er dann zu Hause – meistens.

Opa züchtet hinterm Haus schnuffelige Kaninchen, und da ab und zu eines der niedlichen Langöhrchen plötzlich im Stall fehlt, habe ich bis heute den dringenden Tatverdacht, dass mein Opa sowohl Moppel als auch Kitty und Hansi hinter meinem Rücken zu Hasenbraten verarbeitet hat.

Das Verhältnis zwischen meiner Mutter und ihren Schwiegereltern kann getrost als besonders harmonisch beschrieben werden. Vermutlich halten sie meine stets ausgeglichene und fröhliche Mutter für den größten Glücksfall, die deutlichste Konstante im Leben ihres äußerst lebenslustigen und den schönen Dingen des Lebens nicht abgeneigten Sohnes.

Meine Großeltern vergöttern ihre Schwiegertochter. Im stillen Einvernehmen haben sie meine Mutter bereits zu deren Lebzeiten heiliggesprochen. Sie lässt eben nicht nur den Garten aufblühen, sondern auch diese beiden Herrschaften in ihren späten Sechzigern.

Meiner Mutter kann einfach niemand lange böse sein, und vielleicht liegt es daran, dass auch ihre Eltern knapp ein halbes Jahr nach meiner Geburt wieder den Kontakt zu ihrer Tochter suchen. Sehr kleinlaut stehen sie eines schönen Samstags in aller Herrgottsfrühe mit einem Strauß Blumen, einer Flasche Sekt und einem riesigen Stoffteddy gänzlich unangemeldet vor unserer Türschwelle – mit der Bitte auf den Lippen, ihren Enkel doch wenigstens einmal kurz begutachten zu dürfen.

Das muss nichts weniger als ein Punktsieg für meine Mama gewesen sein.

Als ausgewiesene Pferdekennerin überprüft meine Oma zuerst die Qualität meiner Zähne und befindet sie für akzeptabel. Ein stumpfes Fell scheine ich auch nicht zu haben, denn beiden Großeltern gefalle ich augenscheinlich ganz gut. Meiner Großmutter fällt zu ihrem freudigen Erstaunen auf, dass ich ihr – und daran wird sich auch im Erwachsenenalter nichts ändern – wie aus dem Gesicht geschnitten ähnele.

Ein kleines Wäldchen in der sichtbaren Ferne trennt unseren etwas abgelegenen Ort der Eintracht von Scherlebeck, einem kleinen Stadtteil Hertens, der die durchaus stolze Pracht und Schönheit der Ruhrgebietsarchitektur en miniature in sich vereint. Im Mittelalter baute man in Europa Städte um steinerne Kirchen herum. Zur Zeit der Industrialisierung errichtete man überall im Kohlenpott Siedlungen rund um die stählernen Fördertürme. Und so entstand rund um die Zeche *Schlägel und Eisen* die zu Scherlebeck gehörende backsteinrote Bergarbeitersiedlung Gertrudenau. Entlang schöner Kastanienalleen stehen hier verspielte Klinkerhäuschen, in deftig sattes Grün getaucht. Jedes besitzt ein stolzes Gärtchen und einen kleinen Viehstall, in welchem wahlweise Kaninchen, Tauben oder hier und da sogar noch eine Ziege gehalten werden.

Und mitten in Herten-Scherlebeck auf dem belebten Hauptsträßchen unterhält Oma Änne einen gut gehenden Tante-Emma-Laden. Dieser liegt kurioserweise direkt am westfälischen Jakobsweg, in unmittelbarer Nähe der Gustav-Adolf-Kirche.

Damals sah man dort zwar noch keinen einzigen Pilger mit Stecken und Rucksack herumirren. Heute allerdings von Zeit zu Zeit schon, und daran bin ich, glaube ich, nicht ganz unschuldig.

Bei Oma Änne lässt sich jedenfalls alles finden, was der Ruhrgebietler mal eben auf die Schnelle so braucht. Brot, Bier, Mehl, Blumen, frisch gemahlener Kaffee und vor allem Schokolade und Milcheis am Stiel. Diese kleine Unternehmung läuft wahrlich wie geschmiert und ist nicht nur für die Kunden, sondern auch für meine Persönlichkeitsbildung eine Goldgrube.

Nachdem die beiden sich nun wieder vertragen haben, liebt es meine Mutter, ihrer Mutter bei der Arbeit zur Hand zu gehen. Und so verbringe auch ich fast jeden Tag in diesem kuriosen, inspirierenden Lädchen von Oma Änne. Um mich herum duftet es lecker und frisch, nach Butter, Kuchen, Keksen und Leben!

In einen Kindergarten will meine Mutter mich nicht schicken, der wäre viel zu weit von unseren eher ländlichen Gefilden entfernt. Wie sollte ich da auch hinkommen? Papa ist samt seinem Auto meistens fort, und Mama hat kein Auto, geschweige denn den dazugehörigen Führerschein. Mein Bruder besucht die »Zwergenschule« in Speckhorn – ebenfalls eine dörfliche Gemeinde – und benötigt für seinen Schulweg einen gefühlten halben Tag mit Bus und Bahn.

Nachdem wir also meinen Bruder wie fast jeden Morgen zur ewig weit entfernten Bushaltestelle begleitet haben, marschiert meine Mutter, mich im blauen Kinderwagen mit meinem halb zermümmelten Butterkeks voranschiebend, eine gute halbe Stunde über den langen Feldweg und durch das sich anschließende Wäldchen, um dann pünktlich zur Öffnungszeit vor dem Lädchen auf der Scherlebecker Straße zu stehen und gemeinsam mit meiner Großmutter die schweren Holzrollos nach oben zu wuchten.

Genau hier, in diesen engen Räumen, eröffnet sich mir jeden Tag aufs Neue ein Schauspiel, das in seiner dramatischen Großartigkeit nicht unterschätzt werden sollte. Auf ewig werde ich meiner Mutter dafür dankbar sein, dass sie mich nicht in einen Kindergarten zum Ringelreintanzen, Klötzchenstapeln und Hasenmalen gesteckt hat.

Hier in Oma Ännes Laden steppt der Bär des echten Lebens!

Als ich halbwegs sitzen kann, hocke ich auf der Ladentheke und sauge aufgeregt und neugierig alles, was in diesem Laden geschieht und geredet wird, in mich auf. Anscheinend wirke ich – der kleine dicke Buddha auf dem Verkaufsaltar – sogar verkaufsfördernd. Der strohblonde Bengel mit dem breiten Lachen zieht Kundschaft an. Sehe ich doch im Prinzip so aus wie der gut genährte Junge auf den orangefarbenen Zwiebackpackungen, die es im Geschäft natürlich zu kaufen gibt. Und so bimmelt das Türglöckchen, welches »König Kunde« anzukündigen pflegt, nahezu unentwegt.

Wobei man bei Oma Änne natürlich auch mal anschreiben lassen und auf diese Art in den Besitz der einen oder anderen kleinen Köstlichkeit oder auch nur einer Flasche Bier gelangen kann. Knauserig ist Oma Bönke nicht. Warum auch? Der Laden brummt, dass es eine wahre Freude ist.

Im Sommer weht manchmal der neblig-wohlige Duft der benachbarten Heißmangel »Lauer« zu uns in das Lädchen hinüber. Es wird getratscht, was das Zeug hält, und gelacht, dass man es bei vorzugsweise sperrangelweit geöffneter Tür bis auf die Straße hinaus hören kann. Die neuesten Gerüchte lassen sich hier denkbar effektvoll platzieren. Im Ruhrpottslang der zumeist weiblichen Kundinnen klingt das in etwa so:

»Ham Se schon gehört, der alte Herr Ponnewasch hat getz 'nen ganz fiesen Venenstau inne Beine. Aber die neue, von den schicken, jungen, dunkelhaarigen Dr. Jacoby verschriebene Salbe, die wirkt wie so 'n Wundermittel, und deshalb kann er getz wieder Radfahren wie so 'n jungen Gott! Also nich' der Dr. Jacoby, ne, sondern der Ponnewasch!«

»Arme Frau Strecker! Ihre graue Pudeldame Linda is' getz wohl ganz schwer herzkrank, und die Tabletten, die se ihr verabreicht ham, helfen nu auch nich' mehr. Die macht et nich' mehr lang, die Frau Strecker ihre Linda. Die is' dann wohl auch bald anne Reihe. Die Tabletten frisst se immer nur zusammen mit 'n Klecks grobe Pfälzer Leberwurst, und zwar die ganz teure fette vonne Metzgerei Köster. Wissen Se schon, welche ich meine, ne, die, wo die vielen Gewürze drin sind!«

»Sagen Se mal! Wussten Sie schon, dat die Frau Kolossa vonne Helenenstraße nun schon der dritte Kerl innerhalb von ein Jahr weggelaufen is'? Also, ich mein, dat liegt doch auch wirklich an se selber mit ihre komische Art. Und da kann se getz so oft zu 'n Friseur rennen, wie se will. Die

Männer wollen se nu' mal nich' haben! Dat muss se doch getz mal, in Gottsnamen, endlich einsehen! Dat hat ihr sogar ihre eigene Friseuse, die Hilde Schwallik, die kleine blond gefärbte Dralle mit die Dauerwelle, wissen Se schon, ne, selber gesagt, aber sie hört ja nich'! Wird se schon noch selber sehen, wat se davon hat!«

Erzählen Sie, liebe Leser, das alles bitte nicht weiter, es sollte wirklich unter uns bleiben!

All die zuvor erwähnten Herrschaften und ihre mysteriösen Geheimnisse sind mir bald bestens vertraut. Meine Mutter lacht gern laut und grollend über die Geschichten. Dafür ist sie nun einmal berühmt. Bei manchen Kundinnen beschleicht mich das Gefühl, sie erzählen ihre »Dönekes« und »Schoten«, wie es in Westfalen heißt, einzig um meine Mutter zum Lachen zu bringen und sich von ihrem Lachen anstecken und forttragen zu lassen.

Denn wenn sie lacht, ist da kein Platz mehr für irgendetwas anderes. Diese ansteckenden Attacken können schon mal ein oder zwei Minuten anhalten. Dann kann sie sich vor Albernheit in ihrer Kittelschürze hinter der Ladentheke kaum noch halten und muss sich am Kaffeeregal abstützen, um nicht freudentränenerstickt in die Knie zu gehen. Ein unfassbar schönes Bild für die Götter des Humors.

Meine äußerst geschäftstüchtige Großmutter hingegen bleibt stets ernsthaft freundlich und heiter distanziert. Man siezt sich mit der Kundschaft. Jedem Besucher gibt sie das Gefühl, er sei ihr wichtigster Kunde, ohne dass sie das je tatsächlich so sagen würde. Sie selbst redet mit all den kuriosen Herrschaften gar nicht viel. Vielmehr leiht sie ihnen ihr Ohr. Die Menschen suchen das Gespräch, und meine Großmutter und meine Mutter lassen sie reden. Dass sie auch nur ein einziges Mal einen giftigen Kommentar zu den Geschichten abgegeben oder gar schlecht über Herrn Ponnewasch, Frau Edelmund oder Frau Strecker gesprochen hätten, daran kann ich mich beim besten Willen nicht erinnern.

Ich hoffe, die stets gut frisierte Frau Kolossa hat in ihrer unermüdlichen Beharrlichkeit schlussendlich doch noch das passende Gegenstück gefunden. Im Laden jedenfalls bekomme ich sie kein einziges Mal leibhaftig zu Gesicht, und so soll Frau Kolossa für lange Zeit zunächst die mythische Sagengestalt aus einer etwas vulgären Kohlenpottanekdote bleiben.

Diese Kunden, ihr Verhalten und ihre sowohl in Bezug auf die Qualität als auch Quantität sehr unterschiedliche Wortwahl studiere ich eingehend. Was soll ich auch anderes im Laden tun? Spielen? Kein Spiel kann so spannend sein, als dass es mich von der genauen Beobachtung meiner Studienobjekte abhalten könnte.

Ich bin ein Kind, und Kinder sind nun mal neugierig und wissbegierig. Was sind das bloß für spannende Wesen hier im Laden? Interessanterweise stimmt das, was sie so zum Besten geben, längst nicht immer mit ihrem eigentlichen Verhalten oder gar ihrer Körpersprache überein. Das finde ich durchaus unterhaltsam und manchmal auch besorgniserregend. So lerne ich schnell, Lüge von Wahrheit zu trennen und Geheucheltes von Ehrlichem zu unterscheiden. Mein erstes vorläufiges Bild vom Menschen mache ich mir mithilfe der skurrilen Besucher in Omas Laden.

Auch Traurigkeit und Einsamkeit sind einigen anzumerken, selbst wenn sie es noch so zu verbergen suchen. Das rührt mich, den kleinen Jungen, manchmal zutiefst. Eine ganz wesentliche Lektion lerne ich hier: Am Schluss jeder noch so blöden Geschichte sollte man, freiwillig oder unfreiwillig, für einen fetten Lacher sorgen, sonst taugt die ganze Geschichte nämlich nichts. Egal, ob sie wahr ist oder erfunden.

Ab meinem ersten Lebensjahr plaudere ich zur Verblüffung aller schon mit. Tante Lores Quasseltraining sei Dank! Über dies und jenes und natürlich auch über Frau Strecker und ihre Linda, Gott hab sie selig! Ich lauere so lange auf dem hinteren Ladentisch, bis ich die Schrullen und Macken der Kunden allesamt und auf den Punkt genau nachahmen kann. Meine offenbar angeborene Beobachtungsgabe schärft sich hier noch weiter, und ich schule so ganz nebenbei einen gewissen Mutterwitz.

Die Kundinnen beugen sich über mich und staunen, was das dicke Kind da so alles brabbelt. Nach meiner Erinnerung setze ich sogar schon erste Pointen. Vermutlich auch, um meine Mutter gelegentlich vor Lachen um Gnade winseln zu hören.

Dies alles geschieht zunächst im Sitzen. Das Laufen lerne ich erst besorgniserregend viel später. Das hat wiederum den Vorteil, dass ich keinen Unsinn treiben kann – wie denn auch im Sitzen? Das mit dem Sitzen hat sich übrigens bis heute nicht entscheidend verändert. Ich sitze halt gern.

Eines sonnigen Samstags stehe ich in meinem Laufstall im heimischen Schlafzimmer dann allerdings doch noch auf. Diesem Sich-Erheben waren viele gescheiterte und klägliche Versuche vorausgegangen – ich bekam mich einfach nicht hoch. Was für eine Quälerei!

Angestachelt wird meine plötzlich aufkeimende Lust, mich endlich erheben zu können, schlicht durch die in dem kleinen Verhau vorherrschende Langeweile. Ich bin in dem Kasten einfach blöd gefangen. Die wachsende Neugierde auf die Welt außerhalb der mir zugemuteten zwei Quadratmeter beflügelt mich. Also wuchte ich mich eines schönes Tages ächzend hoch und klettere, ermuntert durch den völlig unerwarteten Erfolg, in einer halsbrecherischen Aktion über das kleine Holzgitter, um dann auf direktem und wackeligem Wege zu meiner Mutter in die Küche und in Richtung Freiheit zu staksen.

»So!«, sage ich. »Jetzt kann ich laufen!«

Ich muss damals fast drei Jahre alt gewesen sein und kann mich an das überaus erstaunte und erfreute Gesicht meiner Mutter tatsächlich noch erinnern. Sie ist platt, und keiner, nicht mal mein Vater, glaubt ihr diese Geschichte hinterher so recht. Aber so ist es gewesen: Mir war es zu blöd, eingebuchtet in diesem Kasten zu sitzen. Es war unerhört anstrengend, aus dem sperrigen Kinderkäfig herauszukommen. Heute würde ich das vermutlich gar nicht mehr schaffen!

Als ich mich dann halbwegs auf den Beinen halten kann, helfe ich selbstverständlich tatkräftig bei der Arbeit im Laden mit. Bis zu meiner Einschulung verbringe ich fast jeden Wochentag im Geschäft.

Mal bastele ich unter der sachverständigen Anleitung meiner Mutter seltsam ungelenke, protestantisch nüchterne und leicht entflammbare Adventsgestecke mit schräg herauswachsenden und nach Bienenwachs duftenden Kerzen. Mal räume ich unter strenger und fachkundiger Aufsicht meiner Oma die zuvor genau abgezählten Schokoladentafeln stapelweise in die dafür vorgesehene Schublade ein. Und mal versuche ich mich an selbst bemalten Ostereiern, die ich dann zu Wucherpreisen an die mich anbetenden, zumeist älteren Kundinnen verscherbele. So viel zum Thema Kinderarbeit in den späten 1960er-Jahren in Deutschland!

Ist mir mal langweilig, weil wegen Glatteis oder Dauerregen die Laufkundschaft ausbleibt und nur die Stammkunden klitschnass oder halb erfroren hereinschneien, dann bemale ich mit Hingabe unter Zuhilfenahme bunter Filzstifte mein Geburtsmal unter dem rechten Handgelenk. Mit der linken Hand, wohlgemerkt, zeichne ich. Aber das wird man mir kurz nach meiner Einschulung schnell austreiben und mich zum Rechtshänder dressieren.

Der so von mir naiv-künstlerisch überarbeitete Kreis unterhalb meiner Hand sieht aus wie ein leuchtendes buddhistisches Mandala, welches ich gern und voller Stolz so mancher Stammkundin präsentiere. Der verschlägt es dann kurzfristig die Sprache ob der Skurrilität der seltsamen Hautverzierung.

Auch das fast täglich präsente Trio monumentale, bestehend aus den äußerst beleibten Pelzmantelbesitzerinnen Frau Edelmund, Frau Knopisch und der hageren, fast ausgemergelten Hut-mit-Feder-Trägerin Frau Rädeker, versteigt sich in die kühnsten Theorien bezüglich der Bedeutung und Herkunft meines seltsamen Handschmucks.

»Unser Hans-Peter ist seiner Zeit voraus! Der hat eine eingebaute Armbanduhr am Handgelenk!«, lautet Frau Edelmunds nicht unschlüssige Theorie, welcher sie dann lachend hinzufügt: »Jetzt musst du nur noch die Zeiger draufmalen!«

»Es gab doch anne Tafelrunde zwölf Ritter, und du bist einer davon«, ist hingegen die vage Überzeugung, die Frau Knopisch vertritt, nicht ohne dabei wie üblich den streng nach Naftalin riechenden toten Fuchs über ihren Schultern zurechtzuzuppeln.

»Blödsinn! Das ist eine Art Kalender, dat sieht doch jeder Affe mit 'nem Krückstock. Schaut aus wie der Tierkreis. Nur in klein«, mischt sich Frau Rädeker dann spitz triumphierend in die heftig debattierende Expertinnenrunde noch ein.

Diese kleine Eigenheit auf der Innenseite meines Handgelenks führt dazu, dass ich mich ein bisschen besonders fühle. Sie ist nicht auf Anhieb für jedermann zu sehen; es hängt von meiner Entscheidung ab, ob ich sie zeigen will und mich interessant mache oder nicht.

Meiner Mutter ist das meistens peinlich. Ihren sich ständig wiederholenden Einwurf: »Das ist eine Art Storchenbiss ... und nichts weiter!« will jedoch niemand gelten lassen.

Auch meine stets quietschfidele und dauerquasselnde Großtante Lore, die ebenfalls Stammkundin ist, will das kleine Kunstwerk immer und immer wieder in seiner ganzen Schönheit betrachten, was sie schließlich zu der sehr kühnen Vermutung verleitet: »Peterhansel, ich hab's! Du kommst bestimmt von einem anderen Stern!«

Sie hat recht. In diesem Laden fühle ich mich manchmal, als käme ich von einem anderen Stern. Aber das kleine Idyll ist mein Paradies, welches ich freiwillig wahrscheinlich niemals verlassen hätte.

KAPITEL 6
DER OPA MIT DEM TOLLEN BERUF

»Wenn ich groß bin,
will ich ins Fernsehen!«

An den Wochenenden steht meine Großmutter Änne natürlich nicht hinter der Ladentheke, dafür aber umso öfter – und das meist völlig unerwartet und in aller Herrgottsfrühe – vor unserer Haustür. Ein Telefon besitzen wir wie die meisten Recklinghäuser nämlich nicht.

Durch lautes Klopfen oder besser gesagt: dramatisches Hämmern gegen die untere Eingangspforte bei gleichzeitiger Dauerbedrückung der Türschelle macht Oma Bönke dezent forsch auf ihre gänzlich unpassende Anwesenheit aufmerksam. Im Schlepptau hat die immer in elegantes Schwarz gehüllte ältere Dame meistens meine adrett zurechtgemachte und liebreizende Cousine Marion, die nicht selten ein rosa Schleifchen im Haar trägt, und meinen etwas stieseligen und sprachfaulen Cousin Paul.

Vor dem Haus parkt verkehrswidrig mit laufendem Motor und weit aufgerissenen Türen ein angeberischer weißer Kombi-Schlitten, und darin sitzt auf dem beige-ledernen Beifahrersitz, völlig entspannt und genüsslich an seiner Zigarre ziehend, mein führerscheinloser Opa Willi mit Hut.

Bei uns fährt eben die durch und durch emanzipierte und extrovertierte Oma das Auto – und zwar vorzugsweise sehr schnell.

Bei Oma muss alles schnell gehen, und man darf keine Zeit vertun. Schon gar nicht mit dem Treppensteigen. Also bleibt sie unten an der Türschwelle stehen, während mein Cousin und meine Cousine die wuchtige Eingangstür mit gekonntem Ganzkörpereinsatz und gequälten Gesichtern aufstemmen.

Meine Mutter wundert sich jedes Mal aufs Neue, wer denn da am Wochenende die Dreistigkeit besitzt, so früh und so anstandslos das ganze Haus aus dem Bett zu klingeln.

Immer wieder stellt sie zu ihrer eigenen Überraschung fest, dass es ihre eigene Mutter ist, die diesen hemmungslosen Radau veranstaltet.

Sobald meine Oma, die wie ein alter Fuchs dort unten im Türrahmen lauert, ihre in einen fröhlich bunten Morgenmantel verhedderte und auf den oberen Treppenabsatz zuschlurfende Tochter erkennt, brüllt sie im strengen Befehlston durch das ganze Haus: »Margret, zieh die Jungs an! Wir fahren wieder los!«

Zumeist augenreibend quittiert meine Mutter diesen Befehl im verzweifelten Flüsterton mit: »Moder!« – das ist Plattdeutsch für Mutter –, »Moder, um Himmels willen, es ist sieben Uhr! Hier schlafen alle. Es ist Wochenende!«

Doch durch solche Nickeligkeiten und spießigen Unpässlichkeiten ihrer kleinkarierten Zeitgenossen lässt sich meine Großmutter nicht beirren. Das stachelt sie eher an. Sollen die anderen ruhig schlafen, sie will was erleben. Und ihre Enkelkinder sollen das auch.

Groß denken! Das ist ihr gelebtes Motto. Und: Laut und deutlich reden! Deshalb ist auch ihre Antwort, verstärkt durch den kathedralengleichen Flur, für die ganze Nachbarschaft deutlich vernehmbar: »Ganz genau! Es ist Wochenende! Also zieh die Jungs an, und pack ihnen was zum Übernachten und die Ausweise ein!«

»Wo wollt ihr denn schon wieder hin?«

»Das soll eine Überraschung für die Jungs sein! Das werde ich dir doch jetzt nicht auf die Nase binden. Ich schicke dir eine Ansichtskarte, Margret.«

Spätestens jetzt gibt Mama nach. Denn Mama gibt immer nach. Leider haben diese extrem spontanen Spritztouren den Beigeschmack von überstürzter Flucht, denn für mich bedeutet das Nachgeben meiner Mutter jetzt konkret:

Ich werde brutal und ohne jede Begründung aus dem Tiefschlaf gerissen.

Ich werde gewaltsam ins Bad gezerrt und in rasender Geschwindigkeit eher nass gemacht als gewaschen.

Ich werde von meiner Mutter auf den Küchentisch gewuchtet, damit sie mir die verhasste blaue und kratzige Wollstrumpfhose in Rekordtempo über die Beine stülpen und mich in einen viel zu engen hellblauen Plastikanorak zwängen kann. Je nach Wetterlage bekomme ich als Krönung noch eine übergroße knallrote Pudelmütze verpasst, unter der ich, wenn's schlecht läuft, schwitze und, weil die durchnässte Wollkrone ständig herunterrutscht, wie sehbehindert durch die Gegend tapere.

Ich werde von meinem großen Bruder die endlos lange Treppe hinuntergeschleift und im direkten Anschluss draußen auf die Rückbank des von Zigarrenqualm und

Rasierwasser geschwängerten Luxusschlittens geworfen, um dort in die Arme meiner bedeutend älteren Cousine zu fallen, die mich für die folgenden drei Stunden, allein ihrem angeborenen Pflegeinstinkt gehorchend, in einem liebevollen Würgegriff umklammert hält und hemmungslos abknutscht.

Na dann, schönes Wochenende!

Mama lüpft in der ersten Etage eine Gardine, schiebt den Blumentopf beiseite und schaut noch einmal verstohlen aus dem Wohnzimmerfenster zu uns herunter. Wie immer winkt sie uns zu, und zwar so, als handele es sich um einen endgültigen Abschied, ohne die geringste Chance auf ein Wiedersehen.

Denn natürlich gibt es 1968 noch keine Anschnallpflicht, geschweige denn die dafür notwendigen Gurte. Man hätte uns Kinder höchstens mit einem eigens mitgebrachten Seil an den Sitzen festzurren können. Kindersitze sind auch noch nicht erfunden, und die Ritterrüstung ist zu jenem Zeitpunkt, auch wenn sie nicht ausdrücklich verboten ist, leider nicht mehr in Mode.

Die Kinder sitzen, liegen oder stehen also, wo und wie sie wollen. Auch befördert man im Wagen nicht etwa eine gesetzlich vorgeschriebene Anzahl von Personen, sondern so viele, wie eben in den Wagen hineinpassen. So etwas Überkandideltes wie Nichtraucherschutz gibt es nicht – schon gar nicht für Kinder. Einzig Alkohol am Steuer ist auch damals schon verboten.

Dennoch, auch Fahrten ohne die sorgsamen EU-Regulierungen kann man ganz gut überleben, und Spaß machen sie allemal.

Verrückte wilde Zeit, diese späten Sechziger!

Mit der qualmenden Zigarre zwischen Daumen und Zeigefinger dreht mein Opa sich lächelnd zu mir um und knurrt: »Na, Peterle, bist du denn schon ausgeschlafen?«

Heutzutage würde ich antworten: »Soll das ein Witz sein? Ihr habt sie doch nicht mehr alle.«

Damals falle ich bloß ruckartig zurück in eine tiefe Trance. Und man muss sich vorstellen: Meine Cousine und mein Cousin sind eindeutig noch früher aus den Federn gerissen worden.

Oma indes hat ihren »Bleifuß« – auch das ist einer ihrer Spitznamen – bereits wieder da, wo er hingehört, nämlich auf dem geliebten Gaspedal: »Wenn ich mich beeile, sind wir schon zum Frühstück in Amsterdam!«

Da kann mein fein bezwirnter und stattlicher Opa Willi seine unternehmungslustige Gattin noch so oft ermahnen: »Änne, nicht so schnell!«

Madame Bönke fährt, als hätte sie nicht mehr allzu viel Zeit zum Rasen – womit sie leider auch recht behalten wird. Nur wenn der Motor dröhnt, ist Oma richtig glücklich. Nicht umsonst und ohne Grund soll aus meinem Cousin Paul später einmal ein Rennfahrer und mehrfacher deutscher Rallye-Meister werden. Der flinken, vom Motorsport begeisterten Oma sei Dank!

So seltsam diese spontanen Kindesentführungen auch sind, sie riechen immer nach sonnigem Abenteuer und mutiger Weltentdeckung. Und Oma weiß über jeden Ort eine spannende oder lustige Geschichte zu erzählen. Mal geht es nach Brüssel zum dauerpieselnden Männeken Pis oder in den mächtigen Hafen von Antwerpen. Ein anderes Mal fahren wir in die herbstlichen Weinberge der romantischen Mosel oder zum sagenumwobenen Drachenfels nach Königswinter, ins verwinkelte Luxemburg zur exklusiven Schlossbesichtigung oder einfach nur zu Tante Cilly ins Saarland zum Wandern.

Jede dieser Reisen bleibt unvergesslich, und Oma und Opa taumeln und juckeln an vielen Wochenenden mit uns vier Kindern beglückt durch die mitteleuropäische Weltgeschichte.

Dabei ist es ein echter Vorteil, ein Kind des industriell aufblühenden und dunstgrauen Ruhrpotts der 1960er-Jahre zu sein. Denn egal, wo wir damals auch hinreisen, es ist überall schöner und bunter als daheim. Die Sehnsucht nach Schönem und Edlem wird dadurch eindeutig in mir geweckt. Und doch reift hier auch früh in mir die Erkenntnis, dass ein Heimatgefühl nicht geknüpft sein muss an das stereotype und kitschig romantisierende Schönheitsideal von einer Landschaft.

Das letzte Ereignis, woran ich mich im alten Haus vor unserem großen Umzug in die Stadt lebhaft erinnere, ist das Weihnachtsfest 1970. An jenem Heiligabend bin ich vor der alljährlichen Ankunft des Christkindes schrecklich aufgeregt und überdreht. Meine Mutter kommt also in der Küche zu rein gar nichts, da ich ständig hyperaktiv an ihrem Schürzenzipfel hänge und Fragen stelle, die sich unter anderem um die genaue Ankunftszeit des Christkindes drehen und darum, ob es nicht sein könnte, dass ich vielleicht von ihm vergessen werde, da wir ja doch sehr weit abseits wohnen.

Und da es draußen mittlerweile gewaltig windet, bin ich zudem besorgt über den möglicherweise sehr turbulenten und gefährlichen Anflug auf unser Haus, welcher dem engelsgleichen Wesen bevorsteht.

Mein älterer Bruder, der im krassen Gegensatz zu mir brav und schweigend am Küchentisch sitzt und, wie von Mama gewünscht, hilfreich irgendein Gemüse schnippelt, ist der investigativen Befragung, der ich unsere Mutter aussetze, bald überdrüssig. Bedrohlich raunend und mit einem bösem Blick flüstert er mir zu: »Ich kleb dir gleich eine, wenn du nicht sofort mit deinem Gequatsche aufhörst.«

Niedliche Kleinkinder sind alle, so will es die Natur, geborene Petzen. Also verkünde ich feierlich: »Mama, der will mich hauen!«

Hier reißt meiner Mutter endgültig der Geduldsfaden. Sie trifft in all der Hektik einen für mich folgenschweren Entschluss. Sie verfrachtet mich endgenervt, wie man heute sagen würde, direkt vor die Schwarz-Weiß-Glotze im Wohnzimmer, schaltet das Gerät ein, stellt sich mit erhobenem Zeigefinger daneben und fordert: »Du bleibst jetzt so lange hier sitzen, bis ich dich hole, Hans-Peter! «

Wohl auch, um gemeinsam mit meinem Vater die Bescherung im Wohnzimmer meiner Großeltern auf der gegenüberliegenden Seite des Flures vorbereiten zu können.

»Läuft denn auch was Schönes?«, will ich als skeptischer und frühreifer Kenner des deutschen Fernsehens natürlich wissen. Schließlich soll ich auf meinem Schnuffelkissen hocken und in die Röhre schauen, während in der Küche und in Omas Wohnung irrsinnig spannende Vorbereitungen zur geheimnisvollen Ankunft des heiligen Kindes getroffen werden.

»Eine ganz schöne und spannende Sendung kommt da jetzt. Das solltest du nicht verpassen! Warte mal ab!«, beteuert meine Mutter mit einem gehetzten Blick auf ihre silberne Armbanduhr, bevor sie in Windeseile dann wieder entschwindet.

Tja, wenn Mama das sagt, dann wird es wohl stimmen. Also harre ich der wundervollen Dinge, die sich da auf dem Schirm angeblich in Bälde zutragen sollen, und glotze starr auf den technischen Zauberkasten.

Und tatsächlich, eine feierliche Musik setzt zu Beginn der Sendung ein. Vermutlich ist das ein Weihnachtslied, das ich noch nicht kenne? Immerhin klingt die Melodie ein bisschen wie »O du Fröhliche«!

Dann erscheint ein sehr schick gekleideter Mann mit Schlips und schneeweißen Haaren. Er schaut auf einen Zettel und liest ab. Zuerst begrüßt er alle Zuschauer vor den Fernsehschirmen. Auch die Kinder. Selbst denen wünscht er gesegnete Weihnachten. Wie nett von ihm.

Mit seinen streng nach hinten gekämmten Haaren und der dicken Hornbrille sieht er ein bisschen so aus wie mein Opa Willi. Er ist also durchweg sympathisch.

Was er da so alles erzählt, verstehe ich Knirps vermutlich nicht so ganz genau, aber sein mitreißender Erzählstil macht das alles wett. Und da es draußen weiterhin stürmt und sich die große Kastanie vor dem Wohnzimmerfenster zu biegen droht, hat der stoisch erzählende Herr auch durchaus etwas Besänftigendes.

Was für eine großartige Sendung: Da sitzt einer und erzählt den Zuschauern vor der Flimmerkiste auf packende Weise etwas offensichtlich sehr Wichtiges. Denn so guckt er, als wäre alles, was er sagt, sehr bedeutsam.

Der Opa hat einen tollen Beruf, denke ich.

Als meine Mutter gegen Ende der für meinen Geschmack viel zu kurzen Show wieder ins Wohnzimmer kommt, ist sie sichtlich überrascht über mein ruhiges und interessiertes Zuhören. Außerdem will ich, möglichst ohne dass sie dazwischenquatscht, die Sendung ungestört ganz bis zum Schluss verfolgen. Also halte ich meinen Zeigefinger vor den Mund und flüstere ziemlich altklug: »Mama! Pscht!«

Meine Mutter setzt sich, leicht irritiert, aber doch meinem ungewöhnlichen Wunsch entsprechend, auf die quietschende Sofalehne und lauscht nun auch gebannt dem netten Opa im Fernsehgerät. Ob sie fasziniert ist von der Rede dieses Mannes oder doch eher vom eigentümlichen Verhalten ihres Sohnes, diesem erstaunlich interessierten Zuhörer, das sei mal dahingestellt. Denn auch wenn die Sendung nicht jugendgefährdend ist, besonders geeignet für Kinder ist sie deshalb noch lange nicht. Und das weiß meine Mutter natürlich.

Als der ältere Herr fertig ist mit seiner Ansprache und sich wieder verabschiedet hat, wende ich mich, so als wäre eine erhellende Eingebung wie der Blitz in mich gefahren, ruckartig zu meiner Mutter und verkünde entschlossen: »Mama, was der Mann da macht, das mache ich später auch mal. Wenn ich groß bin, will ich ins Fernsehen!«

Als erste Reaktion klappt ihr zunächst die Kinnlade nach unten. Den Ausdruck kenne ich schon, deshalb überrascht er mich auch nicht sonderlich: Das ist Mamas Hat-der-Junge-das-gerade-wirklich-gesagt?-Gesicht.

Kurz darauf prustet es aber nur so aus meiner Mutter heraus, und sie kippt infolge des Lachanfalls, der sie zu schütteln beginnt, fast hinterrücks über die Sofalehne in die reh- und goldbestickten Samtkissen.

Meine Mutter lacht mich aus. Das hat sie noch nie gemacht. Ich bin entsetzt. Dabei ist es doch gar nicht komisch, was ich gesagt habe.

»Da brauchst du gar nicht zu lachen, Mama. Ich will ins Fernsehen!«, entgegne ich trotzig und im tiefsten Ton der Überzeugung – und animiere sie dadurch nur zu noch mehr weihnachtlichem Gekicher.

Laut lachend steht sie schließlich auf und geht zurück in die Küche.

»Heinz«, höre ich sie zu meinem Vater sagen. »Du glaubst nicht, was unser Sohn da gerade wieder von sich gegeben hat. Du lachst dich kaputt! Jetzt will er doch tatsächlich zum Fernsehen! Nee, also das glaube ich jetzt wirklich nicht. Auf was für Ideen der immer kommt.«

Mir, dem Sechsjährigen, ist es allerdings ernst. Todernst. Denn ich weiß jetzt schlagartig, was ich im Leben will. Auch zukünftig werde ich von dieser abstrusen Idee nicht mehr wesentlich abweichen.

Darauf gebracht hat mich komischerweise kein namhafter Entertainer oder schillernder Filmstar, sondern der ziemlich trockene Bundespräsident Gustav Heinemann mit seiner zweifelsfrei sehr inspirierenden Weihnachtsansprache im Jahre 1970. Danke, Gustav Heinemann!

KAPITEL 7
DAS GRAUE HAUS

»Wird schon gut gehen,
Margret.«

Mein Vater hat durch sein unermüdliches »Malochen«, wie es im Pott umgangssprachlich heißt, einen ziemlichen Batzen Geld auf die hohe Kante gelegt. Und nun strebt er danach, ganz im Stile des allgemeinen Modernisierungs-geistes der anbrechenden Ära Willy Brandt, nicht mehr zur Miete, sondern in den eigenen vier Häuserwänden zu wohnen.

Man will jetzt, 25 Jahre nach dem völlig wahnwitzigen Krieg, endlich wieder etwas vom Leben haben. Diese neue schöne Zeit macht es möglich, dass auch die kleineren Leute teilhaben können am Wohlstand der sichtbar pros-perierenden Bundesrepublik.

An dieser Stelle sei mir übrigens die dringende Ver-mutung erlaubt, dass aus mir persönlich ohne die ent-schlossene Reformpolitik Willy Brandts und seiner so-zial-liberalen Koalition nicht viel hätte werden können. Danke, Willy!

Der Zufall will es, dass die Eltern meiner Mutter ihr Haus verkaufen wollen und es meinen Eltern zu einem fairen Preis anbieten; allerdings nur unter der Bedingung, dass sie dort selbst auf Lebenszeit noch Wohnrecht genießen.

Dabei handelt es sich um ein dem Recklinghäuser Stadtzentrum nahes, schlicht verschnörkeltes, im Krieg nicht zerbombtes und somit unversehrtes Sechsparteienhaus, welches in der Blüte der Kaiserzeit im Jahre 1901 von der Eisenbahnergenossenschaft erbaut wurde.

Seine allerbesten Jahre hat der grün vergilbte Kasten demnach zwar bereits hinter sich, aber durch fleißiges Renovieren und durch radikale Umgestaltung ließe sich durchaus etwas Ansehnliches daraus zaubern.

Da meine Einschulung bevorsteht, ist zweifelsfrei auch die unmittelbare Nähe der katholischen Grundschule ein verführerisches Argument, das für die Veränderung spricht. Kurzum: Genau dieses Haus wird also in den Besitz meiner Eltern übergehen.

Der bald darauf folgende Umzug ist allerdings ein einziges Chaos und scheint meine Mutter bereits komplett zu überfordern. Der Abschied aus dem idyllischen Bockholt fällt ihr schwer. Heulend liegt sie in den Armen ihrer Schwiegermutter Bertha, als der Möbelwagen mit bereits laufendem Motor endlich startklar ist und mein Vater am Steuer seines giftgrünen R4 mit uns Kindern auf der Rückbank ungeduldig auf den Start in das neue, aufregende Leben wartet.

»Das war meine schönste Zeit!«, schluchzt sich meine Mama den ganzen Druck von der Seele, als ahnte sie bereits, dass das, was nun für sie beginnt, in einer Tragödie griechischen Ausmaßes enden wird.

»Wird schon gut gehen, Margret!«, versucht meine drahtige Oma ihre Schwiegertochter zu beruhigen. Sie streichelt ihr mit der Hand über den Rücken, wirkt jedoch selbst ganz und gar nicht überzeugt von der anstehenden Veränderung.

Ganz entgegen ihrer charakterlichen Veranlagung hat sich meine sonst wenig gesprächige Oma Bertha von Anfang an vehement gegen diesen Umzug ausgesprochen und vor seinen möglichen Folgen gewarnt.

Ein knappes halbes Jahr zuvor, während eines gemeinsamen Abendessens, sind ihre Bedenken bei einer Tasse Tee förmlich aus ihr herausgeplatzt: »Was wollt ihr denn da? Da ist es so laut, mitten in der Stadt, und du, Margret, stehst dann nicht nur im Laden, sondern auch noch zu Hause ständig unter der Fuchtel deiner Mutter. Nichts gegen Änne, das ist eine herzensgute Frau, die sicher ihr letztes Hemd für dich geben würde ... aber sie kann auch so herrschsüchtig sein. Und alles und jeden will sie kontrollieren. Überlegt euch das gut! Das wird vor allem dir nicht guttun, Margret.

Und der schöne Garten hier? Wollt ihr den wirklich aufgeben? Hans-Peter kann genauso wie sein Bruder mit dem Bus zur Schule fahren. Wenn ihr wollt, fahre ich mit ihm mit und bringe ihn jeden Morgen in die Zwergenschule. Deswegen müsst ihr doch nicht umziehen. Und der Direktor Herr Schlüter ist doch so nett!

Wartet lieber noch ein paar Jahre, dann könnt ihr euch ein wesentlich schöneres Haus mit einem richtig großen Garten irgendwo hier in der Gegend leisten und müsst nicht in dem dunklen Kasten in der Stadt leben!«

Unterstützung erwartet sich Oma Bertha offensichtlich von ihrem notorisch schweigsamen Ehemann, welchen sie mit dem Ellenbogen jetzt leicht in die Seite stupst.

»Nicht wahr, Hermann? Das findest du doch auch! Sag doch auch mal was!«

Hermann jedoch schweigt, wie schon so oft, schulterzuckend. Opa ist gewissermaßen der Mann ohne Meinung, denn die haben ihm die Nazis im KZ Buchenwald, wo er wegen seines Widerstandes gegen die Naziherrschaft mehrere Jahre in Gefangenschaft saß, mit roher Gewalt und staatlich organisierter Boshaftigkeit ausgetrieben.

Vor allem ist es jedoch mein Vater, der die Bedenken seiner krisenerprobten Mutter völlig in den Wind schlägt. Und das, obwohl er ein durchaus gespaltenes Verhältnis zu seiner dominanten Schwiegermutter Änne hat. Er will dieses Haus kaufen, denn das scheint ihm *die* Gelegenheit zu sein.

Und dann geschieht das Unfassbare: Der schweigende Opa Hermann zeigt am Tag des Umzugs doch eine Regung und steht plötzlich tränenüberströmt und völlig verloren in seinen Holzpantinen am Straßenrand.

»Mach dir keine Sorgen, Margret! Ich kümmere mich um deinen Garten!«, ruft er meiner Mutter hinterher, während sie in den Wagen steigt und er seine unentwegt kullernden Tränen mit dem Ärmel seines grauen Arbeitskittels hilflos zu trocknen versucht.

Meinen Großvater Hermann habe ich nur zweimal weinen sehen. Bei diesem Abschied von meiner Mutter und in jenem Moment, als mein Vater und ich ihm drei Jahre später die Nachricht von ihrem Tod überbrachten.

»Wo sollen nur all die Möbel hin?«

Mit diesen Worten steht Mama irgendwann fassungslos und völlig ratlos vor dem Holzberg, der sich mitten in der neuen Küche vor ihr auftürmt. Die Räume sind ohne die zwar geplanten, aber noch nicht durchgeführten Wanddurchbrüche deutlich kleiner als in der alten Wohnung. Außerdem sollen wir nun plötzlich ein Leben ohne Badezimmer führen!

Dieses gilt es nämlich erst zu bauen; die Toiletten befinden sich derzeit noch auf halber Treppe zwischen den Etagen. Als Waschraum dient uns vorübergehend eine Vorkriegswaschküche im Tiefparterre, die an eine Höhle aus der Urzeit erinnert. Ausgestattet ist dieser Raum mit einer dunkelgrauen, massiven Steinwanne und einer fassrunden Holzwaschmaschine, welche selbstverständlich mühevoll von Hand (!) gekurbelt werden muss; genauso wie die wuchtige trogförmige Wäschemangel, die klobig unter der ständig beschlagenen Fensterluke lauert. Arme Mama!

Zu dieser trüben Kulisse würde als akustische Untermalung gewiss nur ein Bombenalarm passen. Die Wegweiser zum Luftschutzbunker sind sinnigerweise überall auf der Straße noch nicht abmontiert oder übermalt worden. Und in Ermangelung eines Spielplatzes wird der alte gruselige Luftschutzraum in unmittelbarer Nähe des Hauses zwischen dem Kanal und der Eisenbahnstrecke bis zu seiner endgültigen Sprengung für mich und die anderen Kinder aus der Nachbarschaft zum Daueraufenthaltsort werden.

Hier mitten in der Stadt heulen noch immer jeden Samstag pünktlich um 12 Uhr zur sakrosankten Mittagszeit die Sirenen. Der erbärmliche Krach haut einen jedes Mal von den Füßen, und selbst die angeregteste Unterhaltung erstirbt binnen Sekunden. Meine Mutter versetzt der scheinbar ewig plärrende Probealarm in Angst und Schrecken. Wenn sie es gar nicht mehr aushält, dann stopft sie sich kurz entschlossen Watte in die Ohren. Sie hasst dieses Geräusch. Woran es sie genau erinnert und was sie in den Bombennächten alles erlebt und gesehen hat, das habe ich nie erfahren.

Wenn ich heute diesen Alarm zufällig im Fernsehen oder im Kino höre, denke ich nicht unmittelbar an den Krieg, sondern an das versteinerte, immer blasser werdende Gesicht meiner Mutter.

So hat sich meine Mutter ihr Eigenheim mit Garten sicher nicht ausgemalt. Auch wenn hier noch immer ihre Eltern wohnen, auf dem Flur direkt gegenüber, und es der Ort ist, an welchem sie aufgewachsen ist – ist denn ihre Kindheit hier wirklich glücklich gewesen? Der Garten ist um ein Vielfaches kleiner als ihr zwar gemieteter, aber großzügiger und geliebter Gemüsepark auf dem Land. Kohlrabi, Erdbeeren oder Tomaten! Die kann sie hier für immer ad acta legen. Einzig die riesengroße Erle verleiht dem Garten eine gewisse Würde und wird bald zu meinem Ankerplatz.

Über wie viele Monate hinweg ganze Horden von Bautrupps in unser Heim einfallen und an dessen Fassade hoch- und runterklettern, das weiß ich beim besten Willen nicht mehr. Mal geht es den düsteren, engen Räumen an den betagten Kragen, und die modrigen alten Fenster fliegen klirrend und im hohen Bogen in den dauergeparkten Schuttcontainer unten auf der Straße. Dann wieder gilt es dem morschen Dachstuhl den Krieg zu erklären oder die Kohleöfen in einem einwöchigen Kraftakt durch Heizungen zu ersetzen. Zwischendurch, je nach Papas Budget, herrscht für ein paar Wochen eine seltsam lähmende Ruhe auf der Baustelle, die nur durch die flatternde Plastikfolie am Gerüst gestört wird. Nervenzehrend laut bläht sie sich manchmal auf wie das Segel eines Geisterschiffs im nahenden Sturm. Nach meiner Erinnerung dauert es ewig, bis sich der Bau tatsächlich das Prädikat bewohnbar verdient hat. Man hätte das Haus besser abreißen sollen.

Meine Mutter jedenfalls soll das komplett modernisierte Haus leider nicht mehr erleben.

Wie ein Flüchtlingstreck ziehen wir innerhalb des Gebäudes alle paar Tage von einem halb fertigen Zimmer ins nächste, während um uns herum abgerissen, aufgebaut oder gemalert wird.

So schön es auf dem Lande in vornehmer Zurückgezogenheit und quasi kindlicher Einsiedelei auch war, der Umzug hat nun allerdings einen Vorteil, und zwar, dass es hier in der Stadt von potenziellen Spielkameraden nur so wimmelt. In jedem der alten Häuser wohnen immer auch drei bis vier etwa gleichaltrige Kinder, wobei es sich mehrheitlich um Mädchen handelt, und zwar um ziemlich freche und vorlaute. Einen Kindergarten habe ich bekanntermaßen nie von innen gesehen, und so ist diese Ansammlung von Kids zunächst zwar befremdlich, aber letztendlich durchaus erfreulich. Hier scheinen ungeahnte Spielmöglichkeiten für mich zu schlummern.

Auf der Hälfte der langen Häuserreihe, direkt vor dem einzigen Zigarettenautomaten, freunde ich mich gleich am ersten Tag nach dem Einzug mit der kleinen, sommersprossigen und rotblonden Silvia an. Sie ist hier unverkennbar die Anführerin der Rasselbande, bestehend aus etwa einem weiteren Dutzend »Blagen«. So nennt man nervige Kinder im Ruhrgebiet etwas abschätzig bis heute.

Die zwar äußerst niedliche, aber auch burschikose Silvia überragt alle anderen – auch mich – um etwa einen halben Kopf. Umringt von ihren treuen Anhängern, nervös auf einem Kaugummi kauend und endcool am Zigarettenautomaten lehnend, beäugt sie mich zunächst kritisch von oben bis unten und stellt mir dann die alles entscheidende Frage: »Du bist der Neue? Oder?«

»Ja, ich wohne jetzt dahinten am Ende der Straße!«, sage ich etwas aufgeregt, mit roten Bäckchen und in der stillen Hoffnung, als kindlicher Neuzugang hier einen gelungenen Start hinzulegen.

»Dann bist du der Enkel von der Frau Bönke mit dem Laden. Die, die immer in Schwarz rumläuft?«, hakt Silvia sicherheitshalber noch einmal nach, bevor es zu einer übereilten Verbrüderung mit mir, dem fremden Landei, kommt. Mit einem artigen Nicken bestätige ich ihre Annahme, und als hätte sie schon lange auf mich gewartet und das Schicksal mich nun endlich herbeigeweht, antwortet sie: »Ich wohne da vorne im allerersten Haus. Meinetwegen kannst du mitspielen.«

Dieses kleine schneidezahnlose Ding wird mein Lichtblick in dieser trüben Häuseransammlung, und es beginnt ein etwa sieben Jahre andauerndes phantasievolles Spiel. Silvia ist patent, lustig, erfindungsreich, durchsetzungsfähig und hat ihre vorlaute, ständig motzende Gefolgschaft vorbildlich im Griff. Die Mädchen sind auch in dieser ungeheuer kreativen Gang natürlich eindeutig in der Überzahl: ihre kleinere, zuckersüße Schwester Bettina, die zwei vorlauten Martinas, die schicke Elena, die noble Kerstin, die stets heulende Andrea, die kleine, besonders stille Steffi, die frühreife Manuela, die beiden moppeligen Anjas, die freche Gabi, die dauerplappernde Gitte und schließlich die beiden ganz Kleinen: Thomas und Thorsten. Sie alle bilden eine verschworene Gemeinschaft von Gleichgesinnten.

Die beiden etwas älteren Jungs Frank und Milan haben, auch wenn sie charakterlich verwegene Haudegen sind und in einem vergangenen Leben vermutlich mal dreiste Seeräuber waren, bei Silvia nicht viel zu melden. Und das trotz ihrer mit unzähligen Fußball-Sammelaufklebern versehenen, goldmetallic schimmernden Kinderräder, an deren Hecks jeweils ein angeberischer Fuchsschwanz und ein Schalke-04-Wimpel wedeln. Silvia hält es ganz wie Pippi Langstrumpf, der sie im Übrigen auch äußerlich ein wenig ähnelt: Wer muckt, stänkert, Streit anfängt oder prügelt, der ist raus aus der Bande!

Dieses Dogma kommt zum Tragen, als Frank mich eines Tages wegen eines Murmelspiels zur Weißglut treibt, indem er trotz der verlorenen Partie darauf besteht, meine regenbogenfarbigen Glaskügelchen für sich zu behalten, und mir wieder einmal Prügel androht. In einer einmaligen pädagogischen Maßnahme schlage ich ihm mit einem überraschend gelungenen Fausthieb kurz entschlossen einen der vorderen Milchschneidezähne aus. Danach wird er mir tatsächlich nie wieder Dresche androhen.

Meine Mutter betet mir jedoch anschließend in einer endlos langen Litanei vor, warum es nicht gehe, dass ich einfach so drauflosschlage, wenn mir etwas mal nicht in den Kram passt. Mein verzweifelter und tränenerstickter Einwurf, dass er schließlich mit dem Ärger angefangen und sich den Hieb verdient habe, kann sie nicht überzeugen. Und so muss ich mich im Beisein beider Mütter mitten auf der Straße bei Frank entschuldigen, ihm versöhnlich die Hand reichen und ihm widerstandslos meine bunten Glasmurmeln in einem erzwungenen Akt der völligen Selbstlosigkeit überlassen.

Silvia kommentiert das Ganze nur knapp: »Er hat angefangen. Du hast dich bloß gewehrt. Er war also schuld. Du bleibst in der Bande. Er fliegt erst mal raus!«

Was für ein weises Fazit. Da können die Eltern reden und entscheiden, so viel sie wollen. Das Grundprinzip können auch sie nicht ändern: Die Entscheidungsgewalt in diesem Block liegt allein bei Königin Silvia.

Zwischen uns entsteht bald ein unerschütterliches Band der solidarischen und liebevollen Freundschaft, welches im Übrigen die Kindheit weit überdauern wird. Bis heute, als inzwischen über 50-jährige Mutter und mittlerweile sogar junge Großmutter, hat sie sich ihr sonniges, friedensstiftendes und naturweises Gemüt bewahrt.

Gemeinsam mit dem überdrehten Dutzend mimen wir auf der herrenlosen Wiese vor der Häuserreihe die Crew der Enterprise auf Entdeckungsreise durch unbekannte Galaxien. Silvia als schneidiger Captain Kirk und ich als altkluger, leicht übergewichtiger Mr. Spock. Als ideale Raumschiffkulisse dient der alte Luftschutzbunker.

Dann wieder sind wir die Cartwrights von der Bonanza-Ranch. Silvia als Adam und ich als Hoss. Leica, der alte, sabbernde Schäferhund von Heuwers, dient als Klappergaul, und der Luftschutzbunker brilliert nunmehr in der Rolle der Farm.

Im Garten von Schmatters erfinden wir auf Bierkästen herumturnend die Zirkusserie *Salto Mortale* neu. Silvia in der Rolle der katzenäugigen und verführerischen

Dompteuse Tiger-Lilly, in der Serie gespielt von Kai Fischer, und ich als der einen barfüßigen Hochseilartisten mimende Hans-Jürgen Bäumler.

Ein anderes Mal wiederum geben wir zwei in einem der lichtarmen Hinterhöfe, zum Niederknien schmalztriefend und herzzerreißend schön, Cindy und Bert aus der Hitparade. Bei genau dieser Gelegenheit verpasst mir Silvia, untermalt vom Gejohle der anderen und zu den plärrenden Transistorradioklängen von »Wenn die Rosen erblühen in Malaga«, den ersten fetten Kuss. Dieser bleibt im Prinzip für mich folgenlos, aber dass Frank in jenem Moment sehr neidisch auf mich ist, verschafft mir bis heute, so befürchte ich, eine gewisse unbuddhistische Genugtuung.

Wir bauen aus Schutt Buden, fahren auf den Rädern im Sommer gemeinsam ins Freibad Mollbeck, bauen im Winter mannshohe Schneemänner mit Kohlenaugen in die graue Ruhrgebietskulisse oder gehen zum Rodeln auf den nahen verschneiten Fritzberg. Die Sommer scheinen mir im Rückblick länger und heißer und die Winter vor allem kälter und schneereicher als heute.

Ab und zu hagelt es in unserem Verbund leider auch mal vereinzelte Beschwerden gegen mich: »Hans-Peter will immer der Bestimmer sein! Das geht echt nicht«, heißt es dann, meistens vorgebracht von den zwei vorlauten Martinas, und so wird bald auf demokratischem Weg durch Abstimmung darüber entschieden, welches Spiel zur Aufführung gelangt. Vom kleinsilvianischen Absolutismus führt uns diese spielerische Zeitenwende direkt in die Ära der kindlichen Mitbestimmung.

Uns feindlich gegenüber steht die deutlich ruppigere und vorwiegend aus pubertierenden Jungs bestehende

»Rockerbande« der benachbarten, an unser Gebiet unmittelbar angrenzenden Seitenstraße. Wir, die Schlager-
freunde, hören vorzugsweise »Immer wieder sonntags«
von Cindy und Bert, aber diese schweren Jungs hören »Kil-
ler« von Alice Cooper. Und das für den ganzen Block deutlich vernehmbar. Wir fahren Klapprad. Sie fahren Mofa.

Die von dieser Gruppe totalitär beherrschte Sackgasse
ist für uns Dötzchen und Naivlinge also nicht nur aus Ge-
schmacks-, sondern auch aus rein gesundheitlichen Gründen absolute No-go-Area. Dort setzt es nämlich regelmäßig und ernsthaft Prügel.

Was sich in diesem hohlen Pfad manchmal abspielt, fällt
nicht mehr unter den Begriff der harmlosen Rauferei,
sondern unter den der Körperverletzung oder wahlweise
auch der seelischen Grausamkeit. In diese Sackgasse ohne
rettenden Ausweg tappt jeder kindliche Neuankömmling
nur ein einziges verflixtes erstes Mal – und so auch ich.

Zu ihrer sadistischen Freude bekommen mich die fei-
xenden und rauchenden Jungs Ralf, Matthes und Tobi sofort in ihre groben, nikotingelben Wurstfinger. Anstelle
einer Begrüßung ballern sie mir zu meinem Erstaunen
erst einmal mit den Fäusten mitten ins Gesicht, woraufhin ich zu Boden gehe und dem Asphalt unter mir ein
doch eher unfreiwilliges Küsschen gebe.

»Wer hat dir denn erlaubt, durch unsere Straße zu laufen? Du Saftsack!? Hä?«, will Ralf von mir wissen, scheinbar durchaus interessiert an meiner Person, während er
meine Nase wenig einfühlsam gegen die Bordsteinkante
drückt. So richtig will mir keine Antwort auf diese seltsame Frage einfallen. Gewalt ist keine Lösung, denke ich
still.

Sie lassen mir eine viertelstündige Behandlung zuteil-werden, die aus meiner heutigen Sicht ein Fall für Amnesty International hätte werden müssen. Zu meiner Verblüffung setzen sie mich danach wieder auf freien, wenn auch humpelnden Fuß.

Die bedauernswerten Jungs können natürlich nicht ahnen, dass mein wesentlich älterer Bruder Josef nicht nur begeisterter Handballer ist, sondern manchmal auch ein sympathischer Hobbycholeriker. Und zwar genau dann, wenn einer seinem süßen kleinen Bruder an die saubere Wäsche will.

Er und seine Kumpels von der Realschule, Hübi und Harry, versäumen es im Anschluss an diese schmerzhafte Episode also nicht, die Angelegenheit auf sehr sportliche und nachdrückliche und für mich äußerst zufriedenstellende Weise ebenfalls unter Anwendung von roher Gewalt zu regeln. Das Geheule der drei Ganganführer kann ich zu meiner Freude aus der Sackgasse bis zu uns in den Garten hören.

Gewalt ist durchaus eine Lösung!, denke ich still. Und unsere Fritzberg-Bande, benannt nach der 113 Meter hohen und damit höchsten Erhebung in unserer Stadt, hat bis zum nächsten Hinterhalt nun eine Zeit lang Ruhe. Wir wollten halt immer schon etwas höher hinaus.

Als zwei türkische Jungs, Murat und Ali Reza, als exotische Neuzugänge zu unserem Grüppchen stoßen, sind auch diese herzlich willkommen. Vor allem Silvia hat, vermutlich dank ihrer aufgeschlossenen Eltern, gar keine Berührungsängste mit den fremdsprachigen Neuankömmlingen. Sie ist diejenige, welche die beiden schwarzhaarigen Jungs eines Nachmittags breit grinsend zu uns anderen lotst, die wir, auf der Wiese liegend, dem Genuss unseres täglichen Tütchens Ahoj-Brause frönen.

»Das sind Murat und Ali Reza ausser Türkei. Die wohnen seit gestern hier. Meine Mama hat gesagt, ich soll sie mal mitbringen. Die verstehen aber nix. Wir müssen den Jungs jetzt erst mal Sprechen beibringen!«

Da stehen dann zwei vollkommen verschüchterte kleine Jungs in einem fremden, grauen Land, dessen Sprache sie nicht verstehen, und ringen um die Wette lächelnd um Anerkennung. Im Gegensatz zu so manchem deutsch-stämmigen Rotzlöffel in der Straße zeichnen sich diese Jungs erfrischenderweise durch ein vorbildliches und geradezu feines Benehmen aus.

Fix lernen die zwei lustigen Brüder unabdingbare deutsche Worte wie »Komma her«, »Du bis' getz dran« oder »beleidigte Leberwurst«. Und wir lernen im Gegenzug Worte wie »eşek« oder »çok güzel«. Zu unserem großen Bedauern zieht es die heimwehgeplagten Eltern samt den beiden phantasievollen Kindern bereits nach einem halben Jahr wieder zurück in die türkische Heimat.

Eine kerngesunde und rüstige Oma Änne, die so gar nichts von ihrem nahen Ende zu ahnen scheint, schickt sich in dieser turbulenten und – zumindest bei uns zu Hause – immer noch nach Tapetenkleister und frisch angerührtem Zement riechenden Zeit an, ihre letzten Wünsche wahr werden zu lassen. Und diese sind alles andere als bescheiden.

KAPITEL 8
DIE KÖNIGIN WINKT

Du glaubst doch nicht im Ernst,
dass du ein Pferd
geschenkt bekommst!

Eines schönen Samstags werden Oma und Opa mal wieder von unbändiger Unternehmungslust gepackt und sind dementsprechend gut gelaunt. Ihre obligatorischen vier Enkel haben sie wie immer im Reisegepäck, der Weg führt in Omas rasendem weißen Schlitten heute zum großen Pferdemarkt nach Hamm in Westfalen. Sowohl meine Cousine und mein Cousin als auch mein Bruder erhalten auf Omas Wunsch – oder besser auf ihr Geheiß – seit geraumer Zeit privaten Reitunterricht in Börste. Alle drei haben sich, genau wie Oma es vorausgesehen und offensichtlich auch gewünscht hatte, zu absoluten Pferdenarren entwickelt. Mein Cousin und mein Bruder reiten bereits auf eigens dafür trainierten Fremdpferden Turniere. Mit knapp sechs Jahren bin ich für all das noch zu klein.

So schlendern wir Kinder also mit den pferdesportbegeisterten Großeltern über den Rossmarkt, und es wird, ohne dass es auch nur im Ansatz zielführend wäre, munter über Pferderassen gefachsimpelt und Reitzubehör in Augenschein genommen.

Was wollen wir hier eigentlich?, frage ich mich die ganze Zeit. Bis wir ganz am Schluss unseres ausgiebigen Spazierganges zu den etwas älteren Tieren kommen, die, wenn sich partout niemand findet, der für ihr Gnadenbrot aufkommen will, auf dem Schlachthof landen werden.

Meine Oma deutet auf einen stattlichen und leicht verschnupften schwarzen Wallach in der letzten Koppel, und während sie sich geradezu triumphierend vor ihm aufbaut und sich, bedingt durch ihre schwarzen Gewänder, quasi vor ihm in Luft auflöst, konfrontiert sie mich mit der wie aus der Pistole geschossenen Frage: »Wäre das nicht das richtige Pferd für dich, Hans-Peter? Der macht doch einen ganz ruhigen Eindruck!«

In dem Moment habe ich das selten dämliche Gefühl, dass genau dieses dunkle Pferd, auf welches da gedeutet wird, mich gerade tritt. Mein Bauch fängt an zu rumoren, mein Herz rutscht mir angesichts der absurden Aussicht, stolzer Besitzer dieses Riesenrosses zu werden, augenblicklich vor Freude und Entsetzen in die blaue und kratzige Kinderstrumpfhose.

Ob ich ein Pferd will? Meint sie das jetzt ernst? Was für eine blöde Frage! Alle Kinder wollen ein Pferd und kriegen es bekanntermaßen aber nicht. Es sei denn, man heißt Pippi Langstrumpf und wohnt in einem kunterbunten Haus in Schweden.

Nicht mal im Traum käme ich jemals auf die verwegene Idee, mir ein lebendiges, riesengroßes Pferd zu wünschen. Nicht mal ein Pony. Ein Pferd bekommt man höchstens im Märchen geschenkt, und dann auch immer nur vom König persönlich, aber nicht von der eigenen Oma. Wie verrückt die auch immer sein mag.

Dennoch nähere ich mich vorsichtig dem Tier, welches zwar die Nüstern geräuschvoll weit aufbläht, sich aber seelenruhig von mir an der weichen, leicht ergrauten Schnauze streicheln lässt.

»Der ist aber lieb, Oma! Guck mal!«, sage ich vollkommen begeistert – ohne auch nur im Geringsten zu ahnen, was für eine Welle von höchst absurden Ereignissen ich mit diesem an sich vollkommen harmlosen Satz ins Rollen bringe.

Wenn an dieser Stelle jemand gesagt hätte: Hallo!? Das war ein Scherz, Hans-Peter! Du glaubst doch nicht im Ernst, dass du ein Pferd geschenkt bekommst! Nun, ich hätte wahrscheinlich am lautesten gelacht. Doch es kommt ganz anders.

»Willst du ihn haben? Sonst wird er vielleicht geschlachtet! Das wollen wir doch nicht!«, sagt meine Oma mit leicht erpresserischem und ebenso liebevollem Unterton.

»Wo ... wo ... soll der denn bei mir hin? Ich hab doch gar keinen Platz dafür!«, frage ich stotternd und mit weit aufgerissenen Augen, während ich in Gedanken bereits das dicke, dem Tod nur knapp entronnene Pferd in unserem engen Gärtchen stehen und verzweifelt wiehern und nach Gras suchen sehe.

»Ach, das lass mal unsere Sorge sein!«, schnarrt mein Opa lachend, nicht ohne danach genussvoll an seiner Zigarre zu ziehen.

Tatsächlich kaufen mir meine unfassbaren Großeltern dieses wundervolle Pferd mit dem vermutlich ironisch gemeinten Namen »Bubi«. Und damit nicht genug. Mein Bruder wird an jenem Tag stolzer Besitzer von »Mandarin«, einer jungen roten Stute mit blonder Mähne. Mein Cousin sucht sich einen gigantischen dunkelbraunen Hengst mit schwarzer Mähne aus, der auf den Namen »Don« getauft ist. Und Cousine Marion nennt am Abend dieses denkwürdigen Tages das hellbraune Hengstfohlen »Cognac« ihr Eigen. Und weil Oma und Opa die Spendierhosen anhaben, bekommen mein Bruder und ich obendrein noch ein Ziegenpärchen geschenkt, welches dabei helfen soll, irgendein ominöses Gras kurz zu halten. Die Frage, um welches Gras es sich dabei handeln könnte und wohin mit diesen vielen Tieren, beantwortet sich am darauffolgenden Tag auf erstaunliche Weise.

Meine Großeltern haben heimlich und verschworen gegen den gesamten Rest der Familie das kleine, seit geraumer Zeit leer stehende städtische Wasserwirtschaftsgebäude oberhalb des Kanals mitsamt den dazugehörigen Stallungen gepachtet. Am äußersten Ende unserer Wohnstraße, jenseits der Eisenbahnschranke. Dazu gehört auch ziemlich viel Weideland – und das im Prinzip mitten in der Stadt.

Wie Oma das nun wieder hinbekommen hat, ein städtisches Grundstück zu ergattern? Sie kennt halt jeden im Ort, und jeder kennt die umtriebige Frau Bönke, für die nicht alle starren Normen ohne Weiteres Geltung haben. Oma setzt sich über Standards hinweg und lebt gern nach ihren eigenen Regeln.

Während der Nazizeit hat sie sich ja auch ziemlich elegant geweigert, ihre Töchter Gertrud und Margret in den BDM und ihren Sohn Willi in die paramilitärische HJ zu schicken; und zwar ohne Angabe von Gründen.

Das lag vor allem daran, dass meine Oma als durchaus überzeugte Katholikin eine stille Verehrerin des berühmten Kardinals von Galen, des Erzbischofs von Münster, war. Der hatte sich inmitten des Naziterrors in einer berühmten Predigt immerhin noch mutig gegen das völlig irrsinnige Tötungsprogramm für geistig, psychisch und körperlich behinderte Menschen ausgesprochen. Wer im Sinne dieses teuflischen Gesetzes als »krank« oder »minderwertig« galt, das entschied eine von Willkür und Verblendung getriebene Obrigkeit.

Kardinal von Galen, »der Löwe von Münster«, wurde zu Omas großem Idol. Zumal sie in jener dunklen Zeit auch nicht lupenrein widerlegen konnte, dass es da mal eine Vorfahrin gegeben hatte, die Angehörige des sogenannten fahrenden Volkes gewesen war. Ihre pechschwarze Haarpracht machte es ihr ohnehin unmöglich, dieses Erbe gänzlich zu verleugnen und das »brave deutsche Mädel« zu mimen. Zudem sagte ihr die entferntere Familie hinter ihrem Rücken tuschelnd nach, sie sei vermutlich durch diese Ahnen mit der Gabe der Hellsichtigkeit ausgestattet. Denn Oma Änne sah die Dinge meistens schon lange vorher kommen.

Eines Morgens soll jemand von »der Partei«, der den Spitznamen »der doofe Heini« trug, in voller Montur und breitbeinig in Omas dunklem Hausflur gestanden haben. Diese schräge, meistens leicht angetrunkene Gestalt in der diarrhöfarbenen Uniform war ihr bekannt und bereits unangenehm aufgefallen.

In der Pogromnacht vom 9. November 1938, als auch die altehrwürdige Recklinghäuser Synagoge in einem Feuersturm vom antisemitischen Mob dem Erdboden gleichgemacht wurde, soll er sich besonders lauthals und tatkräftig hervorgetan haben.

So steht er also an jenem Morgen wichtigtuerisch, provokant und nach Alkohol müffelnd im Hausflur, um nass-forsch nachzufragen, warum sich denn der kleine Willi eigentlich nie in der Jugendorganisation blicken lasse. Meiner Oma, die, ihm den Rücken zugewandt auf dem Boden kniend, den Boden schrubbt, muss ein kalter Schauer durch die Wirbelsäule gefahren sein. Aber Adrenalin kann ja bekanntlich auch beflügeln.

Notdürftig bewaffnet mit Aufnehmer, Wurzelbürste und Zinkeimer, stößt sie kurz entschlossen einen gellenden Schrei aus, dreht sich dann blitzschnell um, stößt mit voller Absicht gegen den mit Dreckwasser gefüllten Eimer und schlägt Heini dann im Aufspringen, überzeugend die verängstigte deutsche Hausfrau mimend, »versehentlich« den triefend klitschnassen Aufnehmer ins Gesicht.

Der Nazi-Heini steht wie ein begossener Pudel in der Brackwasserpfütze, und seine bescheuerte Mütze liegt da, wo sie hingehört, auf dem Boden.

Für besondere Schlagfertigkeit oder geistiges Überfliegertum ist er im Übrigen nicht berühmt, also steht er doof und sprachlos da.

Meine Oma befreit sich durch ein gequältes Lachen und stottert: »Ach, Heini, du bist das nur! Du hast mich ja zu Tode erschreckt. Ich dachte, da steht ein Einbrecher. Ich hab dich gar nicht reinkommen hören. Ach herrje, jetzt bist du ganz nass. Das tut mir aber leid. Wie kann ich das denn wiedergutmachen? Soll ich dir ein paar Flaschen Bier mitgeben? Du trinkst doch so gerne einen, nicht wahr?«

Oma huscht in die Wohnung, schnappt sich vier Flaschen Bier, drückt diese dem verdatterten Heini in die Hand und schiebt ihn eigenhändig zurück an die frische Luft. Nicht ohne danach die Haustür fest zu verschließen und vermutlich tief durchzuatmen. So weit, so gut.

Einige Monate später soll er sich dann noch einmal, wiederum leicht besäuselt und auf der Suche nach billigem Streit, getraut haben, mit derselben Frage vor der Tür zu stehen. Wobei er diesmal zu seiner Überraschung auf meinen stattlichen Opa Willi trifft. Der gibt ihm trocken zur Antwort: »Jetzt weiß ich gar nicht, wo der Junge gerade steckt, Heini. Moment, ich schau mal nach ihm!«

Kurz darauf kommt Opa Willi zurück, baut sich schweigend vor dem dumpfen Nazistreber auf und holt hinter seinem Rücken ganz langsam Omas nassen Aufnehmer hervor, um ihn provokant vor Heinis Nase zu halten. Der soll dann ziemlich kleinlaut und maulend abgezogen sein.

Keinesfalls will ich meine Großeltern hier zu Helden des Widerstands verklären, denn das waren sie gewiss nicht. Und ob die Geschichte mit dem Wischlappen tatsächlich so passiert ist – auch das kann ich natürlich nicht einwandfrei belegen und schon gar keine Garantie dafür übernehmen. Zumindest ist es den Großeltern aber gelungen, ihre Kinder von den terrorstaatlichen Verblendungstruppen gänzlich fernzuhalten, und das ohne drastische Konsequenzen für sie selbst oder ihre Familie.

Für uns Kinder, für meinen Bruder und mich, kehrt nach dem Pferdekauf das Landleben in die Stadt zurück. Der Tag der Einweihung unserer Ranch wird groß gefeiert. Das rote Backsteingebäude mit Flachdach erinnert in der

Tat an eine amerikanische Farm und ist zur Einweihung mit bunten Luftballons geschmückt. Mama selbst hat sie aufgeblasen und ist deshalb nur knapp einem mittelschweren Kreislaufkollaps entkommen. Fehlt eigentlich nur noch die US-Flagge mit Stars and Stripes auf dem Dachsims.

Die Kinder von der Straße, wie immer angeführt von Silvia, außerdem einige Nachbarn und die gesamte buckelige Verwandtschaft sind angerückt, um bei einem zünftigen Grillfest die Ankunft unserer kleinen Pferdeherde und der beiden durchgeknallten Ziegen ausgelassen zu feiern.

Als die Pferde geliefert werden, komme ich mir vor wie Winnetou persönlich. Bubi trabt als Erster und angesichts seines beachtlichen Alters ziemlich ausgelassen und vergnügt über die große Weide.

Meine absolute Lieblingstante Lisbeth, die älteste Schwester von Opa Willi, eine Nonne aus dem Orden der Clemens-Schwestern, ist für diesen besonderen Tag eigens aus ihrem Konvent in Münster in ihrem schneeweißen Sonntagshabit angereist. Eigentlich lautet ihr Ordensname Schwester Mafaldis; für mich aber bleibt sie ohne Förmlichkeiten die Tante Lisbeth. Sie ist klug, schön, gewitzt, patent, versöhnlich, geduldig, lebensnah und -froh. Sie besitzt tatsächlich so gar keine doofe oder umstrittene Seite und weiß mit kleinen, dicken und vorlauten Jungs hervorragend umzugehen.

Als das riesige Ross mit wehender Mähne und den Kopf heftig auf und ab schüttelnd auf mich zugelaufen kommt, sage ich prahlend zu ihr: »Guck mal, Tante Lisbeth! Das isser! Das ist Bubi. Mein Pferd!«

Tante Lisbeth steht, was ihr sonst eigentlich nie passiert, ungläubig mit offenem Mund vor Bubi. Anscheinend hatte sie ein kleines untersetztes Shetlandpony erwartet. Nun aber baut sich dieses wunderschöne schwarze Ungetüm vor ihr auf. Sie wendet sich ein wenig eingeschüchtert und fassungslos an ihren Bruder: »Um Himmels willen, Willi! Der Gaul ist ja riesig! Wie soll der Junge denn da überhaupt raufkommen? Und wenn er da runterfällt? Willi, ihr seid doch vollkommen verrückt geworden!«

Bubi allerdings bleibt seelenruhig vor mir stehen, weicht nicht mehr von meiner Seite und erobert so auch im Handumdrehen Tante Lisbeths Herz.

Der erste Programmpunkt an diesem Festtag ist mein Aufstieg auf den ungesattelten Wallach. Und dieses Erklimmen erweist sich tatsächlich als äußerst kompliziert und holprig, aber für die versammelten Festgäste auch als durchaus unterhaltsam. Es dauert eine kleine Weile, bis mein siebzehnjähriger Cousin Paul, unterstützt von meinem Opa, mich in gemeinsamer Anstrengung unter dem Johlen der versammelten *friends and family* in die Höhe gewuchtet bekommt.

Mein Cousin Paul schiebt mich auf der einen Seite nach oben, und Opa zieht mich auf der anderen quasi wieder nach unten. Mein Cousin jammert: »Mann! Hans-Peter, mach dich mal ein bisschen leichter ... Du musst schon auch mithelfen beim Aufsteigen!«

»Wie denn? Wie soll ich das denn hinkriegen? Ich hab das doch noch nie gemacht! Wie geht das denn?«, jammere ich restlos überfordert, während ich bereits halb auf Bubi, aber auch immer noch halb in Pauls Gesicht hänge.

»Nimm halt mal deine Beine hoch, sonst kriegen wir dich da nie rauf!«, raunzt mein Cousin überanstrengt zurück.

Silvia brüllt besorgt und den wahren Ernst der Lage erkennend in die Runde: »Menschenskinder, das schafft Hans-Peter nicht. Der tut sich bestimmt wieder weh!«

Irgendwann nehme ich schließlich meine mit schicken Reitstiefeln bekleideten Beine aus dem Gesicht meines Cousins und lande endlich breitbeinig und abgekämpft auf Bubis Rücken. Silvia zwinkert mir erleichtert und ein bisschen stolz zu. Als ich die ungewohnte Höhenluft schnuppere, greife ich verängstigt und nach Halt suchend intuitiv in die struppige Mähne.

Mein Opa lässt daraufhin ausnahmsweise seine qualmende Zigarre fallen und schreit entsetzt auf: »Bloß nicht in die Mähne fassen! Das geht gar nicht. Dann scheut das Tier womöglich!«

Doch genau das tut Bubi nicht. Er denkt überhaupt nicht daran. Er lässt es sich gefallen und scheint sogar zu begreifen, warum ich mich mit aller Kraft an seiner Haarpracht festhalte. Die Ohren legt er nicht einmal an, sie bleiben kerzengerade.

Er ist das wundervollste Tier, das man sich überhaupt nur vorstellen, oder besser: eigentlich nur in der Phantasie ausmalen kann; extrem kinderlieb, er hat immer Freude daran, bewegt zu werden, und ist, im Rückblick betrachtet, von geradezu buddhistischer Herzenswärme. Ein Tag ohne Bubi ist für mich von nun an einfach kein Tag mehr.

Opa gibt mir fast täglich Reitunterricht. Schnell machen Bubi und ich dabei Fortschritte, und schon bald traben wir zwei über die Weide. Als ich das erste Mal ganz allein, und ohne an der Longe geführt zu werden, auf ihm reite, ist das ein ganz unbeschreibliches Gefühl der Freiheit. Auch für ihn war das sicher so, denke ich heute.

Zwar wird mir von Opa eingebläut, ihn immer mit den Zügeln zu leiten, aber weder Bubi noch ich mögen das besonders. Wenn ich mich beim Ausritt unbeobachtet fühle, greife ich deshalb doch einfach wieder in seine Mähne und halte mich daran fest. Das klappt einfach besser für uns beide. Wir waren wahrscheinlich in längst vergangenen Tagen tatsächlich einmal ein Indianer und ... na ja ... eben sein Pferd.

Noch heute träume ich manchmal davon, wie ich Bubi mit einem doppelten Klickschnalzen der Zunge und dem Kommando »Terab« dazu bringe, vom gemütlichen Spaziertempo in eine flottere Gangart überzugehen. Für den Galopp allerdings ist er bereits zu alt, und ich bin noch zu ängstlich.

Das unbeschreibliche Glücksgefühl, das die Erinnerung an diese Zeit noch heute in mir hervorruft, ist sagenhaft. So ähnlich müssen sich die alten Apachen in der weiten Prärie gefühlt haben. Es ist ein Gefühl der körperlichen, seelischen und psychischen Ganzheit. Ein endloser Moment, dem nichts hinzugefügt werden muss und nichts genommen werden kann.

Ich glaube, es braucht im Leben nichts mehr als dieses eine Gefühl. Es soll elf Jahre dauern, bis ich annähernd wieder einmal so ähnlich fühle.

Bubi und ich haben eine Verbindung, sogar eine tiefe. Dieses Pferd liebt mich ganz selbstverständlich und kompromisslos, und ich liebe es. Auch betrachte ich mich bald nicht mehr als sein Herr oder Besitzer. Wie denn auch –

als Sechsjähriger! Bubi gibt doch viel eher acht auf mich als ich auf ihn.

Die Kinder der Straße und insbesondere Silvia sind natürlich immer auf das Herzlichste auf unserer kleinen Farm willkommen, die wir stolz Shiloh-Ranch taufen. Das ist gelebter Western, und bald verschwimmt in meinem Leben die Serie *Bonanza* mit der Realität. Auch wenn ich eher wie der bodenständige Hoss Cartwright aussehe und weniger wie der Frauenschwarm Little Joe. Und der erklärte Liebling der Kinder ist natürlich mein Bubi!

Die anderen drei Pferde auf dem Hof lassen mich erstaunlich unbeeindruckt. Die kommen mit mir nicht klar und ich nicht mit ihnen. Mandarin ist eine zickige und eitle Diva und ständig beleidigt. Don ist ein spätpubertierender Angeber. Und Cognac ist in allem, was er tut, absolut unvorhersehbar, ein bisschen hinterlistig und damit gefährlich. Der heranwachsende Cognac scheut auch nicht davor zurück, mich eines Tages ohne Vorwarnung mit seiner geballten Kraft anzuspringen. Noch heute erinnert mich eine Narbe oder, besser gesagt, eine Kerbe auf der Brust an dieses erschreckende Erlebnis.

Bubi hingegen ist eine Art Dalai Lama unter den Rössern und hat mit seinen drei Kumpanen im Stall selbst nicht allzu viel am Hut. Er versteht sich besser mit dem schrulligen und dauermeckernden Ziegenpärchen, das sich ständig darüber zu beschweren scheint, dass es in anstrengender Kleinarbeit das Gras auf der weiten Weide kurz halten soll.

Heute stehen auf dem bestimmt zwei Hektar großen Grundstück übrigens ein nüchterner Supermarkt, ein Sanitärfachhandel und ein japanisches Autohaus.

Oma Bönke reicht diese wie eine Sparversion eines ostpreußischen Landguts anmutende Szenerie noch nicht ganz zum Glücklichsein. In ihrem Alter liegt das Glück auch nicht mehr auf dem Rücken der Pferde, sondern knapp dahinter, nämlich bequem sitzend in einer offenen Kutsche. Ungefähr so wie bei der guten alten Queen Mum. Tatsächlich lässt es sich meine erstaunliche Oma nicht nehmen, eine geräumige offene Wiener Kutsche zu erwerben, um ihre sonntäglichen Ausflüge nun zwar deutlich weniger rasant, aber gleichzeitig umso fulminanter zu gestalten.

Mein Großvater, der überzeugte Flanellhutträger, wird kurzerhand vom Ehemann zum Kutscher befördert und mit einer Peitsche in der Hand auf dem Bock platziert. Die Rösser Mandarin und Don ihrerseits ziehen nun allsonntäglich mit zwei PS die edle zweispännige Karosse aus lackiertem Nussbaumholz voran. Auf der Seitentür fehlt eigentlich nur noch ein überbordendes Familienwappen und auf Omas Haupt ein Silberdiadem.

Änne thront an milden Feiertagen gemeinsam mit ihren vier Enkeln im gemütlichen Passagierraum des offenen Landauers, ihre und meine chronisch frierenden Füße mit einer von Schottenkaros übersäten Wolldecke bedeckt. Gern winkt sie huldvoll mit einem weißen Spitzentaschentuch den vielen herbeieilenden Schaulustigen zu und ermutigt mich stets, es ihr gleichzutun. Das bereitet ihr diebische Freude, und sie erinnert mich rückblickend ein bisschen an Königin Juliana, die Mutter von Beatrix.

Meine Oma hält, seit ihren schlechten Erfahrungen in den noch nicht allzu fernen und traurigen Nazitagen, viele ihrer Mitmenschen schlicht für »dumm«. Ihr Urteil ist da endgültig, und sie wird es auch nicht mehr revidieren. Gern spricht sie in diesem Zusammenhang davon, dass wir, ihre Enkel, »bloß niemals so werden wie diese Kälber, denen man alles erzählen kann und die jedem Trottel hinterherlaufen«.

»Guck, Willi! Jetzt laufen sie wieder alle hinter unserer Kutsche her und johlen, statt selbst in einer zu sitzen und das Leben zu genießen!«, ruft sie ein wenig erstaunt ihrem Mann zu und muss dabei gegen das Geklapper der Hufe anbrüllen. Der kann seinen Hut im Fahrtwind nur mit Mühe auf dem Kopf behalten und antwortet, wie immer Zigarren rauchend und begleitet von seinem typischen schnarrenden Lachen: »Ja, Boss! Da hast du wohl recht. So sind sie!«

Meine Oma sitzt in dieser Beziehung tatsächlich auf dem hohen Ross, deshalb sind ihr die Reaktionen ihrer Umwelt auf das, was sie so tut und lebt, vollkommen egal. Da steht sie tatsächlich drüber. Ihr ironisches Motto und sich ständig wiederholendes Mantra lautet: Alle sind doof, nur ich nicht!

Ein verschreckter Satz wie »Was sollen bloß die Nachbarn denken?« käme ihr nie über die Lippen. Im Gegenteil, Oma ist sogar beruhigt, wenn sie sich wieder mal das Maul über sie zerreißen, denn dann hat sie nach ihrem eigenen Verständnis alles richtig gemacht. Es traut sich eh niemand, sich mit der kühnen Frau Bönke direkt anzulegen. Man lässt es lieber gleich, man zieht letztlich ohnehin den Kürzeren.

Wie ein außerplanmäßiger und erfrischender Rosenmontagszug müssen wir zwischen den grauen Häuserrei-

hen im Kohlenpott mit unserem offenen Landauer gewirkt haben. Eine Kutsche hat Anfang der 1970er-Jahre im
Stadtbild und im manchmal dichten Verkehr so gar nichts
mehr verloren und deshalb absoluten Seltenheitswert.
Die winkende schwarze Dame im Fiaker avanciert zur
heimlichen Attraktion der Gegend.

Meiner Mutter ist es allerdings einfach nur peinlich,
sich in der offenen Kutsche von ihrem Vater durch die
Stadt fahren zu lassen. Also meidet sie diese sonntäglichen Ausflüge gänzlich, entzieht sich den Augen der Öffentlichkeit. Sie kommt so gar nicht nach ihrer Mutter.
Mehr nach Tante Lisbeth, ihrer schnörkellosen Kloster-
tante.

Wenn ich es heute recht bedenke, hat mich wohl kaum
ein anderer Mensch in der Kindheit und fürs ganze Leben
so sehr geprägt wie meine extrovertierte, keine Auseinan-
dersetzung scheuende, ernsthafte und doch überaus lebenslustige Oma Änne.

Ihre Einschätzungen sind für mich damals wertvolle
Orientierungshilfen. So hart und gnadenlos sie im Urteil
über ihre Mitmenschen manchmal ist, am Ende behält sie
noch immer recht: Selbst in unserer Familie können nur
sehr wenige Verwandte vor ihren kritischen Augen wirklich bestehen. Dazu gehören, abgesehen von ihrem Ehemann, eigentlich nur Tante Lisbeth, ihre Schwägerin aus
dem Kloster, und meine Oma Bertha, die Schwiegermutter ihrer jüngsten Tochter. Diese beiden Frauen verehrt
sie, als wären es zwei leibhaftige Heilige.

Und jedem, der es in ihrer Gegenwart wagt, ein auch
nur in die Nähe der Kritik sich verirrendes Wort über eine
der beiden Frauen zu verlieren, fährt sie schonungslos

und rabiat über den Mund. Jemand, der sich das traut, braucht ihr gar nicht mehr unter die Augen zu treten.

So lässt sich einmal ein entfernter und besonders wohlhabender Cousin meiner Oma, Onkel Karl aus der Pfalz, bei Tisch mit den folgenden, leichtsinnigen Worten vernehmen: »Na ja, also die Frau Kerkeling ...«, gemeint ist meine Oma Bertha, »... ich habe ja nichts gegen sie, aber das ist ja eine ganz einfache Frau. Ist sie nicht sogar mal putzen gegangen? Von so einem Persönchen darf man nicht zu viel erwarten.«

Der Blick meiner Großmutter verfinstert sich zunächst schlagartig, dann legt sie Messer und Gabel milde lächelnd beiseite und resümiert nach einem nervösen Räuspern: »Persönchen? ... So, so ... Ich muss dir etwas sagen, Karl! Die Größe und die Persönlichkeit, die diese Frau besitzt, wirst du leider nie besitzen!«

Danach nimmt sie Messer und Gabel wieder gesittet zur Hand und isst sanft lächelnd weiter. Dieser entfernte Cousin ist übrigens danach nie wieder aufgetaucht. Oma liebt dramatisch inszenierte Auftritte. Das macht ihr keiner nach. Oma sagt, was sie denkt.

Meine Reaktion auf die Bestimmtheit meiner Großmutter ist, dass auch ich die besondere Nähe zu den von ihr bewunderten Frauen suche, also zu Oma Bertha und zu Tante Lisbeth. Sie werden für mich zu den beiden anderen wichtigen Bezugspunkten innerhalb unserer großen Familie. Tatsächlich werden mich diese zwei besonderen und starken Frauen bis an ihr Lebensende niemals enttäuschen, sondern immer wieder positiv überraschen.

Ohnehin ist Oma Bertha neben Änne die einzige Person, die einen derart starken Einfluss auf mein Leben hat. Mit ihrer Bescheidenheit, Zurückhaltung, Ernsthaftigkeit und gänzlich anders gelagerten Lebenslust wird es ihr immer wieder gelingen, mich tief zu beeindrucken und die Weichen für meine Zukunft zu stellen.

Außenstehenden beschreibe ich Oma Änne, Oma Bertha und Tante Lisbeth gern mit dem »Schauspielerinnen-und-große-Frauen-der-Zeitgeschichte«-Vergleich.

Meine Oma Änne erinnert mich rein äußerlich und in ihrem Gebaren sehr an die große und frühe Adele Sandrock, und stimmlich kann sie es mit Elisabeth Flickenschildt aufnehmen. Oma Bertha hingegen erinnert mich charakterlich sowie von ihren Bewegungen an Rose Renee Roth und in ihrer ernsten Wirkung an Leah Rabin. Und Tante Lisbeth vom Orden der Clemens-Schwestern ist eine grandiose Mischung aus der lustigen Doris Day und der bodenständigen Professorin Rita Süssmuth.

Nicht, dass die Männer in meiner Familie alle langweilig wären, das sind sie weiß Gott nicht, auch sie haben mich selbstverständlich geprägt. Aber von diesen drei Frauen ging eben eine besondere Faszination aus.

KAPITEL 9
GAY PRIDE, MAL ANDERS

Egal, was du tust oder sagst,
lächle und bleibe
stets freundlich!

Entschlussfreudige Hobbypsychologen und wahnwitzige Eiferer werden jetzt sagen: »Ha! Da haben wir's! Kein Wunder, dass der schwul geworden ist. Die Frauen in der Familie waren ja vollkommen fixiert auf das pummelige Kind.«

Gott sei Dank, kann ich da nur befreit ausrufen, für das Kind ist das eine feine Sache gewesen! Und diesen Unwissenden will ich schnell den Wind aus den seltsam aufgeblasenen Segeln nehmen.

Schwul bin ich, solange ich denken kann. Nein, anders. Seitdem ich denken kann, denke ich schwul. Das trifft es noch besser.

Schwul oder lesbisch zu denken bedeutet für mich, über Kreuz zu denken, vorsichtiger zu denken, aber auch mutiger, großräumiger und schlicht bunter. Es ist mir in die Wiege gelegt worden und nach meiner Überzeugung, auch wenn das einigen nicht in den Kram passen mag, von Gott gewollt.

Schon als dreijähriges Kleinkind, wenn Mama nach dem Durchblättern der damals populären Versandhauskataloge ihre endlosen Bestellungen per Post aufgibt und mir diese bunten Bilderbücher zur gefälligen Lektüre überlässt, sind es vor allem die männlichen Unterwäschemodels, denen ich ohne große Umschweife mein besonderes Interesse widme.

Über Stunden kann ich mir genüsslich diese attraktiven, leicht bekleideten Herren ansehen. Und es kann schon mal passieren, dass ich völlig begeistert ausrufe: »Boh, Mama, guck mal, wie toll der Mann hier in dem Buch aussieht!«

Meine Mutter übrigens findet mein Verhalten gar nicht beunruhigend, sie ist bestenfalls ein wenig irritiert.

Religiös verblendeten, wissenschaftlich irrlichternden oder rechtspopulistisch angehauchten »Experten«, die offensichtlich nicht ganz so lebenstüchtig und offenherzig sind wie ich, gestatte ich es ganz bestimmt nicht, über meine Erlebnisse und meine Person zu richten oder zu urteilen. Das verbitte ich mir schlicht! Oma Bönke lässt grüßen.

Schwulenhass oder Pseudomitleid sind – wie jede Form von verängstigter Ablehnung oder kleingeistiger Ausgrenzung – nicht nur überflüssig, sondern wirklich auch dumm. Denn Hass bedeutet immer auch Selbsthass. Und Pseudomitleid steht vor allem für eine übertriebene Gnadenlosigkeit sich selbst gegenüber.

Der Weg zum Glück einer Gesellschaft führt einzig über den gegenseitigen Respekt füreinander. Wer seine Mitmenschen, aus welchem fadenscheinigen Grund auch immer, zu Aussätzigen abstempeln will, vertritt keine mutige Meinung, sondern hat ganz einfach einen miesen Charakter. Und dieses Problem schafft er sich gewiss nicht vom Hals, indem er die eigenen Defizite und Unzulänglichkeiten anderen anhängt.

Jedes Leben ist heilig. Wer das ernsthaft bestreitet, ist in meinen Augen ein erklärter Gegner der Menschlichkeit. Ende der Diskussion! Wenden wir uns wieder amüsanteren Dingen zu.

Da Oma sich vorzugsweise wie eine alte Königin winkend in einer Kutsche durch die Stadt bewegt, ist natürlich die Karnevalszeit für sie wie geschaffen. Als »Mädsche aus der Palz«, denn da kommt ihre Familie ursprünglich her, ist Rosenmontag der höchste Feiertag in Omas Kalender. Ihre Faschingsfeiern sind berühmt, farbenfroh, schrill und ausladend. Meistens ist die gesamte Nachbarschaft unter striktem Verkleidungszwang dazu eingeladen und erfreut sich an der süßen, selbst gebrauten Erdbeerbowle.

Der Karneval 1971 soll ihr letztes großes Fest werden.

Ein paar Tage vor diesem denkwürdigen Rosenmontag steht Mama ratlos in der Wohnküche und fragt meinen Bruder zum wiederholten Male: »Ja, als was willst du denn jetzt an Karneval gehen?«

Mein Bruder zuckt desinteressiert mit den Schultern und quengelt: »Das weiß ich noch nicht so genau.«

Meine bereits leicht genervte Mutter unterbreitet ihm einen überaus originellen Vorschlag: »Dann geh doch wieder als Cowboy, Josef! Das sah doch schmuck aus im letzten Jahr!«

»Ja, dann gehe ich halt wieder als Cowboy!«

Während mein Bruder lustlos vor sich hinmault, kann ich es kaum erwarten, endlich nach meiner Kostümierung gefragt zu werden. Ich habe mir was Tolles überlegt!

»Und du, Hans-Peter? Als was gehst du?«

Ich baue mich über das ganze Gesicht strahlend vor meiner Mutter auf, und dann platzt es förmlich aus mir heraus: »Ich gehe als Prinzessin, Mama!«

Den sich an diese Bekanntmachung anschließenden Blick meiner Mutter als verdutzt zu beschreiben wäre maßlos untertrieben. »Unter Schock« trifft es schon eher. In diesem Fall scheint ihre Irritation doch vielleicht die Randbereiche der Beunruhigung zu streifen. Keine Ahnung, was ihr durch den Kopf schießt, vermutlich etwas in dieser Richtung: »Wie schrecklich, mein Sohn wird als Transvestit womöglich in der Gosse landen! Die ganze Stadt wird über ihn lachen! Das ist jetzt der endgültige Beweis!«

Tatsächlich sagt sie bloß energisch: »Was? Das kommt ja überhaupt nicht infrage!«

In diesem Moment schneit, in ihrem schwarzen Trenchcoat und mit dem Autoschlüssel in der Hand, wie immer vollkommen unangemeldet und ohne Vorwarnung Oma Änne in die Küche.

»Also, bitte, als was wollen die Jungs sich denn nun an Karneval verkleiden? Ich will jetzt losfahren und die Kostüme kaufen!«, blökt sie durch die Wohnung und blickt dabei nervös auf ihre Armbanduhr.

Meine Mutter druckst zunächst herum und lässt sich dann zu folgender wenig Interpretationsspielraum bietender Formulierung hinreißen: »Also, der Josef geht dieses Jahr als Cowboy!«

Ein so lahmer Kostümvorschlag haut Oma Änne jetzt eindeutig nicht von den Socken. Sie verdreht zwar nicht die Augen, obwohl sie es gern täte, das spüre ich, entgegnet aber doch sehr nüchtern und leicht enttäuscht: »Aha, so wie letztes Jahr. Und Hans-Peter?«

Meine Mutter schaut mich spitz an und fordert: »Sag Oma selber, als was du zum Rosenmontagszug gehen möchtest!«

Wieder kann ich es kaum erwarten, meinen tolldreisten Kostümvorschlag zu präsentieren, und lache nun begeistert meine Großmutter an: »Oma, ich gehe als Prinzessin!«

Ihre erste Reaktion darauf ist ein kurzer, nachdenklicher Blick an die Decke, dann sagt sie ein wenig skeptisch in Richtung meiner Mutter: »Ein Prinzessinnenkostüm kriegen wir für den Jungen bei seiner Figur aber nicht von der Stange. Das müssen wir anfertigen lassen! Das soll deine Schwester Gertrud ihm nähen, und schminken kann sie ihn zum Rosenmontagszug dann auch. Das kriegen wir beide sowieso nicht hin.«

Meine Mutter ist über die Äußerungen ihrer Mutter offenbar noch entsetzter als über meine möglicherweise bevorstehende Maskerade. Geradezu sprachlos flüstert sie: »Moder! Er kann doch nicht als Prinzessin gehen!«

Das scheint Oma, ähnlich wie ich, partout nicht begreifen zu wollen, denn sie stöhnt: »Warum denn nicht?«

»Weil er ein Junge ist! Ich gehe doch in so einer Verkleidung nicht mit ihm zum Rosenmontagszug!«

Mit diesem Satz glaubt meine Mutter nun ihre nicht vollkommen unbegründeten Bedenken schlüssig erläutert zu haben. Meine Oma ist jedoch wenig bis gar nicht beeindruckt, denn sie sagt nur ziemlich keck: »Gut! Dann gehe eben ich mit ihm zum Rosenmontagszug!«

Und mit diesen Worten entschwindet sie auch schon wieder aus unserer Wohnküche.

Als Tante Gertrud einen Tag später etwas widerwillig zum Maßnehmen erscheint und ich eigens dafür auf den Stuhl vorm Küchenfenster gewuchtet werde, findet diese Aktion natürlich unter den kritischen Augen meiner Großmutter statt.

Dabei kann sie selbst gar nicht nähen oder schneidern; genauso wenig, wie sie kochen kann, das übernimmt mein Opa nämlich, oder sie gehen essen. Omas Welt liegt eher unter der Motorhaube und hinter der Kasse ihres Geschäftes. Seltsamerweise sind ihre zwei Töchter dennoch zu Bilderbuchhausfrauen der 1970er-Jahre herangewachsen. Wer immer ihnen das alles auch beigebracht hat, meine Oma war es bestimmt nicht.

Während also professionell Maß genommen wird und ich mit ausgebreiteten Armen auf dem Stuhl stehe, als wäre ich zum Flug bereit, flüstert meine Tante Gertrud schrill besorgt: »Margret, hast du ihm dieses Kostüm etwa eingeredet?«

»Bist du verrückt?«, flüstert meine Mutter zurück. »Das hat er sich selber einfallen lassen. Und du kennst ja Mutter, die ist jetzt natürlich Feuer und Flamme!«

»Das hättest du ihm ausreden müssen!«, zischt Gertrud.

»Das weiß ich auch, aber sag das bitte deiner Mutter und nicht mir!«

Meine Tante scheint mir in jenem Moment zu lustlos an die Sache heranzugehen und eine gewisse Ernsthaftigkeit vermissen zu lassen. Da mir ihr Hang zu knallbunten und schrillen Geschmacksverirrungen wohlbekannt ist, versuche ich im Vorfeld höflich, aber bestimmt eine dezentere Farbgebung meines Kostüms zu vereinbaren.

»Das Kostüm soll aber bloß nicht so bunt sein wie deine Sachen, es muss echt aussehen. Ich will nix mit Rosa, Tante Gertrud! Lieber irgendwas in Schwarz und Weiß. Was Schickes!«

Wäre meine in sich hineinfeixende Oma jetzt nicht anwesend, Gertrud würde mir gewiss eine schallende Backpfeife verpassen. Stattdessen schaut sie mich an, als hätte sie eine äußerst unverschämte kleine Erscheinung.

Am nebligen Morgen des Rosenmontags erscheint Tante Gertrud mit einem närrischen lila Federhütchen auf dem eigenen Haupt wieder vor unserer Tür, das Meisterwerk der Schneiderkunst noch von einem Kleidersack verhüllt und unter ihrem rechten Arm geklemmt, ihr Avon-Schminkköfferchen in der linken Hand.

Als sie das Kostüm der anwesenden Familie präsentiert, kann niemand verleugnen, dass es sich dabei um etwas wirklich Gelungenes handelt. Ein schwarzer, halblanger Tüllrock und ein weißes Satinoberteil bilden die schlichte und überraschend geschmackvolle Basis.

Zum Schminken werde ich in den alten grünen Ohrensessel unter dem wuchtigen schwarzen Holzkreuz an der blümchentapezierten Wand in Omas Schlafzimmer verfrachtet. Diesmal ist Tante Gertrud eindeutig mehr bei der Sache, und ihre Unkenrufe scheinen verstummt zu sein. Es macht ihr nun ganz offensichtlich Spaß, mich unter Zuhilfenahme von Schminke, Tupfern und Pinseln in eine kleine, dicke Prinzessin zu verwandeln. Im Hintergrund scheppert aus dem alten Radio als passende Untermalung der Karnevalshit: »Auf die Bäume, ihr Affen, der Wald wird gefegt!«

Bald stehe ich also keck geschminkt, mit schwarzer Uschi-Blum-Perücke, silbernem Diadem, über und über behängt mit Omas Perlenketten, in schwarzer Netzstrumpfhose und Ballerinas, das Gesicht rätselhaft hinter einer schwarzen Samtmaske und einem bunten Fächer verborgen und prinzessinnenhaft posierend vor der Familie. Die Maske hat meine Tante mir gänzlich unaufgefordert wahrscheinlich deshalb verpasst, damit mich ja niemand auf der Straße erkennt.

Oma ist trotzdem begeistert: »Unglaublich, Gertrud! Der Junge sieht aus wie eine Prinzessin. Täuschend echt! Das hast du toll gemacht.«

Dass Oma ihre älteste Tochter lobt, hat absoluten Seltenheitswert und wird von der versammelten Familie wohlwollend nickend zur Kenntnis genommen. Meine Mutter hat sich inzwischen in etwas hilfloser Eigenregie als unentschlossener Fliegenpilz verkleidet, mein Bruder spielt einen knatschigen Cowboy, meine Cousine Marion geht als eine Art Frosch oder Lurch – oder was immer das auch sein soll –, und Tante Gertrud sieht trotz ihrer überaus schrillen Harlekinverkleidung eigentlich aus wie immer: farbenfroh und bereit zur Attacke.

Oma zieht sich nun ihrerseits zum Kostümwechsel in ihr Schlafgemach zurück. Bedeutungsschwer steht dabei die unausgesprochene Frage im Raum: Wird sie heute endlich einmal die schwarze Trauerkleidung ablegen?

Nur fast. Als Oma vor der neugierigen Familie in ihrem Kostüm erscheint, ist nicht nur meine Mutter in ihrem unauffälligen Fliegenpilzkostüm höchst erstaunt.

»Moder! Wie siehst du denn aus? Das ist doch wohl nicht dein Ernst?«, entfährt es ihr, als Oma mit gezücktem Plastiksäbel und dem Schlachtruf »Aller Welt Feind und Gottes Freund!« die Küche entert – passend begleitet von der grollenden, zigarrengeschädigten Lache meines Opas.

Oma geht nämlich als Seeräuber oder, besser gesagt, als rebellierender, freiheitsverliebter Klaus Störtebeker. Von daher auch der Schlachtruf!

Ein schwarzer Klebeschnauzer, eine verruchte Augenklappe, ausladende Goldohrringe und ein feuerrotes Piratentuch auf dem Kopf machen die Kostümierung perfekt. Das weite Cape, die Pluderhose, das Rüschenhemd und die Stiefel sind – hier bleibt Oma sich auch an Fasching treu – pechschwarz. Omas ungebrochene Trauer feiert eben immer mit. Gleichzeitig ist ihr Kostüm natürlich sehr solidarisch: Gehe ich als kesses Weib, dann geht sie eben als kerniger Kerl.

»Boah! Siehst du toll aus, Oma!«, pruste ich, das Prinzesschen, etwas zu jungenhaft heraus.

Und so dackeln wir dann alle vereint, vergnügt und schräg verkleidet zum Rosenmontagszug. Oma stürmt, mich an der einen Hand, den Säbel in der anderen, auf der Jagd nach den besten Plätzen voran. Unsere alljährlichen Stammplätze in der ersten Reihe liegen in unmittelbarer Nähe des Rathauses am Kaiserwall, und Oma erobert sich diese unter schamlosem Einsatz ihrer Ellenbogen wie immer problemlos.

Als das Karnevalstreiben in vollem Gange ist und der Zug, von Basstrommelschlägen und schräger Blasmusik begleitet, an uns vorbeidröhnt, als unter Helau und Geschrei von den geschmückten Wagen dann Unmengen von Kamelle auf uns Schaulustige niederprasseln – da entdeckt uns in all dem Getümmel eine Stammkundin aus

Omas Laden. Die leicht beleibte Frau Edelmund, die sich für meinen Geschmack wenig überzeugend als Kanarienvogel zu tarnen versucht, wuchtet sich winkend und unter »Huhu!«-Rufen durch die johlende Menge in unsere Richtung. Im Schlepptau hat sie ihre rothaarige und pausbäckig sympathische Tochter Ulrike. Ulrike geht zu meiner Überraschung immerhin als halbherzig verkleideter blau-weißer Leichtmatrose.

Triumphierend deute ich in ihre Richtung und sage belehrend zu meiner Mutter: »Guck mal, Mama, Ulrike geht heute als Seemann. Sie hat sich als Junge verkleidet!«

Meine Mutter scheint diese Tatsache durchaus zu amüsieren, und sie lächelt gnädig.

»Helau! Frau Bönke«, sagt Frau Edelmund, deren augenscheinlich von Bluthochdruck gepeinigter puterroter Kopf so gar nicht zu den quietschgelben Kanarienfedern auf ihrem Haupt passen will.

»Helau! Frau Edelmund!«, erwidert meine Großmutter zwar im üblichen Befehlston, aber durchaus von der allgemeinen Feierlaune infiziert.

»Oh, was ist denn das für eine hübsche Prinzessin! Dich kenne ich ja noch gar nicht! Wer bist du denn?«

Mit diesen Worten beugt sich unsere leicht verwirrte Stammkundin zu mir herunter. Sie erkennt mich tatsächlich nicht. Ich bin begeistert! Ihre Tochter Ulrike indes scheint mich etwas genauer inspiziert zu haben und ist nun um die schnelle Aufdeckung des faulen Schwindels bemüht, denn sie brüllt erheitert: »Mama! Das ist doch der Hans-Peter! Boa, ey! Was für ein tolles Kostüm!«

Frau Edelmund stutzt kurz, um dann vergnügt und etwas kess fortzufahren: »Was? Hans-Peter? Dich hätte ich jetzt gar nicht erkannt! Na, du hättest aber auch ein hübsches Mädchen abgegeben!«

Alle Umstehenden finden diese Äußerung besonders amüsant und beginnen einvernehmlich zu kichern. Ich hingegen finde das gar nicht lustig – und die Szene soll so zu einem unerwarteten Schlüsselerlebnis für meine spätere künstlerische Laufbahn werden.

Diese spontane, sicher nicht böse gemeinte und auch stimmige Bemerkung seitens der stets freundlichen Frau Edelmund trifft mich wie ein Giftpfeil. Ich empfinde sie als Kränkung. Denn scheinbar hat Frau Edelmund da jetzt etwas vollkommen falsch verstanden, und wäre ich dazu in der Lage, würde ich in diesem Moment gern erklären: »Ich spiele die Prinzessin nur. Ich will nicht wirklich eine sein. Und ein Mädchen will ich schon gar nicht sein! Wie doof ist das denn? Das Mädchensein ist bloß gemimt, und zwar weil es eine Herausforderung ist und genau deshalb ungeheuerlichen Spaß macht. Mit meiner eigentlichen Persönlichkeit hat das nichts zu tun. Und auch wenn meine Mutter vielleicht lieber ein Mädchen gehabt hätte: Ich bin ein Junge und finde es ganz toll, einer zu sein!«

Über meine Geschlechtsidentität bestehen meinerseits keinerlei Zweifel. Da ich allerdings noch nicht in der Lage bin, meiner Verletzung den angemessenen Ausdruck zu verleihen, reiße ich mir wutentbrannt die Perücke vom Kopf und schreie Frau Edelmund an: »Ich bin ein Junge! Merk dir das, Frau Edelmund!«

Dieser dramatische Moment der Zuspitzung macht meiner Familie und vor allem mir schon früh ganz deutlich: Es geht mir nicht darum, mithilfe der Maske meine Identität aufzugeben. Sondern darum, spielerisch eine andere Identität darzustellen – und zwar so überzeugend wie möglich.

Auch wenn ich auf der Bühne Uschi Blum gebe, will ich doch um Himmels willen und Gott behüte nicht diese vollkommen unmögliche und zickige Person sein! Genauso wenig, wie ich der nuschelnde Horst Schlämmer oder irgendein dubioser iranischer Schachgroßmeister sein möchte und schon gar nicht die Königin der Niederlande oder der verschrobene Polizeipräsident von Nicaragua. All das ist kostümbildnerische, maskentechnische, mimische und seelische Travestie. Vermutlich sogar eine verdammt gute. Ich spiele diese Figuren!

Dame Edna, die größte und schillerndste Comedy-Persönlichkeit des australischen Kontinents, wird beispielsweise von einem treu sorgenden, relativ spießigen Ehemann und mehrfachen Familienvater namens Barry Humphries überzeugend dargestellt. Beides – Rolle und Realität – ist für ihn gleichermaßen erfüllend.

Tatsächlich ist niemand glücklicher als ich, wenn ich nach getaner Arbeit – denn das ist es für mich, bei aller Freude daran – zu mir selbst zurückkehren darf. Diese Rollen sind quasi kurze Wochenendausflüge von meinem Selbst.

Es ist ganz wunderbar, ich zu sein!

Es bereitet mir auch wenig Vergnügen, wieder und wieder in ein und dieselbe Rolle zu schlüpfen. Deswegen hatte Horst nach ein paar Jahren »ausgeschlämmert« und Uschi eben »ausgeblumt«. Der Schnauzer und die Stöckelschuh, beides begann mich irgendwann maßlos zu langweilen. Die Kostüme behindern mich ab einem gewissen Punkt bei meiner weiteren Ich-Werdung und in meiner künstlerischen Entwicklung, und ich habe die entsprechenden Kostümkoffer letztlich ohne Reue vorerst verschlossen und in die hinterste Ecke verbannt.

Meine Oma ist tatsächlich die Einzige, die meinen Wutausbruch versteht und richtig deutet, denn als wir wieder zu Hause sind, nimmt sie mich zur Seite und erklärt: »Hans-Peter, du hast Frau Edelmund absichtlich getäuscht, und deshalb musst du jetzt lernen, mit ihrer Reaktion richtig umzugehen, auch wenn es für dich hart ist. Da darfst du dann nicht gleich beleidigt herumschreien, wenn andere dich mal nicht sofort verstehen. Das bringt dich gar nicht weiter. Du kannst dir ja gerne die Perücke vom Kopf reißen, aber dann lächle doch wenigstens dabei, und bleibe stets freundlich!«

Kein ganz unwichtiger Karrieretipp: Egal, was du tust oder sagst, lächle dabei und bleibe stets freundlich!

Und wenn ich es recht bedenke, dann ist meine Oma zwar ein ziemlich zäh gesottener Brocken gewesen, aber gelächelt hat sie eigentlich immer, wenn auch meist nur milde!

Das ist bei mir heute gar nicht so viel anders. In meinem Job bin auch ich im Prinzip ein dauerlächelnder harter Knochen. Anders hätte ich meine – im Rückblick betrachtet – recht steile Karriere vermutlich auch weder bewerkstelligen noch überleben können. Hätte ich zu kleinlichen Animositäten geneigt oder überflüssiges Weichei-Getue als Ballast im Charaktergepäck gehabt, so hätte mich mein Weg direkt in die Sackgasse und damit schnell in den künstlerischen Sonnenuntergang geführt.

Bereits während meines Erwachsenwerdens musste ich mir von meiner Familie oft genug vorhalten lassen: »Du bist genauso ein harter Knochen wie deine Oma Änne, aber eben auch genauso lebensfroh, und immer hast du einen unverschämten Spruch auf den Lippen!«

Diese vitale und kernige Seite meiner Persönlichkeit hat mich vermutlich auch all das überleben lassen, was mir nun bevorstehen soll.

KAPITEL 10
SHIVA TANZT

»Das ist ja nur ein Spiel.
Das darf man nicht
zu ernst nehmen.«

Die Inder kennen in ihrer Mythologie die aus drei nahezu gleichberechtigten Gottheiten bestehende Trinität von Brahma, dem Schöpfer, Vishnu, dem Erhalter, und Shiva, dem Zerstörer.

Shiva gilt unter den Gottheiten als die mächtigste. Bricht sein Zeitalter heran, dann erscheint er mit aller Macht und Wucht in der Form von irdischen Schmerzen und seelischem Leid. Shiva zerstört im Tanz die alte Welt, um Brahma Platz zu schaffen für eine neue Schöpfung.

Mit einem Mal sitze ich nicht mehr neben der winkenden Oma in der flott dahinzuckelnden Kutsche, sondern in der Geisterbahn. Vom beschwingten Walzerrhythmus wechselt meine Lebensmelodie in einen trüben Trauermarsch. »Stupor« ist wohl der Ausdruck, der am besten beschreibt, wie ich alldem begegne. Mit einem erstarrten Staunen.

Wenn etwas sehr verwirrend oder verstörend ist, kann man oftmals hinterher nicht mehr genau sagen, wo das Unheil eigentlich seinen Anfang nahm. Ich glaube jedoch, ich weiß, wo es begonnen und ab welchem Punkt es sich zügig und ausweglos zugespitzt hat.

Eines sonnigen Vormittags, an unserem Haus prangt weiterhin ein hässliches stählernes Baugerüst, spielen wir Kinder unter der wenig sachkundigen Anleitung von Silvia in unserem Hinterhof fröhlich giggelnd mit dem Ball.

Es geht darum, den bunten Ball immer wieder auf dem Boden aufschlagen zu lassen und beim Rückprall mit der flachen Hand so zu treffen, dass er abermals aufschlägt, dann wieder gegen die Wand trifft und dabei unter gar keinen Umständen verloren geht. Der Spieler, dessen Ball am häufigsten von oben nach unten tanzt, gewinnt.

So richtig will das keinem gelingen. Der Ball hat keine eindeutige Stoßrichtung und fliegt also wild unter lautem Aufklatschen hin und her. Mal scheppernd gegen das Gerüst an der Wand, mal gegen ein Fensterkreuz.

Meine Mutter erscheint in der Haustür und tänzelt, einen duftenden Wäschekorb in der Hand, gekonnt an uns Kindern vorbei in Richtung Trockenleine. Während sie die nasse Wäsche auf die Leine hängt, beobachtet sie uns immer wieder amüsiert und laut lachend. Als der Korb leer ist und die Kleidungsstücke im Wind flattern, ruft sie schließlich zu uns hinüber:

»Silvia, ihr macht das falsch! Das kann ich gar nicht mitansehen. Soll ich euch mal zeigen, wie das mit dem Ball geht?«

Silvia ist hier zwar eigentlich der Chef im Ring, aber sie ist auch ein wohlerzogenes Mädchen, also antwortet sie: »Gerne, Frau Kerkeling!«

Sie überreicht meiner Mutter höflich den Ball. Vom Spieltrieb gepackt, versammelt meine Mutter uns Kinder mitten im Hof um sich herum, hebt den Ball in die Höhe und erklärt: »Wir haben das früher so gespielt!«

Und in diesem Moment beginnt sie zu einer eigentümlich klagenden Melodie einen zunächst harmlos erscheinenden Reim zu trällern. Und der geht so:

»Lieber Balla, sag mir doch, wie viel' Jahre leb ich noch?«

Warum, weiß ich nicht, aber in diesem Moment bekomme ich eine Gänsehaut. Dieses schräge Liedchen ist hässlich, und es will so gar nicht zu meiner Mutter passen.

Wo und wann hat sie denn diesen fürchterlichen Reim gelernt? Während der Bombenangriffe?

Und so wie die anderen Kinder ihre Köpfchen ratlos zur Seite legen, finden auch sie dieses Lied ganz offensichtlich befremdlich und ein bisschen gruselig. Am liebsten möchte ich schreien: »Mama, spiel nicht mit deinem Leben!«

Aber das gelingt mir nicht. Ich stehe stumm da.

Meine Mutter beginnt arglos mit dem Ball zu spielen. Schon wirft sie das Rund gekonnt und mit voller Wucht nach unten und bekommt es beim Rückprall erstaunlich gut wieder unter Kontrolle, um es dann erneut mit einem lauten Schlag zurück auf die Erde zu befördern. Sie zählt laut mit:

»Eins, zwei …«

Dann ist auch schon Schluss. Der Lebensball entgleitet ihr und fliegt im hohen Bogen in die frische, im Wind wehende Wäsche.

Lebt sie etwa nur noch zwei Jahre? Das frage ich mich besorgt in jenem Moment.

Wir Kinder sind ganz still und schauen ein wenig betreten auf den Boden. Eine Glanzleistung war das nicht, und dieses völlig harmlose Spiel mit dem Schicksal zu verknüpfen war irgendwie unpassend und überflüssig.

Auch meine Mutter scheint jetzt zu bemerken, dass sie über das Ziel hinausgeschossen ist. Sie lächelt verlegen: »Na ja, das ist ja nur ein Spiel. Nicht mehr. Das darf man nicht zu ernst nehmen.«

Daraufhin eilt sie peinlich berührt und eigentümlich verstört zurück ins Haus und lässt die Tür laut hinter sich ins Schloss fallen.

Silvia greift an meine Schulter und nimmt mich schnell zur Seite: »Ui ui ui, das war jetzt aber richtig gruselig, oder?«

»Ach ...«, antworte ich, gegen meine schlechte Laune ankämpfend. »Du hast doch gehört, was meine Mama gesagt hat. Das ist bloß ein doofes Spiel!«

So unfassbar zufällig es auch scheinen mag: Es bleiben meiner Mutter ab diesem Moment noch ziemlich genau zwei Jahre. Und auf mir vollkommen unerklärliche Weise spüre ich sechsjähriger Knirps, dass ich ab jetzt auf sie werde achtgeben müssen wie auf eine Porzellankiste. Sie sieht auf einmal so hilfsbedürftig aus. Nicht umsonst liebt und sammelt sie jede Form von Porzellan. Es unterscheidet sich in seiner Zerbrechlichkeit kaum von ihr selbst.

Meine Einschulung steht bevor, und so muss ich mich bald der notwendigen Voruntersuchung unterziehen. Hierbei stellt sich leider heraus, dass ich einen ziemlich komplizierten Leistenbruch erlitten habe, der schleunigst operiert werden muss, da er meine Fortpflanzungsorgane in ihrer Entwicklung zu stören und dauerhaft zu schädigen droht. Zwar hatte ich hin und wieder Probleme und Schmerzen in der besagten Körperregion, aber sowohl meine Mutter als auch ich haben das gern auf mein schnelles Wachstum geschoben. Vermutlich jedoch habe ich mir diese Verletzung beim Reiten zugezogen.

Parallel dazu wird Oma Änne von einem Tag auf den anderen schwer krank. Ein kurzer und vermutlich sinnloser Krankenhausaufenthalt scheint sie noch mehr zu schwächen, und so liegt sie bald nur noch leise stöhnend und von Schmerzen geplagt auf der grünen Couch in ihrem Wohnzimmer. Doch selbst wenn sie offensichtlich leidet, sie klagt nicht, jammert nicht über ihren erbarmungswürdigen Zustand. Die Sinnhaftigkeit ihres Endes stellt sie kein einziges Mal wirklich infrage. Auch wenn sie schwach ist, den eigenen Tod scheint sie noch immer zu beherrschen. Meine Einschulung will sie unbedingt erleben, das ist ihr erklärtes letztes Ziel.

Im Rückblick kommt sie mir vor wie eine verklärte buddhistische Nonne, die zwar äußerlich zerstört, aber innerlich in starken Schritten, melancholisch und dennoch hoffnungsfroh dem Ende entgegenläuft.

Opa ist ohne Omas starke Schulter aufgeschmissen. Ohne seine Frau scheint er nicht mehr lebensfähig zu sein. Er befindet sich in turbulenter seelischer Auflösung. Welche Art von Krebs gerade dabei ist, seine geliebte Frau zu zerstören, habe ich erfolgreich verdrängt. Tatsache jedoch ist, sie verwandelt sich innerhalb kürzester Zeit von der mächtigen Familienpatronin in einen schweren Pflegefall.

Ein bisschen ist es so, als würde durch den bevorstehenden Tod der Königin nun das ganze Bienenvolk verwirrt seinem Ende entgegentaumeln. Und eine ebenbürtige Nachfolgerin oder ein Nachfolger ist, bei allem Wohlwollen für meine Verwandten, partout nicht in Sicht.

Meine Mutter ist, ähnlich wie ihr Vater, keine Frau der großen Worte, sondern der notwendigen Taten und kümmert sich zumindest ohne Widerwillen um alles, was getan werden muss. In aller Herrgottsfrühe versorgt sie, ohne ein Wort der Klage, die Pferde und Ziegen und mistet deren Stallungen aus. Anschließend macht sie ihren Haushalt und den ihres Vaters, kümmert sich um ihre Söhne und ist dann die restliche Zeit damit beschäftigt, sich um alle körperlichen und seelischen Belange ihrer todkranken Mutter zu kümmern. Omas Laden wird abwechselnd von der einen, dann wieder von der anderen Tante provisorisch weitergeführt. Mein Vater ist, bedingt durch seinen Beruf, weiterhin in Hamburg, Rotterdam oder Wien unterwegs. Eine wirkliche Stütze kann er meiner Mutter nicht sein, und auch sonst ist niemand aus der Familie zur Stelle. Oma Bertha wäre die Einzige, die meiner Mutter jetzt guttun würde, aber sie lebt nun mal leider nicht mehr mit uns unter einem Dach. Sie fehlt gewaltig.

Meiner bevorstehenden Operation schaut meine Mutter mit genauso viel nervösem Bangen entgegen wie ich selbst, und als wäre das alles nicht mehr als genug, turnt nach wie vor ein Dutzend Handwerker hämmernd und bohrend an und in dem ständig verstaubten Haus herum. Meine Mutter ersetzt hier also auch noch eine mehrköpfige Putzkolonne.

Niemand scheint von ihrem Verfall wirklich etwas mitzubekommen. Ein Mensch allein kann das alles nicht stemmen, und doch probiert meine Mutter genau das. Die seelische Robustheit meiner Oma ist ihr vorenthalten worden. Wie sie tatsächlich leidet, merken nur wir, ihre Söhne, denn meine Mutter wird immer schweigsamer, baut nervlich und körperlich zusehends ab.

Beim Schuleignungstest sitze ich ziemlich bedröppelt mit meiner angeschlagenen Mutter zwischen den anderen Kindern und Eltern im Warteraum. Dauernd muss ich daran denken, dass mir eine Operation unter Narkose bevorsteht; ich bin definitiv schon zu groß, um nicht zu kapieren, dass ich bald von einem Arzt »mit einem Messer aufgeschnitten« werde, und leider noch zu klein, um die Angst vor dem Eingriff souverän in den Griff zu bekommen. Und was da gerade mit meiner Oma Änne passiert, kann oder will mir auch niemand genauer erklären.

Also sitze ich überbesorgt und auch ein wenig aufgeregt auf meinem Stühlchen im Warteraum und zappele mit den Beinen. Mir gegenüber sitzt ein lustiges kleines Mädchen, das mich immer wieder eingehend und lächelnd inspiziert. Ihre blonden Haare sind mithilfe zweier knallroter Kirschspangen zu zwei hilflosen Zöpfchen gebunden, die entschieden zu weit von ihren Ohren abstehen und wie struppige Hörnchen aussehen. Das finde ich extrem lustig. Also grinse ich ein bisschen ratlos zurück.

Mit einem Mal springt sie von ihrem Platz auf, kommt auf mich zu und deutet vielsagend mit dem Finger auf mich. Das fast schon bedrohliche Schweigen der andächtig Wartenden bricht sie völlig unverhofft, indem sie sich zu ihrer Mutter umdreht und lauthals verkündet: »Mama, wenn ich groß bin, dann heirate ich den Jungen hier! Der ist so süüüß!«

Die Stille wird vom lauten Lachen der Anwesenden zerrissen. Mein Gesicht läuft so puterrot an wie das von Frau Edelmund beim Rosenmontagsumzug. Wie peinlich und entscheidungsfreudig ist die denn? Hallo, geht's noch? Ich bin nicht süüüß! Ich bin taff und hart im Nehmen, denke ich.

»Ich bin die Siii-lke!«, fährt sie ungerührt fort. »Vielleicht kommen wir ja in eine Klasse? Wie heißt du denn?«

Auf solche frühreifen Avancen bin ich nicht vorbereitet und stammele: »Ja ... äh ... Hans-Peter ... das weiß ich nicht ... vielleicht komme ich noch gar nicht in die Schule! Vielleicht bin ich ja unterentwickelt?«

Keine Ahnung, wie ich auf diesen selten blöden Ausdruck komme und wo ich den nun wieder aufgegabelt habe. Aber frei nach dem Motto »Witzigkeit kennt keine Grenzen« brüllen die Anwesenden nunmehr vor Lachen. Auch meine Mutter lacht endlich mal wieder und wackelt beglückt auf ihrem Stuhl vor sich hin.

Silke weiß indes definitiv, wie man sich in Szene setzt, und krönt den kruden Sketch mit der an mich gerichteten und alles entscheidenden Frage: »Willst du mich küssen, Hans-Peter?«

Schwierige Frage, denke ich still und laufe erneut glutrot an, während die aufgepeitschte Schar um uns herum den entscheidenden Höhepunkt der ulkigen Szene offenbar gar nicht erwarten kann. Also spiele ich mit – schon ganz Profi – und verpasse Siiilke einen saftigen Kuss auf die rechte Wange unterhalb des struppigen Kirschhorns. Dann wende ich mich verlegen lächelnd wieder zu meinem Publikum.

Wir ernten tosenden Applaus. Die Szene ist im Kasten. Innerlich ist für mich nach diesem Höhepunkt allerdings Feierabend.

Als meine Mutter und ich das Büro der Dame betreten, deren Aufgabe es nunmehr sein wird, meine Eignung zu überprüfen, empfängt sie mich mit den spitzen Worten: »Na, du bist mir vielleicht ein Draufgänger! Du scheinst ja ein richtiger kleiner Schürzenjäger zu sein. Aber in der Schule geht so etwas natürlich nicht. Da kann man nämlich nicht gleich jedes Mädchen, das einem gefällt, einfach küssen, weißt du? Da bist du doch dann sicher ein bisschen zurückhaltender, oder?«

Na, prima! Der Einstand ist ja wohl nach allen Regeln der Kunst in die Hose gegangen. Und die spießige Einschulungstante hält mich jetzt für den kommenden Grundschul-Don-Juan, von dem weiß Gott was für Probleme zu erwarten sind ...

Zum Glück scheine ich mich beim eigentlichen Eignungstest dann etwas weniger blöd anzustellen, denn die Dame trifft im Anschluss daran die mutige Entscheidung, dass es durchaus geboten sei, mich einschulen zu lassen. Auch wenn sie sich zuvor Fragen von mir anhören muss wie: »Wie viel Spielzeug darf ich eigentlich genau mit in die Schule nehmen?« und »Wenn es mir gar nicht gefällt, dann kann ich doch sicher wieder nach Hause gehen, oder?«.

Immerhin lässt dieser komische Eignungstest in mir eine gewisse Vorfreude auf die bevorstehende Einschulung aufkommen. Auch weil meine liebste Freundin Silvia und ich aller Wahrscheinlichkeit nach die gleiche Klasse besuchen werden. Diese allgemeine Freude scheint Mama, zumindest äußerlich, nicht wirklich teilen zu können.

Verursacht durch Omas Bettlägerigkeit und die daraus resultierenden Überforderungen, gerät meine Mutter in dieser Zeit mehr und mehr an ihre seelische Belastungsgrenze. Ihr Nervenkostüm ist bald derart löchrig, dass jeder noch so nichtige Anlass sie in einen Ausnahmezustand der Gefühle katapultieren kann. Parallel dazu beginnen auch ihre körperlichen Abwehrkräfte quasi Amok zu laufen.

Mittlerweile wird sie von einer verschleppten und dadurch chronisch gewordenen und äußerst schmerzhaften Kiefer- und Nebenhöhlenentzündung nicht mehr nur halbjährlich, sondern wöchentlich geplagt. Die Antibiotika wollen einfach nicht mehr anschlagen. Ihr Kopf hat sich rettungslos entzündet.

Kleine Ungeschicklichkeiten von mir führen in regelmäßigen Abständen zu Tobsuchtsanfällen ihrerseits. Nicht selten münden diese in Gewalt gegen meinen Bruder oder mich. Doch der weiß sich mit seinen knapp 14 Jahren natürlich schon halbwegs zu helfen und rettet sich in weniger aufbrausende Gefilde.

Bald verbringt er seine gesamte Freizeit im Haus der Schwester meiner Mutter. Tante Gertrud und mein Bruder Josef verstehen sich blind und blendend, und so wird er zum gern gesehenen dritten Kind der Familie. Meiner Mutter scheint das sehr recht zu sein, obwohl weder sie noch ich die besondere Begeisterung meines Bruders für seine extrovertierte und manchmal egozentrische Tante teilen können. Was meine Tante und meinen Bruder zumindest miteinander zu verbinden scheint, ist eine frappierende äußerliche Ähnlichkeit: Die beiden gleichen einander wie ein Ei dem anderen.

Von Zeit zu Zeit läuft meine Mutter nun also wutschnaubend mit einem Teppichklopfer in der erhobenen Hand hinter mir her. Hierbei geht es ihr eindeutig mehr um die Jagd und das körperliche Austoben als um das tatsächliche Schnappen der vermeintlichen Beute. Ob die wenigen Schläge, die mich ab und zu treffen, wirklich wehgetan haben, kann ich gar nicht mehr sagen. Das habe ich tatsächlich vergessen. Blaue Flecken allerdings trage ich nie davon.

Ab und zu lache ich laut während dieser *Tom und Jerry*-Verfolgungsjagden. Irgendwie haben die hilflosen Szenen durchaus etwas rabiat Komisches. Selbst wenn ich heute daran denke, finde ich das Bild noch erheiternd. Damals versuche ich gelegentlich, meine Mutter mit meiner grinsenden Miene zu ihrem abstrusen Spektakel versöhnlich zu stimmen.

»Mama, das sieht komisch aus, wie du mir mit dem Schläger hinterherläufst!«, rufe ich ihr dann zu und lache schallend, während sie mich, einer aufgestachelten Katze gleich, gekonnt vor sich hertreibt. Aber die sinnlose Jagd geht meistens weiter.

So schnell sie aufbrausen kann, genauso schnell beruhigt sie sich allerdings auch wieder. Darauf kann ich mich absolut verlassen. Wenn sie sich ausgetobt hat, ist alles vergeben und vergessen – zumindest wenn ich als Opferlamm die Schuld auf mich nehme. Ich tue ihr diesen Gefallen, aber nur um des lieben Friedens willen und ohne jede innere Überzeugung. Denn in mir rebelliert es konsequent gegen diese von ihr eingeforderten falschen Schuldeingeständnisse. Ich spüre einfach, dass sie kolossal irrt und im Unrecht ist.

Lediglich an den Wochenenden geht es meiner Mutter besser, und sie kann frei durchatmen. Mein Vater findet dann endlich die Zeit, sich ihrer geballten Sorgen und Wünsche anzunehmen. Ist Papa da, dann herrschen Ruhe und Frieden. Mama ist in seiner Anwesenheit wie ausgewechselt, die Ausgeglichenheit in Person. Meinem Vater sind diese eigentümlichen und ungewöhnlichen Ausbrüche meiner Mutter natürlich alles andere als recht. Wenn er davon erfährt, scheinen sie ihn zu beschämen und sprachlos zu machen.

Nicht ein einziges Mal sind wir Kinder vom Vater wütend angeschrien oder gar geschlagen worden. Solche Auswüchse sind bei seiner eher ruhigen und stets heiteren Wesensart schlicht undenkbar. Aber mein Vater ist, bedingt durch seinen Beruf – und das sage ich ohne jeden späten Vorwurf –, einfach zu selten da.

Eines Werktags lasse ich am Frühstückstisch beim Griff nach dem Brot durch eine ungeschickte und etwas hektische Bewegung versehentlich eine Flasche Milch umfallen.

An dieser Stelle muss ich jetzt etwas weiter ausholen. Denn es ist mir bis heute nur schwer möglich, an einem üppig gedeckten Tisch nicht irgendein Gefäß unwillentlich umzustoßen. Es sei denn, ich sitze völlig regungslos in einer geselligen Runde und behalte meine Hände im Schoß.

Das räumliche Sehen funktioniert bei mir, offensichtlich familiär bedingt, nur zeitverzögert. Gepaart mit einer hohen Lichtempfindlichkeit, tritt diese für Außenstehende mitunter unterhaltsame kleine Einschränkung in meiner Familie väterlicherseits gehäuft auf. Mein Kopf weiß zwar aus Erfahrung, dass die sichtbare Welt aus drei Dimensionen besteht, aber meine Augen sind nicht dazu in der Lage, diese dritte Ebene aus eigenem Vermögen zu erkennen. So sehe ich die Welt, vor allem aber gedeckte Tische, eher wie ein Gemälde.

Es dauert den Bruchteil einer Sekunde, bis mein Kopf diese Fehlwahrnehmung korrigiert hat und ich beispiels-

weise den Abstand zwischen einem Salz- und einem Pfef-
ferstreuer und deren genaue räumliche Anordnung auf
einer Tafel einschätzen kann.

Auch heute bereitet es mir Schwierigkeiten, Wein ordnungsgemäß und einer gewissen Etikette entsprechend
in ein Glas zu schütten, ohne dass ein Tropfen daneben-
geht. Erst muss ich den Flaschenhals mit dem Glasrand
so in Berührung bringen, dass ich ein leises Klirren höre
und den Kontakt spüre, und erst dann kann ich mit dem
eigentlichen Schüttvorgang beginnen. Das sieht leider
meist sehr ungeschickt aus. Großflächige und ausladende
Handbewegungen vermeide ich aus Erfahrung grundsätzlich bei Tisch. Irgendetwas geht sonst garantiert zu
Bruch. Natürlich könnte ich eine Brille tragen, aber dann
würde mein Gehirn aus Bequemlichkeit komplett die Fähigkeit verlieren, diese Fehlwahrnehmung eigenständig
zu korrigieren.

Einmal, als ich bei einer Bambi-Verleihung behutsam
nach einer mageren Salzstange angeln wollte, die in einem
dekorativen Glas in der Tischmitte steckte, habe ich der
sympathischen Gattin eines ehemaligen RTL-Programm-
direktors eine ganze Flasche Beaujolais über ihr weiß glit-
zerndes Escada-Abendkleid gekippt. Ein leicht irritierter
Eros Ramazotti, der mit uns am Tisch saß, hält mich wahrscheinlich bis heute für den größten Trottel, dem er je
begegnet ist.

»Mamma mia, che porcheria!«

Das hat er damals völlig richtig erkannt, denn es handelte sich tatsächlich um eine regelrechte und von mir
verursachte Sauerei. Äußerst behände und sportlich sprang
er von seinem Stuhl auf, während Carmen Nebel auf der

Bühne tapfer weitermoderierte und lediglich einen verstörten Seitenblick für mich übrighatte.

Als Herr Ramazotti und ich uns Jahre später bei einer anderen festlichen Gelegenheit wiedertrafen, sagte er recht skeptisch, aber schelmisch lächelnd auf Italienisch zu mir: »Mh, hey ... ich erinnere mich an dich – du bist doch der Typ, der damals der Frau beim Bambi die ganze Flasche Rotwein übers weiße Kleid gekippt hat!«

Nicht ohne dabei vorsichtshalber einen Sicherheitsabstand von einem gefühlten Meter einzunehmen. Nun ja, Hauptsache, man bleibt in Erinnerung. Dem weiteren Verlauf meiner Karriere jedenfalls hat meine kleine Sehschwäche erstaunlicherweise nicht geschadet.

Es ist allerdings ein sehr skurriles Bild, wenn sich meine Familie, fast alle mit dunklen Sonnenbrillen auf den Nasen, an einem wolkenverhangenen Tag um den Tisch im großen Garten eines nunmehr gänzlich anderen Zuhauses versammelt. Alle irren dabei mit vorsichtig tastenden Händen auf dem üppig gedeckten Tisch umher, und dennoch oder gerade deshalb kippt alle zehn Minuten die eine oder andere Flasche oder Kanne um.

Aber nun zurück zu der sich immer noch im Sturzflug befindlichen Milchflasche auf dem werktäglichen Frühstückstisch des Jahres 1971.

Durch diesen eher nichtigen Anlass spitzt sich das fortschreitende Problem der totalen Überforderung meiner Mutter mit einem Mal bedrohlich und nun auch für mich deutlich erkennbar zu. Die Milch ergießt sich über den gesamten Küchenboden. Eine ziemliche Sauerei eben. Schlagartig verdüstert sich der Blick meiner Mutter, und zwar schaut sie nicht bloß normal düster, sondern ausgesprochen besorgniserregend düster. Sie verliert völlig die Kontrolle über sich selbst. In einer extrem einschüchternden Lautstärke beginnt sie, mich haltlos anzuschreien und wüst zu beschimpfen.

Innerlich fahre ich zusammen, meine Augenlider fangen an zu flattern. Ich erschrecke mich zu Tode und zittere. In diesem Moment macht meine Mutter mir zum ersten Mal Angst. Zum ersten Mal denke ich: Mama ist krank.

»Du bist ja verrückt, Mama!«, halte ich ihr mutig und gegen die aufsteigenden Tränen ankämpfend entgegen.

Und damit droht die Situation vollends zu eskalieren. Wutentbrannt packt meine Mutter mich am Kragen und will mit bloßen Händen ungebremst auf mich eintrommeln. Unter Anwendung aller mir zur Verfügung stehenden Kräfte gelingt es mir, mich aus ihrem Klammergriff zu befreien und, so schnell ich kann, davonzurennen.

Die Situation hat jetzt überhaupt nichts Komisches mehr an sich; ich renne förmlich um mein Leben. Diesmal geht es vermutlich nicht so glimpflich ab wie sonst. Ein einziger Gedanke treibt mich weiter zum rettenden Ausgang: »Ich habe es satt! Es reicht mir!«

Ich reiße die Wohnungstür auf, lasse sie absichtlich laut hinter mir zuknallen und flüchte in Panik über den großen dunklen Flur hinüber zur Wohnung meiner Großeltern. Mit geballten Fäusten trommele ich laut flehend gegen ihre Wohnungstür.

»Opa, mach die Tür auf. Schnell! Lass mich rein. Die Mama will mich umbringen!«

Ich gebe zu, diese Episode trägt aus heutiger Sicht eine gewisse unfreiwillige Komik in sich, aber lustig ist die Sache hier nicht mehr.

Meine Mutter hat den Flur erreicht und sucht hektisch nach mir wie der Wolf nach dem Lamm. Von innen wird die Tür meiner Großeltern mit einem befreienden Schlag geöffnet.

»Was ist los? Warum schreist du denn so?«

Mein Großvater steht mit seiner obligatorischen qualmenden Zigarre, im weißen Hemd mit Schlips und in feiner Hose in der Türschwelle und blickt nun seinerseits nervös in den Flur. Flugs schlängele ich mich unter seinem Arm hindurch und an ihm vorbei in Richtung Wohnzimmer, wo meine Großmutter, nahezu bewegungsunfähig, ihrem Ende entgegendämmert.

Meine Großmutter will nicht im Schlafzimmer sterben, da, wo fast alle ihre Familienmitglieder – außer mir – geboren worden sind. Sie will noch am Leben teilhaben, ab und zu fernsehen, einfach mittendrin sein und mittendrin sterben. Im Wohnzimmer. Sie ist bei dieser seelischen Sturmflut mein Rettungsring. Meine Mutter erreicht ebenfalls die Tür zur großelterlichen Wohnung und fordert lautstark meine Herausgabe. Himmel! Wo bin ich hier eigentlich gelandet? Mitten im Zweiten Weltkrieg? Meine Mutter führt sich auf wie ein Bombenangriff.

Mein Großvater tobt aus Leibeskräften über den Flur: »Margret, jetzt komm bitte zur Vernunft! Was ist denn passiert? Was hat der Junge denn angestellt?«

»Das kläre ich mit ihm! Sonst niemand. Er ist mein Sohn!«, entgegnet meine Mutter unnötig hysterisch, denn diese Selbstverständlichkeit hat nach meiner Erinnerung niemand je ernsthaft bestritten.

»Also, so geht das nicht. Was ist denn das bitte für ein Benehmen, Margret?«

Abrupt bricht mein Opa die sinnlose und überhitzte Konversation ab. Meiner Mutter schlägt er kurzerhand die Tür vor der Nase zu, nicht ohne sie danach ziemlich verstört von innen zu verriegeln. Verzweifelt versucht meine Mutter nun, durch ruppiges Rütteln an der Klinke die Tür von außen zu öffnen. Doch das gelingt ihr nicht, und sie gibt auf. Mutters Wut bleibt draußen. Wie ein sommerliches Unwetter verzieht sie sich unerwartet schnell.

Als ich am Bett meiner Oma stehe, schaut diese mich traurig an. Leise stammelt sie: »Hans-Peter! Was hat sie denn heute wieder?«

Sie hat etwas von einem luftigen Engel, wie sie da so geschwächt liegt. Man kann schon fast durch sie hindurchsehen. Sie wirkt so unschuldig und seltsam durchlässig in ihrem weißen Nachtkleid auf der alten grünen Wohnzimmercouch, umhüllt von einem dicken hellblauen Federbett. Es ist eigenartig schön, sie endlich einmal nicht in Schwarz gekleidet zu erleben. Alle Strenge und Härte sind bereits von ihr abgefallen.

»Nichts, Oma! Die Milchflasche ist mir umgefallen, und Mama ist jetzt mal wieder verrückt. Nur, heute ist es ganz schlimm!«, entgegne ich mit leicht gesenktem Kopf.

Mit aller ihr noch zur Verfügung stehenden Kraft richtet sich meine Oma ein wenig auf und versucht mit verhaltener Stimme in Richtung Küche zu rufen:

»Willi? Willi, kommst du bitte!?«

Schon steht mein Großvater im Wohnzimmer, umhüllt von einer dicken Zigarrenrauchwolke, welche sich weihrauchartig wabernd im Raum ausbreitet.

»Hast du Schmerzen, Änne?«, will er mit sorgenvoller Miene wissen.

»Ach, die Schmerzen, Willi ... Lass mal!«, stöhnt meine Großmutter, als handelte es sich bei ihrem Leid um einen chronisch nörgelnden Nachbarn, mit dem man sich nun einmal zu arrangieren hat. Erstaunlich gesammelt fährt sie dann fort: »Geh doch bitte sofort hinüber zu Margret und bring sie wieder zur Vernunft. Der Junge bleibt so lange bei mir, bis sie sich beruhigt hat. Eher kriegt sie ihn nicht wieder ... und sie soll ihn nicht schlagen! Sag ihr das. Das musst du ihr sagen, hörst du!«

Meinen Großvater habe ich seiner Frau nie widersprechen hören. Was Oma anordnet, wird von Opa ohne jeden überflüssigen Kommentar und ohne widerspenstiges Murren ausgeführt. Auch spürt man, dass diese beiden Menschen sich tief lieben und sehr respektieren. Körperliche Gewalt ist für beide ein Fremdwort.

Nach einem phlegmatischen Zug aus seiner Zigarre und einem tiefen, schnarrenden Seufzer setzt mein Opa sich leicht trotzig in Bewegung.

»Ich mach das schon, Änne. Verlass dich drauf!«

Sanft lässt er beim Verlassen des Flures die Wohnungstür ins Schloss fallen.

Das ist ein beruhigendes Gefühl, dass Opa das jetzt für mich regelt. Ich werde mit der überforderten, chronisch aufgebrachten Mama einfach nicht mehr fertig. Sie wächst mir über den Kopf. Soll ihr Vater sich jetzt wieder um ihre Erziehung kümmern! Auf mich hört sie ja schon lange nicht mehr.

Außerdem habe ich nun die seltene Gelegenheit, wieder einmal ganz allein mit meiner Großmutter zu sein. Das letzte Mal, dass wir zwei einen Moment für uns hatten, liegt lange zurück. Es war zu der Zeit, als sie noch kerngesund und kraftstrotzend war. Jetzt ist es nur noch eine Frage von Wochen, bis sie mich endgültig verlassen wird.

»Komm, Hans-Peter! Leg dich zur Oma ins Bett. Wir ruhen uns jetzt mal ein bisschen aus ...«

Breit lächelnd lüpft sie die Bettdecke, und ich kuschele mich an sie. Bei ihr fühle ich mich so verdammt sicher. Sie ist für mich der stärkste Mensch auf der Welt. Selbst jetzt, da alle Lebenskräfte aus ihr weichen, ist sie immer noch mein Fels in der tosenden Brandung. Sie riecht so gut. Ganz leise nach Flieder. Der kann also auch gut duften und nicht bloß penetrant. Ich glaube, der Tod riecht nach Flieder.

Mit zusammengekniffenen Augenlidern lugt sie in Richtung Küche und horcht dabei in die bleierne Stille. Nur das Ticken der alten Wanduhr ist zu hören. Vermutlich vergewissert sie sich noch einmal, ob mein Großvater auch tatsächlich die Wohnung verlassen hat, ob wir zwei nun wirklich allein sind.

Mit der Zunge befeuchtet sie ihre trockenen und fahlen Lippen. Dabei entsteht ein schnalzendes Schmatzen, das ich so lustig finde, dass ich lauthals lachen muss.

»Oma, du schmatzt! Das darf man doch gar nicht!«, sage ich mit gespielter Empörung, und meine Oma lacht angesteckt mit.

»So, so, das findest du also wieder mal komisch? Wenn deine Oma schmatzt! Du hast recht, ja, ich schmatze ... und das ist auch lustig!«

Das Sprechen allein kostet sie schon Kraft, und das Lachen kostet jetzt offenbar noch viel mehr Energie. Wir lachen, bis es mit einem Mal feierlich still in uns und um uns herum wird. Wir haben die Welt fortgelacht.

Auf diesen Moment habe anscheinend nicht nur ich sehnlichst gewartet, sondern auch sie, denn sie hält mir nun, die knapp bemessene Zeit ausschöpfend, so etwas Ähnliches wie eine Ansprache.

»Hans-Peter, du weißt, dass die Oma nicht mehr lange leben wird?« Ihre Worte klingen kalkuliert nüchtern, während sie mir dabei tief in die Augen schaut. Eigentlich behandelt sie mich in diesem Gespräch zum ersten und leider auch letzten Mal wie einen Erwachsenen.

»Ja, das hat Papa mir schon erzählt. Wo bist du denn dann, Oma?«

Meine Oma lächelt glucksend, fast weinend: »Ich glaube, es ist gar nicht so schlecht da, wo ich hingehen werde. Aber ich passe dann trotzdem weiter auf dich auf.«

»Wie soll das denn gehen?«, bohre ich aufgeregt nach.

»Du wirst schon sehen, wie das geht!«, versichert sie mir.

Mir kullern spontan dicke Tränen über die Wangen, und ich jammere: »Aber dann habe ich ja gar keine Oma mehr.«

Meine Oma trocknet meine Tränen mit einem der weißen Spitzentaschentücher, die immer auf dem Wohnzimmertisch in Griffweite bereitliegen.

»Du hast doch immer noch deine Oma Bertha. Die magst du doch auch.«

Diesen Vergleich finde ich damals extrem hinkend und sage fast flüsternd: »Ja, natürlich mag ich sie, aber sie ist nicht so wie du. Wenn ich sie besuche, ist es immer ein bisschen langweilig bei ihr ... und ...«

Meine Großmutter legt mir still ihren Zeigefinger auf den Mund und ermahnt mich freundlich, aber deutlich:

»Pscht! Sprich nicht so über sie! Das würde ihr das Herz brechen. Du darfst nie schlecht über deine Oma Bertha reden, Hans-Peter. Denk daran!«

So, als könnte uns doch jemand hören, beginnt sie nun sicherheitshalber ebenfalls zu flüstern: »Hans-Peter, du musst der Oma jetzt ganz genau zuhören. Du darfst nie vergessen, was die Oma dir jetzt sagen wird. Hast du das verstanden? Das ist wichtig!«

Meine Oma schlägt einen eindringlichen Ton an, den ich überhaupt nicht von ihr kenne. Sie wirkt hoch konzentriert und nervös, so als ginge es in diesem Moment um ihr eigentliches Vermächtnis an mich. Es ist, als würde sie jetzt mit dem Mann sprechen, der ich in ferner Zukunft einmal sein werde, und nicht mehr mit ihrem kleinen Enkel.

»Ja, das habe ich verstanden!«, sage ich und konzentriere mich tatsächlich, so scharf ich nur kann, auf die Lippen meiner Großmutter, denn die will nun offensichtlich etwas Wichtiges loswerden.

Vielleicht sind das sogar ihre letzten Worte an mich, und das ist mir in jenem Moment durchaus bewusst. Meine Großmutter zwingt mich, ganz wach und erwachsen zu sein. Denn das, was sie nun erklären und verlangen wird, klingt fast zu bedeutungsvoll für einen sechsjährigen Knirps: »Versprich mir, dass du keinem in der Familie weitererzählst, was ich dir jetzt sagen werde. Versprichst du das?«

Ich nicke brav und spüre Furcht vor dem, was sie mir da nun offenbaren will.

»Hörst du, du darfst es keinem in der Familie erzählen! Auch nicht deinem Opa!«

Jetzt wird es spannend, denke ich. Meine Oma will mir ein großes Geheimnis anvertrauen, eines, das nur uns beide betrifft. Also gelobe ich flüsternd: »Ich verspreche es, Oma! Ich behalte es für mich.« Erleichtert drückt sie ganz fest meine Hand.

Tatsächlich werde ich mich 44 Jahre lang an dieses Versprechen halten und breche es erst mit diesen Zeilen. Auch jetzt, wo ich es niederschreibe, liege ich wieder neben ihr und höre ihre schwache, dunkle Stimme auf mich einreden.

»Gut, Hans-Peter. Dann hör mir mal genau zu. Aus dir wird einmal etwas ganz Besonderes werden, denn du wirst eines Tages sehr berühmt sein!«

Okay, das war es jetzt, denke ich. Oma ist verrückt, krank, total durchgedreht. Sie weiß nicht mehr, was sie da redet. Sie scheint meine Gedanken zu lesen und beharrt: »Du musst mir glauben! Du wirst einmal so etwas Ähnliches wie ...« Sie schaut kurz an die Decke, um dann fast begeistert weiterzureden: »... ein lustiger Professor! Das wirst du. Die Oma kann das jetzt schon sehen. Verstehst du?«

Was um Himmels willen erzählt sie mir denn da?

»Ich will aber gar kein lustiger Professor werden, Oma. Ich möchte so werden wie Papa!«, widerspreche ich aufgebracht und reiße meine Hand aus der ihrigen.

Jetzt wird meine Oma auch noch seltsam. An seltsames Verhalten bin ich durch Mamas Eskapaden ja gewöhnt und daran, dass die Erwachsenen fast alle einen Knall haben. Aber nicht meine Oma! Nein, die nicht! Sie ist die einzig normale und vertrauenswürdige Person in dieser absurden Welt.

Da ist sie plötzlich wieder für einen kurzen Moment meine energiegeladene und kraftvolle Oma. Sie schüttelt heftig den Kopf und redet weiter auf mich ein: »Nein! Du bist der Klügste in der Familie. Du wirst etwas ganz Besonderes aus deinem Leben machen. Das weiß ich. Du musst dich immer daran erinnern, Hans-Peter. Versprich mir das! Du bist mein ganzer Stolz!«

Starker Tobak. Aber das passt ja in die zigarrenrauchgeschwängerten Räume meiner Großeltern. Da ich nicht anders kann, erkläre ich knapp: »Ich verspreche es dir, Oma!«

Sie ist wahrscheinlich davon ausgegangen, dass ich ihre Prophezeiung später irgendwann verstehen würde. Damals habe ich ihre Worte nur verstört gespeichert und tief in mir verschlossen.

Meine Oma scheint nach ihrer Ansprache sehr erleichtert zu sein, als wäre ihr eine immense Last von den Schultern genommen worden. Sie streichelt meinen Kopf, lächelt mich an und wischt sich mit einem Taschentuch ein paar Tränen aus den Augen.

Erst zwanzig Jahre nach ihrem Tod wird sich mir diese Szene wieder ins Bewusstsein drängen. Als ich nämlich einen Tag nach dem Outing durch Rosa von Praunheim in Wiesbaden etwas verstört meinen ersten Bambi aus den Händen von Frank Elstner entgegennehme. Da ist es auf einmal so, als stände meine stolze Großmutter unsichtbar triumphierend an meiner Seite auf der Bühne. Und hätte sie gekonnt, hätte sie rechthaberisch, wie sie nun einmal war, gefrotzelt: »Glaubst du jetzt immer noch, dass ich verrückt bin? Ich täusche mich nie. Ich hatte recht!«

Ob meine Großmutter in jenem stillen Moment unserer letztmaligen Zweisamkeit wirklich meine Zukunft vorausgesehen hat oder ob ich mir durch mein kindlich naives Versprechen eine sich selbst erfüllende Prophezeiung auferlegt habe, das sei einfach mal dahingestellt. Vielleicht war ja beides ausschlaggebend für meine Lebensgeschichte?

Tatsache ist, meine Oma hatte wieder einmal recht. Man kann Horst Schlämmer nämlich durchaus treffend als »lustigen Professor« beschreiben. Und berühmt bin ich durch diese Figur allemal geworden.

Mit Omas verbliebenen Kräften geht es nun im rasanten Tempo bergab. Am Tag meiner Einschulung kann sie schon nicht mehr sprechen. An jenem Morgen stehe ich, von meiner Mutter fein zurechtgemacht, an ihrem Sterbebett im Wohnzimmer, sodass sie mich zu dieser besonderen Gelegenheit wenigstens noch einmal mit dem Lederranzen auf dem Rücken und der riesigen bunten Schultüte in den Händen sehen kann. Sie soll mitbekommen, dass dies mein erster Schultag sein wird und somit auch ihr kleiner Triumph über den bedrohlich herannahenden Gevatter Tod. An unserer Wohnungstür hat er zwar noch nicht geklingelt, aber er schleicht definitiv schon lauernd ums Haus.

Oma schaut mich starr und etwas weggetreten an. In den Händen hält sie fast bewegungsunfähig eine Postkarte, die sie selbst meiner Mutter von einer unserer vielen kleinen Reisen geschickt hatte. Sie deutet darauf und schaut mich ernst an. Zu sehen ist die Loreley. So als wollte sie mir sagen: »Vergiss nicht, wie schön wir es immer hatten!«

Aber warum will sie mir ausgerechnet die Loreley zeigen?

Es hätte ja auch eine der vielen anderen Ansichtskarten sein können, die wild verstreut auf dem Couchtisch liegen. Warum nicht der Drachenfels oder das Atomium in Brüssel? Sie hat doch offenbar genau nach dieser einen Karte gesucht. Immer wieder deutet sie etwas finster dreinblickend mit dem Zeigefinger auf den großen Felsen oberhalb des Rheins. Zu einem Lächeln ist sie nicht mehr fähig.

Einige Tage nach meiner Einschulung, bei welcher ich erwartungsgemäß und zu meiner großen Freude mit meinem Kumpel Silvia in die gleiche Klasse komme, steht die von mir gefürchtete Operation an. In jenem Krankenhaus, in welchem ich geboren wurde, lande ich gemeinsam mit meinem fetten Stoffteddy Cosi und meinem blauen Frotteeschlafanzug eines Nachmittags auf der Kinderstation. Meine Mutter bläut mir am Abend desselben Tages mit erhobenem Zeigefinger ein, dass ich während der Operation tags darauf absolut nüchtern zu sein habe und deshalb unter gar keinen Umständen noch etwas essen dürfe.

Tatsächlich aber bietet mir am Vorabend der OP mein bereits operierter Zimmernachbar Dirk vor dem Schlafengehen noch ein paar Kekse an. Kekse mit Schokoladenfüllung fallen bei mir damals scheinbar nicht unter den Sammelbegriff Abendessen. Also verdrücke ich gemeinsam mit Dirk genüsslich die ganze Packung. Wenn man schon nüchtern sein muss, dann wenigstens mit ein paar leckeren Keksen im Bauch.

In aller Herrgottsfrühe werde ich dann von einer bedrohlich giftgrün maskierten Krankenschwester in den OP geschoben. Was für eine gruselige Erfahrung! Die Narkose wird mir verabreicht, und der operierende Chirurg

Herr Dr. Hammerschlag, so hieß er tatsächlich, stellt während der OP sicher ziemlich überrascht und vermutlich leicht panisch fest, dass der kleine dicke, bewusstlose Junge auf dem Metalltisch sich nicht an die strikte und lebenswichtige Regel des Nüchternbleibens gehalten hat.

Während der OP muss ich mich nun, für die Ärzte vollkommen unvorhersehbar, mehrfach übergeben. Was beinahe dazu führt, dass ich an meinem Erbrochenen ersticke.

Etwa zur gleichen Zeit stirbt meine Großmutter in ihrem heimischen Wohnzimmer im Kreise der versammelten Familie. Einzig ich bin nicht dabei und ringe stattdessen selbst um mein Leben. Seltsame Koinzidenz! Vielleicht hatte ich in jenem Moment die einmalige Möglichkeit, mit Oma gemeinsam in die ewigen Jagdgründe einzugehen.

Als ich irgendwann im Krankenzimmer aus der Narkose erwache und mich fühle, als hätte jemand versucht, mich mit monströser Kraft zu erwürgen, sitzt am Fußende des Bettes meine in Tränen aufgelöste Mutter. Sie trägt Schwarz. Das führt dazu, dass ich sie einen vernebelten Moment lang für meine nunmehr verstorbene Oma halte.

Mama sitzt einfach nur da und weint. Als sie erkennt, dass ich aufgewacht bin, huscht ein flüchtiges Lächeln über ihr Gesicht. Sie muss nichts sagen. Ihre Kleidung signalisiert mir unmissverständlich: Oma hat es geschafft.

Fast sieben Jahre lang hat diese besondere und sehr starke Frau mich eindrücklich geprägt, streng gebildet, liebevoll und konsequent erzogen. Ihr nachhaltiger Einfluss auf mich hat ausgereicht, um auch für mein weiteres Leben ein entscheidender Leitfaden, eine Richtschnur und ein Kompass zu bleiben.

Nach meiner heutigen Überzeugung starb sie nicht nur an ihrer Krebserkrankung, sondern auch aus Trauer um ihren einzigen Sohn. Das hat sie nie verwunden.

Ihre Beerdigung, an der ich humpelnd und frisch operiert teilnehme, gerät zu einer Art Staatsbegräbnis, bei welchem unglaublich viele Menschen die Straße zum Ostfriedhof auf dem Quellberg säumen. Unzählige Kränze und Blumengestecke türmen sich um ihr offenes Grab und zeugen von ihrer großen Beliebtheit.

Das hätte Änne sicher gefallen in ihrer ironischen Großspurigkeit. Sie, die einfache und patente Geschäftsfrau, verlässt die in ihren Augen immer etwas schnöde und dumme Welt wie eine gefeierte alte Königin.

KAPITEL 11
WEISS DER HIMMEL

Habe ich das wirklich gesehen,
oder war es ein schöner Traum?

Zu Hause geht es jetzt noch mehr drunter und drüber. Ohne Oma klappt gar nichts mehr. Opa verfällt in ein langes, tiefes und demonstratives Schweigen.

Als erste Reaktion auf Omas Tod wird seitens der Familie der Pachtvertrag über das städtische Grundstück mit sofortiger Wirkung gekündigt, ihr Lebenstraum also der guten Ordnung halber schleunigst abgewickelt. Die vier Pferde samt Kutsche und die beiden Ziegen landen bei einem befreundeten Bauern in Suderwich, der uns freundlicherweise erlaubt, die Rösser weiter auf seinen Weiden auszureiten. Leider überlebt mein alter, trauriger Bubi diese rigorose Entwurzelung nicht mehr – nach kurzer Zeit trabt er über Nacht allein in die ewigen Jagdgründe. Der florierende Laden meiner Großmutter in Scherlebeck wird im Schnellverfahren an den Meistbietenden veräußert.

Da meine angeschlagene und nun auch noch tief trauernde Mutter nervlich endgültig keine Reserven mehr hat, alles Organisatorische aber wieder einmal an ihr kleben bleibt, zieht meine Großtante Lisbeth in einer einmaligen humanitären Maßnahme kurz entschlossen zu uns. Zumindest vorübergehend soll ihre Hilfe meine Mutter entlasten. Mein Bruder siedelt vorübergehend und mit allem, was ihm lieb und teuer ist, ganz ins Haus unserer Tante Gertrud über.

Die ausgeglichene und patente Ordensschwester Mafaldis übernimmt nun auf äußerst angenehme Weise das häusliche Regiment. Als gelernte Röntgen- und Krankenschwester kümmert sie sich vor allem um meine postoperative Pflege – sie hilft mir beim Anziehen, beim Baden und bringt mich ins Bett.

Dank Tante Lisbeth kann ich nun in dieser von Trauer beladenen Zeit im Prinzip rund um die Uhr befreit lachen, denn ihre unzähligen Anekdoten, die sie als Souvenirs von ihren spirituellen Reisen aus Rom, Assisi oder Lourdes mitgebracht hat, sind wahre Brüller! Sie erzählt so herrlich ausladend und bildhaft. In der Theatergruppe ihres Ordens spielt sie nicht umsonst regelmäßig die tragenden Rollen. Nur sie kann eine Stadt wie Bethlehem mit ihren unvergleichlich blumigen und dennoch prägnanten Worten in meiner Phantasie lebendig werden lassen.

Sie ist eine wirklich feine und spirituell aufgeräumte Frau. Tante Lisbeth hat eben das Herz auf dem besonders richtigen Fleck. Außerdem ist sie so selig und seelisch ungestört! Ihre liebenden Augen sehen einfach alles, und ihr waches Herz nimmt jede verstörende Kleinigkeit wahr. Unter meinen zwölf Tanten ist sie völlig konkurrenzlos meine Favoritin.

Dass sie aber ihre Haare unter dem bis weit über den Haaransatz reichenden schwarzen Schleier verbirgt und bedingt durch ihre strenge Ordenstracht auch nie ihre

Hans-Peters Mutter Margret (Luise Heyer)

In Gegenwart von Oma Änne (Hedi Kriegeskotte) fühlt sich Hans-Peter (Julius Weckauf) immer sicher.

Mit Oma Bertha (Ursula Werner) kann man prima Indianer spielen.

Oma Bertha steht der Familie zur Seite.

Mit viel Inbrunst und einem Kochlöffel als Mikrofon imitiert Hans-Peter berühmte Schlagerstars, um seine Mutter zum Lachen zu bringen.

Hans-Peter, Bertha und Opa Hermann (Rudolf Kowalski) sind glücklich, weil sie das Jugendamt überzeugt haben.

Hans-Peter schauspielert für seine Familie – seine Lieblingstante Lisbeth (Birge Schade), eine Ordensschwester, ist von der Darbietung begeistert.

Hans-Peter auf dem Pferdemarkt im westfälischen Hamm

Schöne Kindheitserinnerung: Papa Heinz (Sönke Möhring) und Mama Margret veranstalten ein Grillfest.

Hans-Peter hat sich eine tolle Kostümierung für den Karneval überlegt:
»Ich gehe als Prinzessin, Mama!«

Pferd Bubi erobert Hans-Peters Herz.

Papa Heinz und Hans-Peter halten zusammen.

Ein unbeschwerter Moment für Hans-Peter und Mama Margret

Hans-Peter imitiert eine Bekannte der Familie.

Opa Willi (Joachim Król) fährt mit Hans-Peter ins Salzburger Land, um den Jungen auf andere Gedanken zu bringen.

Hans-Peter mit anderen Kindern aus der Straße

Hoch zu Ross – Hans-Peter auf seinem Pferd Bubi, inspiriert von »Bonanza«

Hape Kerkeling beim Dreh

Hape Kerkeling und Hans-Peter-Darsteller Julius Weckauf

Originalfotos von Hape Kerkerling

Arme oder ihr Hals zu sehen sind, das bleibt für mich ein Störfaktor. Sie hat dadurch immer etwas Hochoffizielles an sich, als wäre sie nie wirklich privat bei uns und ständig in irgendeinem besonderen Einsatz. Ähnlich wie ein Oberwachtmeister im Dienst. Tante Lisbeth bleibt für mich, bis auf ihr schönes Gesicht, immer eine schwarze oder wahlweise auch graue oder weiße Uniform.

Als ich eines Tages allein mit ihr beim Mittagessen sitze, bringe ich meinen Unmut darüber zum Ausdruck: »Tante Lisbeth, weißt du, was ich richtig doof finde? Dass ich eigentlich überhaupt nicht weiß, wie du wirklich aussiehst. Kannst du mir nicht mal wenigstens kurz deine Haare zeigen? Ich würde so gern wissen, wie du aussiehst! Und wieso bist du eigentlich nicht verheiratet?«

Meine Tante prustet laut los: »Tja, wie soll ich dir das erklären? Ich darf niemandem meine Haare zeigen. Das ist eine Vorschrift meines Ordens, an die ich mich gerne halte. Es gehört zu meinem Gelübde. Und verheiratet bin ich übrigens!«

»Waaas? Du bist verheiratet ... und wieso kommt dein Mann nie mit zu uns?«, poltert es angesichts dieser spektakulären Fakten erstaunt aus mir heraus.

»Hans-Peter, ich bin eine Braut Christi! So nennt man das«, versucht meine Tante eine vorsichtige Erklärung.

»Aha, das heißt, du bist mit dem lieben Gott persönlich verheiratet?«, flüstere ich durchaus beeindruckt und voller Ehrfurcht.

»Ja, so ähnlich könnte man das wohl sagen.«

Auch wenn das Gespräch hier zunächst beendet ist, schaut meine Tante mich an, als wäre ihr bewusst, dass sie mir die eigentliche Antwort auf meine Frage noch schuldig geblieben ist. Sie scheint überhaupt nicht zufrieden zu sein mit ihrer knappen Erklärung.

Mehrmals am Tag, vor allem aber frühmorgens, zieht sie sich zu religiösen Exerzitien in den Garten zurück. Da herrscht dann absolute Ruhe im und am Haus, damit Schwester Mafaldis sich ungestört dieser besonderen Art von Zwiegespräch mit Gott – also mit ihrem Ehemann – widmen kann. Diese Zeit ist ihr und der ganzen Familie in jeder Hinsicht heilig.

Eines Morgens, es ist noch dunkel, klopft es zaghaft an die Tür meines Kinderzimmers. Im Halbdunkel vernehme ich eine laut flüsternde Stimme.

»Hans-Peter? Bist du wach? Hier ist Tante Lisbeth. Darf ich mal kurz reinkommen?«

Vollkommen verschlafen flüstere ich zurück: »Ja, Tante Lisbeth, komm rein. Was ist denn?«

Die Tür öffnet sich, und die verschwommene Silhouette meiner Tante bewegt sich im Düsteren auf Zehenspitzen in mein Zimmer. Sie betätigt den Lichtschalter, und es wird mit einem Schlag taghell im Zimmer. Vor Schreck traue ich meinen halb zugekniffenen Augen nicht, denn da steht Tante Lisbeth im bunt geblümten Morgenmantel meiner Mutter und in grünen Plüschpantoffeln. Zum ersten Mal sehe ich ihre geheimnisumwitterten Haare! Sie trägt einen flotten graublonden Kurzhaarschnitt. Sie sieht gut aus. Richtig gut.

Meine Tante strahlt übers ganze Gesicht und flüstert: »So, jetzt weißt du, wie ich aussehe.«

Einem äußerst schüchternen Fotomodell gleich setzt sie zu einer grazil choreografierten und behänden Körperdrehung an, an deren Ende sie die Hand wieder gekonnt zum

Lichtschalter führt und fragt: »Hast du meine Haare jetzt gesehen, Hans-Peter?«

»Ja! Du siehst toll aus, Tante Lisbeth!«, hauche ich begeistert.

»Gut. Dann schlaf jetzt weiter. Ich wecke dich nachher zum Frühstück.«

Mit diesem Satz erlischt das Licht schlagartig wieder, und Tante Lisbeths Silhouette verschwindet so flugs aus meinem Zimmer, wie sie aufgetaucht ist. Für eine Sekunde frage ich mich: Habe ich das jetzt wirklich gesehen, oder war es ein schöner Traum?

Das ist ein enormer Vertrauensbeweis, den sie mir da so unerwartet geliefert hat. Gut vierzig Jahre später wird sie als fast hundertjährige Ordensschwester einen friedvollen Vertrauensbeweis von mir sanft und mit großer Selbstverständlichkeit einfordern.

Tante Elisabeths Gegenwart tut meiner Mutter sichtlich gut. Und wie ich aus späteren Gesprächen mit meiner Großtante weiß, versucht sie in jener Zeit, auf meine Mutter einzuwirken. Mehrfach rät sie ihr in vertraulichen Vier-Augen-Gesprächen dazu, sich dringend einer psychotherapeutischen Behandlung zu unterziehen. Dabei soll meine Mutter Sätze gesagt haben wie: »Ich kann einfach nicht mehr. Ich bin am Ende meiner Kräfte ...«

Nichts lässt Schwester Mafaldis in dieser Zeit unversucht, um die Augen der Familie auf das sich immer weiter zuspitzende seelische und gesundheitliche Problem meiner Mutter zu lenken. Eine Zeit lang zeigt der enorme Einfluss meiner Großtante auch positive Wirkung. Meine Mutter sucht sich tatsächlich kompetente medizinische und psychologische Hilfe.

Aber nach Tante Lisbeths Rückkehr in ihr geliebtes und ruheverwöhntes Kloster verschlimmert sich alles nur noch mehr. Die entzündeten Kiefer- und Nebenhöhlen meiner Mutter spielen total verrückt. Von extremen Dauerschmerzen geplagt, kann meine Mutter ihren normalen Alltag bald nicht mehr bewältigen. Wie ein Häufchen Elend sitzt sie manchmal leise weinend auf einem Stuhl vor dem Küchenfenster und blickt dabei starr auf den blühenden gelben Ginster im Hof. Mich nimmt sie dann gar nicht mehr wahr.

Nur noch eine Operation kann sie von diesen quälenden Dauerschmerzen befreien. Schweren Herzens entschließt sie sich, den nicht ganz ungefährlichen Eingriff vornehmen zu lassen. Mehrere Wochen verbringt sie in einer weit entfernten Spezialklinik, in der wir sie nicht einmal besuchen können.

In dieser Zeit zieht nun meine Oma Bertha zu uns. Wir beide ahnen natürlich nicht, dass unser Zusammensein nur das Probetraining sein soll für die sich bald anschließende dauerhafte Wohngemeinschaft meiner bald 72-jährigen und körperlich bereits schwer angeschlagenen Großmutter mit meinem Bruder und mir.

Oma Bertha ist, wie der Himmel es will, eine Großmutter wie aus dem Bilderbuch. Bedingungslos lieb, sanftmütig, herzensgut, eine sagenhafte Köchin, ernsthaft, still, trotzdem humorvoll, außerdem die Bescheidenheit in Person. Und gelegentlich erheiternd eitel!

»Alles für die, die es nötiger haben als ich, für mich nicht einmal den Rest!«

So könnte man ihr frugales Lebensmotto knapp auf den Punkt bringen.

Die bereits zwei Jahre andauernden Kapriolen meiner Mutter haben offensichtlich an meinen kindlichen Nerven gezehrt. Das Leben mit meiner gutmütigen Oma ist wie eine wonnige Erholungskur für mich und meinen zurückgekehrten Bruder, auch wenn wir meine Mutter natürlich in dieser Zeit schrecklich vermissen.

Wenn mir jetzt bei Tisch etwas umfällt, zucke ich zwar regelmäßig in Erwartung eines grollenden Donnerwetters ängstlich zusammen, aber Oma stört sich am Missgeschick entweder gar nicht, oder sie lässt sich höchstens schelmisch lächelnd zu einem kurzen Kommentar herab: »Hans-Peter! Erst hingucken, dann hingreifen. Bitte nicht umgekehrt. Das macht es uns beiden leichter.«

Sie ist geistig deutlich jünger als ihr tatsächliches Lebensalter, aber körperlich ist sie im wahrsten Sinne des Wortes nicht mehr gut zu Fuß. Nach einem von harter körperlicher Arbeit geprägten Leben steht ihre rechte Hüfte kurz davor, den Dienst zu quittieren. Also hangelt sie sich täglich, und das manchmal über Stunden, schwer hinkend an der Kücheneinrichtung entlang. Vom Herd zum Spülbecken und dann hinüber zur Anrichte. Besonders akrobatisch wirkt es, wenn sie dabei noch eine schwere, mit einem Rollbraten gefüllte Kasserolle mühsam in einer Hand balanciert. Da kann ich, der ich am Küchentisch meine Hausaufgaben erledige, nur mit offenem Mund staunen.

Es ist nur noch eine Frage der Zeit, bis auch die linke Hüfte das Defizit ihrer rechten Hälfte nicht mehr wird ausgleichen können. Dreimal wird Oma Bertha sich in den folgenden fünf Jahren einer radikalen Hüftoperation unterziehen müssen.

Einmal bricht das frische künstliche Hüftgelenk knapp zwei Monate nach der ersten Operation, weil Oma sich natürlich nicht schont, wie es von den Ärzten strikt angeordnet war, sondern so tut, als wäre gar nichts Schlimmes vorgefallen. Darin ist Oma Bertha Meisterin.

Die Welt geht unter, und Oma macht erst mal das Haus sauber, um danach wie immer einen wohlverdienten Kaffee und manchmal auch einen kleinen Eierlikör zu trinken.

Ihr einziger Kommentar zur gebrochenen Hüfte lautet: »Diese Orthopäden haben wirklich eine selten naive Vorstellung von meinem Leben. Ich bin hier zu Hause täglich gefordert, da sollen sie mir gefälligst etwas Anständiges einpflanzen, das ein paar Jahre hält! Na, denen werde ich was erzählen im Krankenhaus!«

Die schwere Hausarbeit ist eine echte Tortur für meine Oma. Es ist fast ein Wunder, dass sie überhaupt noch damit fertig wird. Sie stürzt dabei kein einziges Mal, auch wenn es immer so aussieht, als würde genau das jeden Moment passieren. Wenn ich sie besorgt beobachte, merkt sie das sofort, selbst wenn sie mir den Rücken zuwendet. Nichts ist ihr peinlicher, als dass jemand ihre starke Gehbehinderung wahrnimmt.

»Das Wetter ändert sich, Hans-Peter! Da humpele ich manchmal ein bisschen! Das ist nix Schlimmes. Wenn die Sonne scheint, geht das wieder weg!«

Nur einmal traue ich mich, sie zögerlich zu fragen: »Oma, wäre es nicht besser, wenn du dir einen Stock zulegst?«

Ihre empörte Antwort verblüfft mich zutiefst: »Aber Hans-Peter, ich bitte dich! Ein Stock ist doch was für alte

Leute. Ich laufe doch nicht am Stock! Das fehlte mir noch. Nein, nein, das kommt überhaupt nicht infrage für mich.«

So ähnlich wird sie sich im weiteren Verlauf ihres – dem Himmel sei Dank – sehr langen Lebens ziemlich erfolgreich auch gegen eine Brille, ein Hörgerät und einen Rollator wehren. Selbst als sie bereits jenseits der neunzig ist, verweigert sie alle Hilfsgeräte und behauptet, sie sei dafür einfach noch zu jung.

Später, als ich erwachsen bin, nimmt sie mich einmal bei Tisch still zur Seite, wirft einen skeptischen Blick auf meinen inzwischen fast siebzigjährigen Vater und flüstert mir besorgt ins Ohr:

»Himmel! Was ist dein Vater alt geworden! Sehe ich etwa auch so alt aus, Hans-Peter?« Worauf ich natürlich stolz und gespielt entrüstet zurückflüstere: »Oma, wo denkst du hin! Du doch nicht!«

Das nimmt sie mit großer Genugtuung zur Kenntnis und grummelt fröhlich: »Wusste ich's doch!«

Dann wendet sie sich fürsorglich meinem Vater zu, wobei sie wie mit einem Opa etwas lauter spricht als gewöhnlich: »Heinz, du solltest dir mal eine Faltencreme kaufen!«

Was mein Vater mit einem tosenden Lachanfall quittiert und der Feststellung: »Unsere Oma! Du bist ja wirklich ohne Worte! Wenn's dich nicht gäbe, Bertha, man müsste dich glatt erfinden!«

Als Oma 95-jährig, nahezu bewegungsunfähig und bereits schwer unter Demenz leidend in ihrem Lieblingssessel sitzt, frage ich sie einmal: »Sag mal, Oma, was glaubst du denn, wie alt du jetzt eigentlich bist?«

Auch hier ist ihre Antwort wieder verblüffend und wie immer nicht unkomisch: »Aber Hans-Peter, jetzt weißt du nicht einmal mehr, wie alt ich bin? Was soll ich denn jetzt davon halten? Ich bin 36! Das weißt du doch.«

Lachend erlaube ich mir zu antworten: »Ach ja, Oma. Stimmt! Das hatte ich doch glatt vergessen ...«

Meine Oma zündet eben manchmal auch etwas unfreiwillig die eine oder andere Humorrakete. Sie ist ein würdevolles, kraftvolles kleines Unikum. Oma hat sich von ihrem 36. Lebensjahr an bis zu ihrem Lebensende konstant wie 36 gefühlt.

Nach einigen Wochen kehrt meine Mutter aus dem Krankenhaus zurück und macht einen sehr erholten und ziemlich erfrischten Eindruck. Sie freut sich maßlos, ihre Söhne wiederzusehen, und Oma Bertha ist nicht nur heilfroh darüber, dass meine Mutter wieder gesundet erscheint, sondern auch darüber, endlich in ihr eigenes Haus und in die Ruhe der ländlichen Idylle zurückkehren zu können.

Sie fühlt sich in unserem Haus mitten in der Stadt einfach nicht wohl. Sie mag den grauen alten Kasten nicht, da kann sich das Haus auf den Kopf stellen oder vor ihr auf die Knie fallen. Das wird sich nie ändern. Und unanstrengend war die Zeit mit meinem Bruder und mir für sie gewiss nicht.

Als sie mit ihrem Koffer in der Tür steht und sich von uns Jungs bereits unter Tränen verabschiedet hat, glaubt sie, dass mein Bruder und ich nicht mehr hören können, was sie meiner Mutter nun flüsternd noch sagen will. Mein Bruder ist auch tatsächlich brav in sein Zimmer gegangen, mich hält jedoch die Neugierde zurück, und so belausche ich den Dialog, den Oma mit folgenden Worten beginnt: »Geht es dir denn jetzt wirklich besser, Margret? Du siehst auf jeden Fall viel gesünder aus.«

»Doch, Mutter, es geht mir besser. Mach dir mal keine Sorgen. Im Moment sind der Geruchs- und Geschmackssinn durch die Operation zwar noch eingeschränkt, aber das soll sich mit der Zeit legen. Das haben die Ärzte gesagt.«

»Aha ... der Geschmackssinn ist eingeschränkt? Was heißt denn das genau? Soll ich nicht doch noch ein paar Tage bleiben und dir mit den Jungs helfen? Dann hättest du endlich mal ein bisschen Freizeit.«

Meine Mutter wiegelt etwas unentschlossen ab: »Nein, du hast schon so viel für uns getan ... Wie haben die Jungs sich denn angestellt? Haben sie sich gut benommen?«

Oma spricht noch leiser: »Also, Josef war ganz lieb. Er hat mir bei allem geholfen. Weißt du was, Margret? Er ist fast zu lieb. Der Junge ist zu gutmütig. Er muss doch auch mal widersprechen, findest du nicht?«

Meine Mutter lauscht andächtig, scheinbar erkennt sie sich selbst in meinem Bruder wieder und will natürlich nun wissen: »Und Hans-Peter?«

Meine Oma lacht herzerfrischend: »Ach, um den mache ich mir gar keine Sorgen. Der hat ja einen Durchsetzungswillen! Dass der mal nicht so wird wie seine Oma Änne und uns allen irgendwann fröhlich auf dem Kopf herumtanzt. Und ehrgeizig ist er!«

Ob sich meine Mutter auch in dieser Beschreibung wiedererkennt? Ein bisschen erschrecke ich mich vor dem kleinen Jungen, den Oma da beschreibt und der ich in ihren Augen zu sein scheine. Bin ich wirklich so durchsetzungsfähig und ehrgeizig?

Oma hat das verflixt gut beobachtet, und es wird bald ihre vornehmste Aufgabe sein, diese Gegensätze zwischen meinem Bruder und mir auszubalancieren. Sie wird dabei vorgehen, wie es typisch für sie ist: ziemlich erfolgreich, ihrerseits gutmütig, aber auch höchst ehrgeizig. Ach, Oma, wir zwei sind uns viel ähnlicher, als du denkst!

KAPITEL 12

AN DER SEITE EINES TAUMELNDEN STERNS

*Jeden Tag schlägt
eine andere Tür
für immer zu.*

Meine größte Angst nach dem Tod meiner Mutter war, dass sie von der Welt eines Tages vergessen sein würde, ohne bleibende Spuren hinterlassen zu haben. Ihr Grab existiert heute, über vierzig Jahre nach ihrem Tod, nicht mehr. In mir aber lebt meine Mutter weiter. Die bleibenden Spuren, die sie aus reiner Kraftlosigkeit in der Welt nicht mehr hinterlassen konnte, will ich nun hoffentlich in ihrem Sinne nachträglich zeichnen.

Es stellt sich bei genauerer Untersuchung bald heraus, dass der angeblich vorübergehende Verlust des Geruchs- und Geschmackssinns ein nicht mehr zu behebender ärztlicher und operativer Kunstfehler ist. Im Jahre 1972 klagt man gegen so einen Unfall nicht etwa vor Gericht, sondern hat den Schaden einfach hinzunehmen, nach dem Motto: *Shit happens.*

Da kann man noch so wütend werden über die ungerechten Zufälligkeiten in dieser Welt, es ändert sich dennoch nichts daran.

Der dauerhafte Verlust dieser beiden elementaren Sinne stellt für meine Mutter eine unvorstellbare Beeinträchtigung der Lebensqualität dar und wird sie ihrem Ende nun regelrecht entgegentreiben. Mutter verliert die Sinne des Lebens.

Veilchenduft oder angebranntes Essen. Sie kann es nicht mehr auseinanderhalten. Das führt mitunter zu grotesken Situationen. Sie parfümiert sich so stark und so lange, bis sie glaubt, den Duft doch noch wahrnehmen zu können. Meine Mutter riecht nun manchmal wie eine Parfümfabrik.

Die unendlichen Dimensionen des Schmeckens und Riechens verschließen sich ihr für immer. Das Kochen wird zu einer nervenaufreibenden und manchmal unlösbaren Aufgabe. Sie weiß einfach nicht mehr genau, was sie da tut. Die Qualität des Essens hängt nun mehr und mehr von meinen Geschmacksnerven ab: »Hans-Peter, probier das bitte mal! Kann man das so auf den Tisch bringen?«

Mein 15-jähriger Bruder entwickelt in dieser Zeit den verständlichen und nachvollziehbaren Wunsch, einmal ein großer Sternekoch zu werden, und stellt sich nun höchstselbst immer wieder an den Herd, und was er da so zaubert, ist äußerst beeindruckend. Meiner geschmacksblinden Mama versuche ich dann, das Aroma der Speisen in schillernden Worten zu beschreiben, um sie dadurch am Genuss teilhaben zu lassen. Ihr mundet jedoch nichts von dem, was mein Bruder für uns kocht.

Ständig reißt sie panisch alle Fenster und Türen auf, da sie vermutet, es könnten sich üble Gerüche in der Wohnung festsetzen, die sie nicht mehr wahrnehmen kann. Fischgerichte verschwinden völlig aus ihrem Repertoire. Am schlimmsten aber ist es zu sehen, mit welcher Lustlosigkeit sie sich selbst zwangsernährt. Sie verliert völlig das

Interesse an der Nahrungsaufnahme und magert innerhalb kürzester Zeit bedrohlich ab. Eigentlich nimmt sie nur noch, und das allein am Tisch sitzend, Salat zu sich. Den kann sie zwar auch nicht schmecken, aber der ist wenigstens hörbar knackig und täuscht somit eine Art von frischem Geschmack vor. Alles andere schmeckt nur noch wie Pappe.

Sie kapselt sich immer mehr ab. Gesellschaften meidet sie nun konsequent. Es ist verrückt, wie schnell das Leben durch den Verlust dieser Sinne unmöglich wird. Jeden Tag schlägt eine andere Tür für immer zu. Tausende von Möglichkeiten enden immer in ein und derselben geschmacklosen Sackgasse.

Mein Gott, wie sehr erfreut man sich an einem deftigen Braten mit Soße, einem Zitroneneis oder einem gerösteten Kaffee. Wie herrlich duften Blumen, der Frühling, ein Kornfeld, ein Garten oder ein Apfelstrudel.

Der vormals so geliebte Kaffee ist für meine Mutter nichts anderes als eine warme braune Brühe. Sie könnte auch einen Becher mit brauner Wasserfarbe trinken, er würde haargenauso schmecken. Das sagt sie auch so. Der Sinn des Lebens ist ausgeschaltet. Alles wird jetzt »sinnlos«. Sogar sich selbst erlebt sie als unerträglich. Absolut unvorhersehbar schwankt sie manchmal zwischen den Sätzen »Ach, Hans-Peter, wenn ich dich nicht hätte!« und »Ihr bringt mich alle noch ins Grab!«.

Immer öfter steht nun ihre Schwester Gertrud unangemeldet und frisch onduliert vor der Tür – gemeinsam mit ihrem ebenfalls frisch frisierten feuerroten Sportwagen-Cabriolet – und zwingt meine Mutter, ihren schwachen Widerspruch gekonnt ignorierend, zu ausladenden Einkaufstouren, spontanen und überteuerten Friseur- und Kosmetiksalonbesuchen oder Tagesausflügen in die Freizeitparks der näheren Umgebung.

Man kann über die wilde Tante Gertrud und ihren modischen Geschmack sagen, was man will, aber sie versteht zu leben. Da ist sie ganz wie ihre Mutter Änne. Diese Zwangsausflüge verfehlen deshalb ihre positive Wirkung nie. Wenn sie von einem dieser Nachmittage wieder nach Hause kommt, geht es meiner Mutter stets ein wenig besser.

An den Wochenenden, an denen mein Vater mal wieder arbeitet, steht auch meine inzwischen erwachsene und bildhübsche Cousine manchmal unangemeldet in der Wohnung und führt, ähnlich wie ihre Großmutter, einen beschwingten Kommandoton im Munde: »Tante Margret, du versauerst mir hier! Pack dir ein hübsches Kleid ein. Ich fahre mit dir übers Wochenende raus. Hans-Peter kann bei Opa Willi nebenan bleiben. Der kann ihn dann wieder mit Schokoladenpudding vollstopfen!«

Sosehr die engsten Verwandten auch um Mamas Zerstreuung bemüht sind, es hilft alles nichts. Sie alle haben zwar Oma Ännes Maxime verinnerlicht: »Nimm dir stets lächelnd so viel von der Welt, wie du eben kannst!« Aber das ist nun einmal nicht das Lebensmotto meiner Mutter. Wenn ich es heute recht bedenke, wäre sie, ihrer sanft-heiteren und kontemplativen Natur entsprechend, als stille und gottesfürchtige Nonne in einem duftenden, geordneten Klostergarten am besten aufgehoben gewesen.

Wie zum Ausgleich entwickele ich in dieser dunklen Zeit des Jahres 1972 eine brutale Migräne, die mich wenigstens einmal im Monat völlig außer Gefecht setzt. In einem abgedunkelten Raum muss ich einen ganz Tag lang liegend auf das Abklingen der Übelkeit und der stechenden Schmerzen warten. Diese Anfälle beginnen immer mit einer Sehstörung, dem sogenannten Gesichtsfeldausfall, um sich dann langsam in ein schweres Krankheitsgefühl, begleitet von extremer Geräusch- und Lichtempfindlichkeit, zu verwandeln.

Das sind dann die wenigen Tage, an denen meine Mutter ihre eigene Krankheit vergisst. Meine schlimmen Attacken zwingen sie dazu, ihr seelisches Gleichgewicht schlagartig wiederzufinden. So schlimm es mir dann auch gehen mag, meine Mutter ist in diesen Momenten fast wieder die Alte. Tröstend, humorvoll und ganz zurück im Leben. Durch mein Leiden verringert sich das ihrige erheblich, zumindest zeitweise.

Ein Neurologe diagnostiziert bei mir eine Migraine accompagnee, eine seltene Form des Kopfschmerzes, die bei Kindern vor allem durch Überforderung und Stress ausgelöst werden kann. Ob ich denn Probleme in der Schule hätte, will der nette Professor Treichel von mir wissen, was ich natürlich bejahen muss, da ich mich, bedingt durch die häusliche Situation, eigentlich so gut wie gar nicht mehr um die Erledigung meiner Hausaufgaben kümmern kann. Meine Mutter ist ein Fulltime-Job. Für so nebensächliche Dinge wie Rechnen und Schreiben habe ich da nun wirklich keine Zeit mehr.

Ich solle die Schule mal nicht ganz so ernst nehmen, lautet sein gut gemeinter Rat, den ich ohnehin schon seit geraumer Zeit beherzige.

Ob die vorübergehende Blindheit, die Schmerzen oder die Übelkeit das Schlimmste an meinen Anfällen sind, vermag ich nicht mehr zu sagen. Alles zusammengenommen kommt jedenfalls einer üblen Folter gleich. Erst nach meinem 28. Lebensjahr hören diese monatlichen Migräneattacken wieder auf – so spontan, wie sie gekommen waren.

Wenn mein Vater an den Wochenenden zu Hause ist, herrscht meist eine beunruhigende Stille. Auch er kann meine Mutter kaum noch erreichen, so weit hat sie sich innerlich bereits verschanzt. Sein putzmunteres Wesen muss auf sie jetzt zynisch wirken. Vielleicht erwartet sie still von meinem Vater, dass er mit ihr im Meer dieser Unerträglichkeit des Seins untergeht. Doch das tut er nicht, schon aus Schutzinstinkt seinen Söhnen gegenüber.

Da ich meine Hausaufgaben aus seelischer Überforderung einfach nicht mehr erledigen kann, übernimmt das nun meine Mutter für mich. Sie entwickelt dadurch die fixe Idee, dass ich aufgrund fehlender Intelligenz überhaupt nicht dazu in der Lage sei. So widmet sie sich nun ganz ohne mein Dazutun den an sich lächerlichen Aufgaben in meinem Schulheft. Sie besitzt keinerlei Geduld mehr mit mir. Das von ihr so zu Papier Gebrachte darf ich nicht einmal mehr in meine eigene Handschrift übertragen. Selbst das traut sie mir nicht mehr zu. Manchmal sitze ich nur fassungslos daneben und könnte laut schreien. Das aber hätte schon gar keinen Sinn. Also heißt es für mich vor allem: Ruhe und Überblick bewahren. Bloß nicht durchdrehen.

Mit einem extrem mulmigen Gefühl gehe ich jeden Morgen in die Schule. Merkt meine Klassenlehrerin Frau Klöker etwas? Was mache ich, wenn sie mein Heft mal sehen will? Was sage ich dann?

Eines Tages ist es dann erwartungsgemäß so weit.

»Wer hat denn das geschrieben? Hans-Peter, das ist doch gar nicht deine Handschrift!«

Mit diesen Worten steht die sonst so verständnisvolle Lehrerin plötzlich hinter mir und deutet mit ihrem klopfenden Zeigefinger in mein Heft. Tja, was soll ich da sagen? Am besten die Wahrheit: »Das hat meine Mutter geschrieben.«

Frau Klöker schaut mich vollkommen irritiert an und will das Thema offensichtlich und klugerweise nicht vor der ganzen Klasse vertiefen. Stattdessen beugt sie sich zu mir herunter und spricht nun etwas leiser: »Bleibst du nach dem Unterricht bitte noch mal einen Moment hier?«

Und so stehe ich am Ende der Stunde in Erwartung einer Gardinenpredigt mit gesenktem Kopf allein vor ihrem Pult. Aber es kommt anders als vermutet.

»Hans-Peter, wieso macht denn deine Mutter deine Hausaufgaben? Die solltest du erledigen, nicht sie«, fragt mich Frau Klöker verständnisvoll und auf eine plausible Erklärung hoffend, während sie ziemlich schockiert in meinem Schulheft blättert und über die vielen von meiner Mutter erledigten Hausaufgaben nur staunen kann.

»Sie sagt: Sie kann das besser als ich«, gebe ich wahrheitsgetreu zu Protokoll.

»Was? Hat sie das wirklich gesagt?«

Ich nicke nur stumm. Ich traue mich nicht, ihr die ganze Wahrheit zu erzählen, zu sehr schäme ich mich dafür.

»Sag deiner Mutter bitte, dass ich sie morgen dringend sprechen will, und sag ihr ruhig auch, dass du wegen dieser nicht erledigten Hausarbeiten eine Menge Ärger mit mir bekommen hast. Okay? Wollen wir das so machen?«

Frau Klöker lächelt mich breit an und fährt mir mit der Hand vertraulich durch die Haare.

Auf dem Nachhauseweg kann ich nach langer Zeit wieder einmal befreit durchatmen. Frau Klöker ist jetzt so etwas wie eine starke Verbündete im Kampf gegen die Windmühlen im Kopf meiner Mutter.

»Wie war es heute in der Schule?«, lautet die obligatorische Frage, als ich das Haus betrete.

Diesen Triumph kann ich mir nicht verkneifen und erkläre ziemlich gut gelaunt, fast flötend vor Freude: »Schlecht! Frau Klöker hat mich angeschrien wegen deiner Hausaufgaben. Ich musste ihr das natürlich erklären. Du sollst morgen dringend in die Schule kommen.«

Meine Mutter führt ein scheinbar äußerst ergiebiges Gespräch mit meiner Klassenlehrerin und ändert daraufhin ihr Verhalten radikal, zumindest bezüglich der Beaufsichtigung meiner Hausaufgaben.

In völliger Ruhe lässt sie mich nun am Küchentisch meines Opas arbeiten und kontrolliert nicht mehr ständig jeden Halbsatz, den ich zu Papier bringe. Das Korrekturlesen meiner Hausaufgaben überlässt sie, da ich schon mal in dessen Wohnung arbeite, nun auch ihrem Vater. Opa sieht sich, während wir dabei Schokoladenpudding vertilgen, mit der gebotenen Engelsgeduld meine Ergebnisse an und ist meist auch sehr zufrieden damit. Schließlich verbessern sich meine schulischen Leistungen auch zur Freude von Frau Klöker beträchtlich.

Meine heilige Erstkommunion steht bevor, und meine leidgeprüfte Mutter ist vollkommen überfordert mit der Vorbereitung dieses großen Festes. Gleichzeitig scheint ihr das Beisammensein der Familie eine besondere Herzensangelegenheit zu sein, sie kümmert sich ihrer Erschöpfung zum Trotz akribisch um jedes Detail. Nichts überlässt sie dem Zufall. Von der Sitzordnung bis zur Menüfolge wird zwar unter Wehklagen, aber doch mit der nötigen Hingabe alles minutiös von ihr ausgearbeitet.

Auf meinen Wunsch wird Tante Lisbeth zu meiner Rechten platziert. Alles andere ist mir völlig egal. An jenem besonderen Tag will ich die Nähe zu meiner Tante vor der ganzen Familie demonstrativ herausstellen. Gewissermaßen auch ein kalkulierter Affront meinerseits: Lisbeths gotterfüllte Herzlichkeit soll mich durch den Festtag begleiten. Sie ist nun mal meine Favoritin, mit ihr kann ich mich »vernünftig« unterhalten. Die restliche, zum Teil recht überdrehte Familie darf heute in der hinteren Reihe oder meinetwegen auch am Katzentisch Platz nehmen. Da wissen dann einige von den etwas entfernter verwandten Herrschaften gleich mal, mit wem ich in dieser Riesenfamilie wirklich kann und mit wem eben nicht. Klartext ohne Worte. Oma Änne hätte es geliebt!

Und ganz der Art meiner verstorbenen Großmutter entsprechend throne ich dann, als wäre inzwischen ich zum eigentlichen Familienoberhaupt ausgerufen worden, am Kopf der üppig gedeckten Tafel und schwafle altklug über dieses und jenes.

Bestimmt an die fünfzig Personen finden sich zu diesem Ereignis im späten Mai des Jahres 1973 in unserem Haus und dem schwülstig und fast bedrohlich nach Flieder duftenden Gärtchen ein, um diesen Tag mit mir zu feiern. Ab jetzt gehöre ich als vollwertiges Mitglied zur Gemeinschaft der gläubigen Christen. Gott erkennt mich nun.

Auch ich soll ihn, so heißt es, erkennen können. Gott soll ab der Erstkommunion in seiner eigentlichen Unfassbarkeit für jeden Christen tatsächlich erlebbar sein.

Es gibt auf dieser Feier, abgesehen von Gott und mir, dann allerdings nur ein Thema: den besorgniserregenden Zustand meiner Mutter. Sie sieht einfach schrecklich aus. Fast jeder enge Verwandte nimmt sie früher oder später an diesem herrlich sonnigen Tag zur Seite und versucht sie entweder aufzumuntern oder ihrem Unglück auf den Grund zu fühlen. Vermutlich erlebt meine Mutter diesen Tag wie ihre eigene Beerdigung oder hat ihn tatsächlich als solche geplant. Auch ein Jahr nach dem Tod ihrer Mutter trägt sie noch konsequent Schwarz. Für den eigentlichen und unsichtbaren Anlass dieses Festes ist sie also perfekt gekleidet.

Auf der Gartenparty, die sich an das Mittagessen anschließt, weicht Tante Lisbeth in ihrem schicken weißen Habit nicht von der Seite ihrer Patentochter. Egal, wohin Mama an diesem Tag auch flüchten will, Lisbeth lenkt sie liebevoll, aber bestimmt mit ihrem unnachahmlich sanften Lächeln zurück in den Kreis der Gemeinschaft.

Oma Bertha hingegen ist einfach nur unerträglich nervös und beinahe renitent. Es gelingt ihr nicht im Geringsten, so etwas Ähnliches wie Feststimmung zu entwickeln. Ständig fällt ihr etwas herunter, sie bekleckert sich, oder sie zuckt vollkommen grundlos zusammen, wenn jemand es auch nur wagt, sie freundlich anzusprechen.

Mit demonstrativ verschränkten Armen sitzt sie inmitten der Gästeschar in ihrem Gartenstuhl. Jeder Small Talk ist ihr sichtlich zuwider; über so interessante Dinge wie »das schöne Wetter« und eine bevorstehende »Urlaubsreise« mag sie einfach nicht plaudern. Mit derart oberflächlichen Themen blitzt heute jeder bei ihr ab. Irgendwann schnappt sie sich meine Mutter, als diese zum wiederholten Male an ihr vorbeihuschen will, und drückt sie mit Gewalt in den leeren gepolsterten Gartenstuhl neben sich.

»Du bleibst jetzt hier bei mir sitzen! Hör auf, so nervös hin und her zu rennen. Du machst mich wahnsinnig, Margret! Entspann dich jetzt bitte mal!«, sagt sie in ungewöhnlich strengem Befehlston, während sie dabei unwillkürlich die Hand meiner Mutter festhält und tätschelt. Aber lange hält es meine Mutter auch auf diesem Platz nicht aus. Sinnlos läuft sie wieder hin und her, ohne auch nur eine Minute bei irgendjemandem stehen oder sitzen bleiben zu wollen. Wie ihr eigener Geist oder Schatten bewegt sie sich unruhig durch die fröhliche Menschenmenge.

Zum letzten Mal sieht sie bei dieser Gelegenheit all ihre Verwandten. Wenn ich mir heute die Bilder von meiner Mutter an jenem Tag ansehe, dann glaube ich, dass sie bereits genau wusste, wann und wie sie sich das Leben nehmen würde. Der Entschluss steht ihr ins Gesicht geschrieben. Ich selbst sehe auf jenen Fotos aus wie ein unglückliches Kind, das dringend mal jemand zur Entfettungskur hätte schicken sollen. Im Verlauf der vorausgegangenen zwei Jahre bin ich immer dicker und dicker geworden. Wenn alles so weitergeht wie bisher, werde ich bald platzen. Diese für Ruhrgebietsverhältnisse geradezu pompöse Kommunionsfeier soll für mich jedenfalls der harte Schlussstrich unter meine Kindheit werden.

In den wenigen Wochen, die meiner Mutter noch bleiben, sitzt sie fast jeden Tag stundenlang auf einem Stuhl vor dem Küchenfenster und schaut nicht einmal mehr hinaus auf den herrlich blühenden gelben Ginster im Hof, sondern immer nur stur in Richtung der geschlossenen Küchentür. Ihre Hände liegen regungslos in ihrem Schoß. Sie ist kaum noch ansprechbar. Wir sind immer allein bei diesen Gelegenheiten. Niemand kommt mehr und hilft. Es ist wahrscheinlich einfach zu spät dafür. Die zunehmend bleierne Stille im Haus wird unerträglich. Manchmal wünsche ich mir dann sehnlich einen ihrer Tobsuchtsanfälle zurück. Wer wütend ist, ist wenigstens noch lebendig. Selbst Opa, der direkt gegenüber wohnt, macht sich nun seltsam rar. Wahrscheinlich erträgt er es einfach nicht, seine Tochter in diesem erbarmungswürdigen Zustand zu erleben.

Dabei ist das Jahr 1973 mit einem besonders strahlenden Sommer gesegnet. Bei so einem Bombenwetter gehört ein Kind eigentlich auf die Straße, in die Kraft spendende Natur oder ins Freibadgetümmel, aber gewiss nicht an die Seite eines verglühenden und taumelnden Sterns.

Nicht, dass meine Mutter mich auch nur ansatzweise dazu zwingen würde, bei ihr zu bleiben. Dazu ist sie ja gar nicht mehr in der Lage. Aber genau deshalb weiche ich eben nicht von ihrer Seite.

Eine unerhörte Katastrophe sehe ich da auf mich zurollen. Oft träume ich in der Nacht von riesigen Felsen, die mich zerquetschen wollen. Ich muss mich wehren. Mit meinen Mitteln.

In diesen düsteren Stunden, in denen meine Mutter geistesabwesend und wie angeklebt auf ihrem Stuhl am Küchenfenster hockt, mache ich direkt vor ihren Augen so lange Faxen und Nonsens, bis sie meiner kindlich naiven Inszenierung irgendwann einfach nicht mehr widerstehen kann und notgedrungen lachen muss. Alles Mögliche lasse ich mir einfallen. Ich imitiere Roy Black, Cindy und Bert, Peter Alexander, Theo Lingen oder Hans Moser:

»Megn S' vielleicht aan Hairigen, gnä' Fraa? Da fühlen S' eaner glaach bessa!«

Auch Kostproben aus dem Schaffen des unvergleichlichen Jürgen von Manger gebe ich zum Besten: »Da genau in die Vitrine, wo der alte Oppa sich gerade anlehnt, da liegen die Kronjuwelen vonne Lisbeth Windsor drin! Wussten Se dat schon?«

Alles, was mir halt so in den Sinn kommt und wovon ich annehme, dass meine Mutter am Ende darüber wird lachen müssen, trage ich inbrünstig und gern im Stile einer überreizten Knallcharge vor. Dabei schwinge ich immer einen alten Kochlöffel als Mikrofonattrappe in der Hand durch die fiktive Bühnenluft. Und manchmal streife ich mir ein geblümtes Nachthemd über und gebe Filmszenen der von meiner Mutter so verehrten großen Komödiantin Grethe Weiser zum Besten.

Unsere sächsischen und ostpreußischen Nachbarn äffe ich nach, so wie sie sich fast täglich über den Gartenzaun hinweg laut über wiederum andere Nachbarn unterhalten. Ach Gott, was sie halt so tratschen, wenn sie das Leben der anderen verhackstücken und auseinanderpflücken. Wer zu dick ist, wer den Rasen dringend wieder mähen müsste, wessen Dach mal gemacht werden sollte und ähnlich nebensächlicher Kram, der die Gedankenwelt unserer Nachbarn besetzt zu haben scheint. All das wird zu meinem Unterhaltungsrepertoire.

Ich weiß, ich muss es besonders gut machen und mir immer etwas Überraschendes und gänzlich Unerwartetes einfallen lassen, sonst lacht sie nicht. Der von mir gesetzte Lachimpuls muss so stark und überzogen sein, dass er sie aus ihrer eingeübten Trauerroutine herausreißt. Und so lerne ich, der schieren Ausweglosigkeit gehorchend, das perfekte Timing. Denn wenn die Pointe einigermaßen sitzt, lacht meine Mutter tatsächlich. Manchmal sogar laut. Dann gelingt es mir wie durch ein Wunder, sie zum Aufstehen zu bewegen, und das Leben geht relativ normal weiter. Dann ist meine kleine komische Mission erfüllt.

»Siehst du, Mama, jetzt geht es dir wieder besser!«, seufze ich dann erleichtert. Verdammt noch mal! Lachen ist die beste Medizin. Woher ich selbst allerdings diese unverbrüchlich gute Laune hole, ist mir im Rückblick ein ziemliches Rätsel.

Sicherlich, ich bin eine vielleicht gelungene genetische Mischung aus meinen beiden Großmüttern, die eine leidensfähig und still optimistisch, die andere extrovertiert und mit der Welt zu ihren Füßen. Das rettet mich vermutlich. Und außerdem: Einer muss den Laden ja schließlich zusammenhalten. Kinder haben ganz erstaunliche Reserven, wenn es um die Selbstheilung geht. Was mir damals hilft, ist meine Hoffnung: dass der liebe Gott oder einer seiner Engel die Sache schon richten wird.

»Leg alles still in Gottes Hände!«

Dieser Spruch prangt über zwei kitschigen betenden Händen als grober Holzschnitt über unserer Eckbank in der Küche. Genau daran halte ich mich. Erstens habe ich gar keine andere Wahl, und zweitens sehe ich nicht den geringsten Grund dafür, an der Wirksamkeit dieser Empfehlung zu zweifeln.

Wenn kein noch so lustiger Gag mehr helfen will, lege ich aus purer Verzweiflung alte Schlagerplatten auf.

»Komm, Mama, du singst doch so gerne. Sing mit!«

Einem überdrehten Animateur gleich, versuche ich sie zum Mitmachen zu bewegen. Tut sie es nicht, singe ich halt lautstark und vergnügt an ihrer Stelle. Meine radikale Friss-oder-stirb-Therapie zeigt manchmal Ansätze von Erfolg, und sie summt verhalten mit.

Wenn sie besonders selbstzerstörerisch gestimmt ist, hilft mein »Lustigsein« leider gar nichts. Dann verkrieche ich mich zum stillen Malen in mein Zimmer und warte geduldig, bis sie wieder halbwegs ansprechbar ist.

Mit meinen Spielkameraden treffe ich mich nur noch selten. Das, was sich da in unserem Haus tagtäglich abspielt, ist für mein kindliches Empfinden weit entfernt von jeder Normalität, und dementsprechend traue ich mich nicht mehr so recht unter die Leute. Was, wenn mir jemand blöde Fragen stellt? Nach dem Motto: »Deine Mutter habe ich ja ewig nicht mehr gesehen. Was ist denn mit ihr?«

Zu Beginn der Sommerferien wird es meinem Opa allmählich doch zu bunt, und er blafft meinen Vater kurz vor dem obligatorischen sonntäglichen Kirchgang auf dem hallenden Hausflur lautstark an: »Jetzt ist mal Schluss! Hans-Peter muss hier raus, sonst wird er mir noch verrückt. Der Junge muss an die frische Luft! Seit Monaten hockt er zu Hause und muss auf seine kranke Mutter aufpassen. Du bist ja nie da und erlebst das Theater nicht mit, das sich hier abspielt. Du wirst dir bald eine andere Stelle suchen müssen. Lange schaue ich mir dieses Trauerspiel nämlich nicht mehr mit an, dann lasse ich meine Tochter rigoros einweisen! Und am Dienstag nehme ich den Jungen und fahre mit ihm weg. Da könnt ihr euch auf den Kopf stellen.«

Mein Vater versucht eingeschüchtert dagegenzuhalten: »Ja ... aber ...«

Weiter kommt er nicht. Den letzten Satz seines wutentbrannten Monologs brüllt mein Opa so laut, dass er kaum noch zu verstehen ist: »Das – diskutiere – ich – nicht – mit – euch! Basta!«

Kurz entschlossen flüchten Opa, zunächst sehr übel gelaunt, und ich, wie von einer schweren Last befreit, in einen zweiwöchigen und für mich unbeschwerten Wanderurlaub ins Salzburger Land. Es mag zynisch klingen, aber mit dem Motto »Nach uns die Sintflut!« ist unsere damalige Gemütsverfassung relativ gut beschrieben.

Tante Gertrud verschleppt ihrerseits – und mit Opa heimlich abgesprochen – meinen Bruder zu entfernten Verwandten nach Mailand. Meine Mutter und mein Vater verbringen also nach Jahren endlich einmal vierzehn ungestörte Tage miteinander.

Während des ganzen Urlaubs spricht mein Opa kein einziges Mal über irgendetwas Negatives, das mich oder ihn an zu Hause erinnern könnte. Die heitere alpenländische Kulisse streichelt sanft meine von einem unsichtbaren Trauerflor überzogene Kinderseele.

Ich will eine Lederhose, Opa kauft sie. Ich will einen Wanderstock, Opa kauft ihn. Ich will einen Tiroler Hut, Opa kauft uns beiden einen. Ich will ins Kino, Opa auch. Ich will Spaß, Opa macht welchen. Ich will Musik hören, Opa singt schrecklich schief und aus Leibeskräften.

Das stramme Wandern befreit unsere verengten Sinne. Wir sind wie zwei verstoßene Relikte einer besseren Zeit, zu der Änne uns beiden in ihrer rasenden weißen Limousine noch die Schönheit der Welt vor Augen führte.

Zweimal nur telefonieren wir mit zu Hause. Als meine Mutter meine Stimme hört, reagiert sie beim ersten Mal vollkommen gleichgültig, fast schnippisch: »Ach, du bist es! Geht es euch beiden gut?«

Mein Opa, der mit mir in der österreichischen Telefonzelle steht und diese Sätze mithört, beginnt innerlich vor Wut zu kochen. Er entreißt mir den Hörer: »Gib mir mal die Mama!«

Dann schiebt er mich aus der Telefonzelle und ruft mir gequält lächelnd hinterher: »Ich komme gleich!«

Er wendet sich von mir ab, und während er Schilling um Schilling in den Münzeinwurf kullern lässt, beschwört er meine Mutter zornig: »Darf ich dich daran erinnern, dass du gerade mit deinem achtjährigen Sohn telefoniert hast? Der kann rein gar nichts dafür, dass es dir schlecht geht. Wieso freust du dich nicht, wenn er dich anruft, Margret? Und wenn du dich nicht mehr freuen kannst, dann tu wenigstens so! Das bist du ihm schuldig, Margret! ... Margret?«

Mama hat aufgelegt, und Opa kommt kurz danach weinend aus der Telefonzelle. In dem Glauben, ich hätte das Gespräch nicht so genau mitbekommen, versucht er hilflos, seine Geldbörse wieder in der Hosentasche verschwinden zu lassen.

Beim zweiten Mal ist meine Mutter ein wenig besser gelaunt, und ich halte das Telefonat auch zum Wohle meiner eigenen seelischen Gesundheit so knapp und unpersönlich wie möglich. Mein Opa hat indes nicht mehr das geringste Interesse daran, mit seiner Tochter zu sprechen.

»Hallo, Mama, wie ist das Wetter bei euch?«, beginne ich ganz unverfänglich.

»Es regnet seit heute«, sagt meine Mutter und klingt vernebelt und angestrengt freundlich.

Mein Opa, der sein Ohr ebenfalls an der Hörmuschel hat, verdreht genervt die Augen, hält aber diesmal den Mund. Er bedeutet mir, einfach weiterzureden, so als wäre dies ein vollkommen normales Telefonat.

»Ja, hier regnet es seit heute auch. Opa und ich haben im Zimmer Mensch-ärgere-dich-nicht! gespielt. Ich habe gewonnen, Mama!«

»Wie schön ... Ihr könnt mir das ja alles erzählen, wenn ihr wieder zu Hause seid. Dann macht's mal gut!«

Meine Mutter würgt das Telefonat desinteressiert ab und wartet still, bis ich frustriert auflege. Ich bin wie schon so oft sprachlos, aber jetzt auch wütend. Was glaubt sie, wer sie ist? Was habe ich ihr bloß getan?

An diesem Punkt ihrer Krankheit gesellt sich ihrem eigentlichen Charakter eine unerträgliche egoistische Komponente hinzu. Ihre Depression ist mittlerweile vollkommen maßlos vom äußersten Rand in den Mittelpunkt des Weltgeschehens gerückt. So, als dürfte sich nun niemand von uns anderen mehr gut fühlen.

Depressionen sind unbestritten eine entsetzliche Krankheit, aber auch ein zutiefst egoistischer Vorgang. Im Erkennen dieser erschreckenden Tatsache mag für manchen Betroffenen schon der erste Schritt auf dem steinigen Weg zur Gesundung liegen. Man macht nicht nur sich, sondern auch seinen Liebsten das Leben zur Hölle. Deswegen muss man zwar keine Schuldgefühle entwickeln, aber es schadet nicht, wenn man zumindest kurzfristig auch mal vor sich selbst erschrickt.

Ich fühle mich gerade gut und habe mit meinem unternehmungslustigen und bewegungsbegeisterten Opa eine richtig tolle Zeit. Und das, obwohl ihm in der sibirischen Kriegsgefangenschaft mehrere Zehen abgefroren sind, die er sich dann in einem hilflosen Selbstversuch eigenhändig amputieren musste. Opas Leben war mitunter nicht viel mehr als ein »Häufchen Müll«. Ob er den von den Nazis angezettelten Wahnsinn jemals überleben würde, war damals alles andere als gewiss. Auch er ist schwer traumatisiert, und er hätte wahrlich allen Grund zum Jammern und Klagen.

Hallo! Geht's noch? Wir leben und haben beide jetzt Spaß! Das gibt es auch noch.

Margret ist zwar meine Mutter, aber ich bin deshalb noch lange nicht ihr persönliches Eigentum, über welches sie nach Lust und Laune verfügen kann. Ich gehöre mir selbst!, sagte ich mir. Ich passe jetzt selber auf mich auf! Die beiden desillusionierenden Telefonate geben mir tatsächlich den Rest und bringen mich zu dieser Überzeugung.

Und auch mein Opa regt sich nun lautstark über das Verhalten seiner Tochter auf. »Wenn sie so weitermacht, frisst sie uns beide noch mit Haut und Haaren auf!«

Auf dem Weg zurück in unsere Pension lässt er erstmalig unzensiert Dampf ab. Er schimpft wie ein angeschossener Rohrspatz, und egal, was er da wutentbrannt im Eifer des Gefechts so Übertriebenes von sich gibt, ich muss ihm beipflichten. Mein Opa hilft mir also dabei, einen gesunden Abstand zu meiner Mutter zu entwickeln. Ich denke, er hat seit Langem erkannt, dass sie weder körperlich noch seelisch zu retten ist, und will nun wenigstens mich vor dem Schlimmsten bewahren.

Als mein Großvater und ich, blendend erholt, aus dem Österreichurlaub zurückkehren und, mit unseren Koffern und vielen kleinen Geschenken bepackt, in der Wohnung stehen, sitzt meine Mutter wie immer auf dem mir so verhassten Küchenstuhl vor dem Fenster. Wieder blickt sie starr auf die Küchentür und ist eigentlich nicht anwesend. Heute denke ich, dass spätestens ab diesem Zeitpunkt, wahrscheinlich aber schon lange vorher starke Beruhigungstabletten mit im Spiel gewesen sind, die den ohnehin vernebelten Zustand meiner Mutter noch unnötig verschlimmerten.

Die Freude meines Vaters über unsere Rückkehr hält sich ebenfalls in Grenzen. »Mama geht es heute leider nicht so gut!«, sagt er und versucht ein schüchternes Lächeln. Wahrscheinlich erschreckt ihn der Zustand seiner Frau noch mehr als mich, der ich seit Monaten kein anderes Verhalten mehr von ihr kenne. Papa wirkt so hilflos.

»Mama, freust du dich denn gar nicht, dass ich wieder da bin?«, frage ich und stehe wieder einmal ratlos vor ihr. Ich greife vorsichtig nach ihren Händen. Ihre Augen sind so schrecklich müde. Meine Mutter senkt fast verschämt den Kopf, beginnt wie ein kleines Kind still zu weinen und antwortet, einer ferngesteuerten Marionette gleich: »Doch natürlich.«

Dem drängenden Impuls in mir, sie laut und wütend anzuschreien, gebe ich in jenem Moment nicht nach. Sie tut mir so endlos leid, es zerreißt mir das Herz. Warum muss meine Mama so leiden? Ich verstehe es einfach nicht.

Vielleicht fragen sich einige nun: Um Himmels willen, warum hat sie denn niemand in eine Klinik gebracht, damit ihr endlich geholfen werden konnte?

Nun, verständlicherweise wollte meine Mutter nach ihrer traumatischen Kopfoperation nie wieder aus eigenen Stücken in ein Krankenhaus oder gar in eine geschlossene psychiatrische Klinik. »Nur über meine Leiche!« – das hat sie mehrfach so geäußert und sich damit hartnäckig gegen eine mögliche Einweisung gewehrt.

Sie hat kein Vertrauen mehr in die ärztliche Kunst. Da kann mein Vater auf sie einreden, solange er will, und an ihren guten Willen oder ihre Vernunft appellieren. Es nützt nichts.

Er wäre jedoch der Einzige, der hier den Befreiungsschlag gegen den erklärten Willen meiner Mutter hätte wagen können, ist aber, wie viele seiner Generation, geprägt durch die Schrecken des Naziterrors. Er wirkt in dieser ausweglos scheinenden Situation wie gelähmt.

Als knapp siebenjähriger Knirps hat er mitten im idyllischen Gertrudenau, dieser entzückenden roten Bergmannssiedlung in Scherlebeck, ein schockierendes Erlebnis, welches ihn für den Rest seines Lebens prägen soll. Noch heute holt ihn die Erinnerung an diese und andere gruselige Erfahrungen immer wieder ein.

Seine gleichaltrige und heiß geliebte Spielkameradin, die Nachbarstochter Mariechen, ein leicht geistig und psychisch behindertes Mädchen, wird eines Tages »abgeholt« und in eine sogenannte Heilanstalt im hessischen Hadamar »zwangseingewiesen«.

Es ist einer dieser vielen Orte des Schreckens, an welchen die Nazis und ihre willigen Helfer unschuldige Menschen kaltblütig ermorden. Die siebenjährige Marie wird dort planmäßig getötet.

Als mein Vater völlig schockiert von ihrem plötzlichen Tod erfährt, laut Totenschein herbeigeführt durch eine »Lungenentzündung«, entschließt sich seine Mutter, ihm unter dem Siegel der absoluten Verschwiegenheit zu erklären, dass das lebenslustige Mädchen nicht einfach aus heiterem Himmel verstorben ist, sondern aufgrund seiner leichten Behinderung von staatlichen Stellen mit voller Absicht getötet wurde. Mein Gott, wie todesmutig von meiner Großmutter!

So viel zu einem der wahrheitsfernen Leitthemen der frühen Bundesrepublik: »Wir haben alle von gar nichts gewusst!« Ein siebenjähriges Arbeiterkind, übrigens derselbe Jahrgang wie Günter Grass und Josef Ratzinger, wusste Bescheid.

Mein Großvater befindet sich zum Zeitpunkt von Mariechens Tod schon seit zwei Jahren in den Klauen der Nazischergen. Als Vorsitzender des Regionalverbandes der KPD Bochum sitzt er seit der sogenannten Machtergreifung der Nazis und somit völlig ihrer Willkür ausgeliefert in einem Zuchthaus fest.

Zwölf lange Jahre lassen sie ihn von der Bildfläche verschwinden. Gegen Ende dieses grausamen Spuks hat er Folter, Hunger und Entmenschlichung im Konzentrationslager Buchenwald überstanden und die Befreiung Deutschlands von der Tyrannei erlebt.

Natürlich wird mein Vater als Sohn eines »Schwerverbrechers« in der Schule und eigentlich überall wie ein Aussätziger behandelt. Da gibt ein Kind schon mal vorschnell die Schuld für das eigene Leid dem zu Unrecht inhaftierten Vater. Will meine Oma also, dass ihr Sohn nicht schlecht über den eigenen Vater denkt, muss sie ihm schonungslos und mit vollem Risiko die Wahrheit sagen.

Ein kleiner Junge, der all das weiß und erlebt, wird in seinem späteren Leben vermutlich aber nie dafür sorgen, dass jemand, der psychische Probleme hat und den er liebt, »abgeholt« und »zwangseingewiesen« wird. Er wird eher versuchen, das Problem vor den Augen der Welt zu verdecken, und es selbst verdrängen, aus einem natürlichen Schutzinstinkt der betroffenen Person gegenüber.

Mein Vater unterlässt das Notwendige und glaubt, das Beste für seine Frau zu tun.

Depressionen haben leider auch in den frühen 1970er-Jahren noch den alten Beigeschmack von »Minderwertigkeit«, »geistiger Behinderung« und »Irresein«. Über so etwas spricht man nicht! Das hat es nicht zu geben!

Ich wage zu behaupten, dass meine Mutter durch die muffigen gesellschaftlichen Zustände im Nachkriegsdeutschland in gewisser Weise zu einem späten Opfer der Nazidiktatur geworden ist. Schon zehn Jahre später, Mitte der 1980er-Jahre, hätte die Leidensgeschichte meiner Mutter vielleicht eine gute Wendung nehmen können.

Verschleiern, Verdecken und Verdrängen ist eine aus dem Schock über die Nazizeit resultierende Verhaltensweise, die auch meine Generation leider noch stark geprägt hat.

Darüber redet man besser nicht – diesen Satz haben vermutlich viele Kinder meines Jahrgangs schon öfter gehört oder gedacht. Dieses seltsame und schädliche Credo des Verschweigens ist in vielen deutschen Familien als gruselige Spätfolge der Schrecken der Nazizeit sogar bis zum heutigen Tage noch seltsam fest verankert. Heute wissen wir: Man kann und muss in angemessener Form über alles reden.

Als ich etwa sechzehn Jahre alt bin, frage ich meinen vom Zweiten Weltkrieg traumatisierten Großvater Willi einmal: »Wie konnten die Nazis es überhaupt schaffen, an die Macht zu kommen?«

Etwas schwermütig und kopfschüttelnd antwortet er nicht besonders bereitwillig und erst nach längerem Zögern: »Ganz einfach, Hans-Peter. Sie haben das Unterste nach oben gekehrt. Die Leute, aus denen unter normalen Umständen nicht viel hätte werden können, die erhielten plötzlich eine Chance zum Aufstieg, und mit einem Mal führten die das große Wort. Die großkopferten Verbrecher haben die Dummen für ihre Ziele benutzt und sie als Instrumente ihres Schreckens eingesetzt. Das war fürchterlich! Ohne diese verblödeten Fußtruppen wären die Nazis nie so weit gekommen. Diese Horden von willigen Spitzeln haben das möglich gemacht. Man konnte einfach nicht mehr gefahrlos sagen, was man denkt.«

Die Kultur der allgemeinen Verleugnung offensichtlicher Wahrheiten wirkt auch heute noch in Teilen der Gesellschaft und an verantwortlicher Stelle weiter. Sie sorgt dafür, dass ein ungutes und vermutlich unbewusstes »Terrortrauma« in unserer modernen Gesellschaft erhalten bleibt.

Wir sollten also niemals und nirgendwo einem vor sich hin pöbelnden Mob das Ruder überlassen. Übrigens auch nicht im Internet.

Die Wahrheit ist, so hat es der liebe Herrgott nun einmal eingerichtet, unbestechlich und stärker als die Lüge. Sie wird am Ende immer siegen.

KAPITEL 13
DER STUHL AM KÜCHENFENSTER

*The worst thing
that can happen
to a child*

Anlässlich einer Preisverleihung in Leipzig ergibt sich für mich 2007 die einmalige Gelegenheit, Seiner Heiligkeit, dem Dalai Lama, persönlich begegnen zu dürfen.

Nachdem ich meinen Koffer gerade erst in der Hotellobby habe abstellen können, fülle ich meine Anmeldung aus und werde auch schon am Ärmel meiner alten braunen Lieblingscordjacke gezupft. Einer der Verantwortlichen für die Gala am Abend spricht hektisch auf mich ein: »Schnell! In zehn Minuten gibt Seine Heiligkeit, der Dalai Lama, eine Privataudienz. Sie sind eingeladen und müssten bitte jetzt sofort mitkommen!«

Gemeinsam mit einer Handvoll anderer prominenter Gesichter aus dem Um-, In- und Ausland werde ich zu diesem unerwarteten Treffen in das oberste Stockwerk des Fünfsternehotels gebeten. Auch die anderen Gäste sind so freudig überrascht wie ich über die herzerfrischend spontane Einladung. Diese Begegnung mit Seiner Heiligkeit soll für mich ungeahnt positive und nachhaltige Folgen haben.

Jeden Einzelnen begrüßt der Dalai Lama zunächst mit Handschlag, und dies tut er mit großer Freude und Herzlichkeit. Als er mir gegenübersteht und mir seine Hand reicht, schaue ich ihm nach einer Verbeugung tief in die Augen. Was ich da erblicke, haut mich fast um. Das sind die Augen eines unschuldigen Kindes, in denen das Wissen der Welt zu schweben scheint. Doch Seine Heiligkeit zeigt auch das Antlitz eines stolzen und mutigen Königs, der, wenn er nur will, die Welt mit seinem Lächeln erobert.

Nachdem er Platz genommen hat, beginnt der Dalai Lama gut gelaunt im besten Oxford-Englisch zu erzählen. Da er bald spürt, dass niemand der Anwesenden sich so recht traut, wie vorgeschlagen eine Frage direkt an ihn zu richten, übernimmt er selbst sehr humorvoll das Fragen und Antworten. Ganz leicht und klar spricht er über verschiedene essenzielle Punkte der buddhistischen Lehre.

Bald allerdings gewinne ich den Eindruck, dass er jedem der Anwesenden im Laufe seines Vortrags etwas sehr Persönliches mitzuteilen hat, ohne dass die übrigen Zuhörer diese besonderen Botschaften auch nur ansatzweise dechiffrieren könnten. Wenn er sich dem einen oder anderen Gast mit einer spontanen Botschaft zuwendet, erkennt man, dass diese für die anderen Zuhörer inhaltlich nicht weiter bedeutsamen Sätze beim jeweiligen Adressaten ihre Wirkung nicht verfehlen.

Der eine stutzt, die andere lächelt sanft, der Nächste wird sehr nachdenklich. Plötzlich wendet er sich mitten im Vortrag abrupt mir zu, hebt vorsichtig mahnend den Zeigefinger und sagt dann sehr ernst: »*You know, the worst thing that can happen to a child is to lose mother's love! There's nothing worse than that!*« – »Das Schlimmste, das einem Kind passieren kann, ist, die Liebe der eigenen Mutter zu verlieren! Es gibt nichts Schlimmeres als das!«

Er schaut nun so, als könnte er das von mir durchlebte Leid voll und ganz nachempfinden. Er senkt seine Stimme und sagt sehr betroffen in meine Richtung: *»Believe me, that's by far the worst thing!«*– »Glaube mir, das ist das Allerschlimmste!«

So, als würde die alte Narbe auf meiner Seele allein durch diese Worte wieder aufplatzen, muss ich mit den Tränen kämpfen. Tatsächlich beiße ich mir reflexhaft auf die Zunge, um den bevorstehenden Weinkrampf zu unterdrücken. Seine Heiligkeit hat mir direkt in die Seele gesprochen.

Tapfer überstehe ich die Audienz, in deren Verlauf der Dalai Lama noch zwei weitere persönliche Botschaften in mein Herz und meine Seele spricht, für die ich ebenfalls bis heute große Dankbarkeit empfinde.

In den darauffolgenden 14 Tagen werde ich wieder und wieder von unglaublich befreienden Weinkrämpfen geschüttelt. Freuden- und Trauertränen wechseln sich ständig und unvorhersehbar ab. Eigentlich kann ich das Haus kaum noch verlassen. Selbst an der Supermarktkasse muss ich mich zusammenreißen, um nicht wieder in Tränen auszubrechen. Am Ende dieser zweiwöchigen Heulkur fühle ich mich wie ausgewechselt und enorm gestärkt. Seiner Heiligkeit, dem Dalai Lama, sei Dank!

Am Ende der Sommerferien 1973, nur wenige Tage bevor ich in die dritte Klasse komme, passiert dann das Unvermeidliche.

Mein Vater wird erst am frühen Morgen des nächsten Tages von seiner Nachtschicht heimkehren. Mein Bruder bewohnt inzwischen sein eigenes kleines Apartment im ersten Stock und schläft somit außerhalb unserer Wohnung.

Es muss so gegen acht Uhr abends gewesen sein. Meine Mutter und ich sind wie so oft schon allein in der Wohnung. Wir schauen gemeinsam Fernsehen. Meine Mutter ist ausgeglichen, fast heiter. Das Programm scheint ihr zu gefallen. Es geht ihr deutlich besser als in den Wochen zuvor. Genüsslich fläze ich mich also in meinem blauen Flanellpyjama auf der Couch. Plötzlich steht sie auf und verschwindet wortlos in Richtung Badezimmer.

Nach einer ganzen Weile kommt sie nachtfein und stark parfümiert zurück. Sie steht in ihrem schwarzen Bademantel mit dem rosafarbenen Blütendruck im Türrahmen zum Wohnzimmer. Das Zimmer betritt sie nicht mehr. Sie lächelt mich liebevoll an und sagt sehr leise: »Ich lege mich jetzt schlafen, Hans-Peter. Es sind ja noch Sommerferien, und deshalb darfst du heute so lange fernsehen, wie du willst.«

Das werden ihre letzten Worte an mich sein. Keine Umarmung. Kein Kuss. Sie zieht sich einfach ins Schlafzimmer zurück. Noch nie hat sie mich allein vor dem Fernseher sitzen lassen und sich einfach so schlafen gelegt. Ihre seltsamen Worte klingen deshalb zwar wie ein freundlicher, aber doch auch vollkommen absurder Befehl: Ich soll nicht eher zu Bett gehen, bis das Wort »Sendeschluss« auf dem Bildschirm erscheint.

So interpretiere ich ihre Worte. Und ich tue wie geheißen, denn unnötigen Stress will ich um jeden Preis vermeiden. Einerseits freut mich ihre Erlaubnis sogar, und ich will die noch nie da gewesene Möglichkeit auskosten; andererseits bin ich besorgt. Was hat sie bloß vor?

Also sitze ich da und schaue nervös fern. Zwischendurch gehe ich immer wieder beunruhigt zum Fernsehgerät, stelle den Ton leiser und lausche in die Stille, um herauszufinden, ob sie sich tatsächlich ins Schlafzimmer zurückgezogen hat oder womöglich doch noch auf ihrem blöden Stuhl in der Küche sitzt und in sich hineinstarrt.

Es ist ganz ruhig in der Wohnung. Barfuß und auf Zehenspitzen schleiche ich mich durch das Esszimmer in die Küche. Ihr Stuhl ist leer. Von dort gehe ich nahezu lautlos in Richtung Schlafzimmertür. Sie ist geschlossen. Anscheinend schläft sie wirklich. Nun gut. Dann schaue ich eben weiter Fernsehen.

Ohne eine Spur von Müdigkeit bleibe ich tapfer vor der Flimmerkiste sitzen. Ich glaube, es lief *Klimbim* mit Ingrid Steeger und Elisabeth Volkmann und danach noch eine Krimiwiederholung.

Ein eigenartiger Zufall, dass die von mir sehr bewunderte Elisabeth Volkmann genau zwanzig Jahre später meine Filmmutter in *Kein Pardon* spielen wird. Am Set und in den Drehpausen betitelte mich Elisabeth dann immer todernst als »mein heiß geliebtes Kind!«.

Als auf dem Bildschirm tatsächlich das Wort »Sendeschluss« erscheint und im Anschluss daran der pfeifende Prüfton erklingt, welcher das obligatorische Testbild damals untermalte, denke ich, dass es für mich an der Zeit ist, ebenfalls ins Bett zu gehen. Allerdings gehe ich nicht, wie sonst üblich, in mein Zimmer, sondern ich will mich ausnahmsweise ganz leise zu Mama ins Bett legen. Irgendetwas sagt mir, dass ich das genau so tun sollte.

Also öffne ich sehr behutsam die Schlafzimmertür und wage einen Blick ins Halbdunkel. Meine Mutter schläft bereits tief und fest, und so lege ich mich vorsichtig zu ihr. Bald schlafe ich neben ihr ein.

Mitten in der Nacht werde ich durch unheimliche Geräusche abrupt aus dem Schlaf gerissen. Zu meinem Entsetzen stelle ich fest, dass es meine Mutter ist, die diese verstörenden Laute von sich gibt. Meine Gedanken laufen Amok.

Was soll ich tun? Ich bin allein mit ihr in der Wohnung. Soll ich zu meinem Opa über den Flur laufen? Opa war aber noch nie in Mamas Schlafzimmer. Das wäre ihr bestimmt nicht recht, wenn er hier mitten in der Nacht hereinschneit und sie aufweckt!

Wahrscheinlich hat sie sowieso die Wohnungstür abgeschlossen, und ich komme gar nicht auf den Flur. Und wo ist dann der Schlüssel? Liegt er da, wo er immer ist, oder hat sie ihn vielleicht versteckt? Dann komme ich ja gar nicht aus der Wohnung heraus! Oder sollte ich besser gleich die Polizei anrufen?

Aber was sagt Mama, wenn sie wach wird, und plötzlich steht die Polizei vor ihrem Bett? Und was sollte ich der Polizei am Telefon überhaupt sagen? Meine Mama macht komische Geräusche? Wenn die Tür verschlossen ist, kann ich die Polizei auch gar nicht in die Wohnung lassen. Dann müssten sie die Tür mit Gewalt aufbrechen. Dann bringen sie Mama bestimmt ins Krankenhaus. Aber da will sie ja nicht hin. Dann ist es am Ende sogar meine Schuld, wenn sie wieder in einer Klinik landet.

Würden die Polizisten überhaupt kommen, wenn ich da als achtjähriger Knirps mitten in der Nacht anrufe?

Die halten das vielleicht für einen üblen Scherz. Und ich kriege höllischen Ärger, wenn am Ende alles doch nicht so schlimm ist.

Hoffentlich kommt Papa bald von der Arbeit zurück. Das hat er doch gesagt. Papa kommt sicher bald von der Arbeit zurück. Was muss ich jetzt tun? Soll ich wirklich warten, bis Papa wieder da ist? Ich traue mich nicht einmal, das Licht anzuknipsen, wer weiß, was ich dann Unvorstellbares zu sehen bekomme.

Die Gedanken jagen mir wild durch den Kopf, ohne dass ich einen Entschluss fassen kann. Also versuche ich meine Mutter eigenhändig zu wecken, erst ganz sanft und dann, indem ich mit aller mir zur Verfügung stehenden Kraft an ihr rüttele und wütende Schreie ausstoße.

Auch in der stillen Hoffnung, irgendjemand im Haus möge meine hysterischen Schreie hören. Doch niemand hört mich, vor allem nicht meine Mutter. Sie wird einfach nicht wach. Also lege ich mich wieder hin, schließe die Augen, falte die Hände und bete starr vor Angst das Vaterunser rauf und runter. Etwas Besseres fällt mir nicht ein.

Die einzige Lösung für diese Situation, so scheint es der kindlichen Seele, ist es, gar nicht am Ort des schrecklichen Geschehens zu sein. Und so versetzt sie sich selbst in Trance und wandert an einen absolut sicheren Ort. Es ist dieses Gefühl der totalen Ohnmacht und Handlungsunfähigkeit, das mich auf eine mir völlig fremde Bewusstseinsebene katapultiert.

Und so liege ich in seelischer Ohnmacht erst laut und dann still vor mich hinbetend und mit seltsam leerem Kopf über einige Stunden neben meiner Mutter. Ich weiß nicht, welche der vielen möglichen Entscheidungen ich treffen soll. Um ja nicht irgendetwas falsch zu machen, treffe ich gar keine Entscheidung. Ich muss den Dingen jetzt ihren Lauf lassen. In der Psychologie benennt man diesen Zustand treffend als »katatonische Starre«.

Es muss gegen fünf Uhr morgens sein, als mein Vater von seiner Nachtschicht zurückkehrt und die Schlafzimmertür vorsichtig und leise öffnet. Als ich ihn in dem fahlen Licht, das nun in das Zimmer geworfen wird, erkenne, schrecke ich erleichtert aus meiner seltsamen Starre hoch.

»Papa, der Mama geht es sehr schlecht!«, rufe ich ihm laut flüsternd zu.

Mein Vater betätigt den Lichtschalter, und es wird mit einem Schlag taghell im Zimmer. Und erst jetzt erkenne ich, wie es tatsächlich um meine Mutter steht. Mein Vater wird kreidebleich und rennt, einen verzweifelten Jammerschrei ausstoßend, auf die Bettseite meiner Mutter. Er rüttelt an ihr, doch sie bleibt auch jetzt ohne jede Regung.

»Margret, was ist mit dir? Hörst du mich?«, schreit er laut.

Mit einem Ruck reißt er mich aus dem Bett und rennt mit mir auf dem Arm in Richtung meines Kinderzimmers. Er öffnet hastig die Tür, schiebt mich ins Zimmer und sagt mit zitternder, fast versagender Stimme: »Bleib bitte hier, Hans-Peter, ich hole dich gleich wieder!«

Er schließt die Tür. Mutterseelenallein und vollkommen ratlos stehe ich in meinem Kinderzimmer. Ich entschließe mich dazu, durchs Schlüsselloch zu blicken und alles im Auge zu behalten. Mein Vater greift nach dem Telefon auf dem Garderobentischchen im Flur. Hektisch nimmt er den Hörer ab und wählt die kurze Telefonnummer. Die Polizei oder die Feuerwehr. Es kommt also bald Hilfe.

Hätte ich das auch tun sollen? Um Hilfe rufen? Das frage ich mich in diesem Moment.

Mein Vater gibt im Telegrammstil über das Telefon unsere Adresse durch und beschreibt knapp die dramatische Situation meiner Mutter, ohne zu wissen, was der eigentliche Auslöser dafür ist. Er legt auf und beginnt bitterlich zu weinen. Mit einem Schlag wird unsere Wohnungstür aufgerissen, und mein Opa stürzt in den Flur.

»Was ist denn hier los, Heinz? Was lauft ihr denn alle am frühen Morgen wie verrückt durch die Gegend?«

»Es ist etwas mit Margret. Ich habe gerade den Notarzt gerufen«, sagt mein Vater, und erst jetzt scheint er zu begreifen, was da in der Nacht geschehen sein muss.

Mein Großvater rennt, ohne zu zögern, an meinem Vater vorbei in das Schlafzimmer meiner Eltern. Wenig später höre ich tränenerstickte Worte und lautes Wehklagen. Als er kurz danach vollkommen aufgelöst und verwirrt wieder auf dem Flur auftaucht und damit für mich durch das Schlüsselloch erkennbar wird, fragt er: »Wo ist denn der Junge?«

Es wird langsam hell draußen, und in der Wohnung ist es jetzt ganz still. Ich traue mich nicht, meine Zimmertür zum Flur zu öffnen. Stattdessen sehe ich mich in meinem Zimmer um. Hier ist alles noch wie gestern. Meine Lego-Tankstelle steht noch da, wo sie immer stand. Es hat sich nichts verändert. Hier ist nichts Schlimmes passiert. Bin ich in Sicherheit? Warum sieht hier alles so normal aus, während vor meiner Kinderzimmertür gerade die Welt untergeht?

Nach ungefähr fünf Minuten ist in der Ferne die sich schnell nähernde Sirene der Feuerwehr zu hören, und kurz darauf schellt es Sturm an der Haustür. Die Sanitäter und der Notarzt sind da. Endlich. Dann geht alles rasend schnell.

Wiederum durchs Schlüsselloch kann ich erkennen, wie meine Mutter auf einer Trage liegend und mit einer Atemmaske vor dem Mund eilig von den Rettungshelfern aus der Wohnung getragen wird. Mein Vater hält ihre Hand. Als sich die Wohnungstür hinter ihnen schließt, renne ich ins Wohnzimmer und sehe vom Fenster aus, wie meine Mutter in den Rettungswagen geschoben wird und mein Vater zu ihr in den Wagen klettert. Kurz danach braust der Wagen mit lautem Sirengeheule davon.

Ich laufe zu meinem Opa über den Flur in dessen Wohnung. Erst jetzt hat mein Bruder mitbekommen, dass etwas im Haus passiert sein muss. Er steht im Schlafanzug auf dem oberen Absatz der langen Flurtreppe und stolpert nach unten. Unsere Wege kreuzen sich vor Opas geöffneter Wohnungstür. Gleichzeitig treten mein Bruder und ich ein.

Mein Großvater sitzt, das Gesicht tief in den Händen vergraben, weinend am Küchentisch. Vor ihm, im Aschenbecher, eine noch glimmende Zigarre; der kalte Rauch wabert im Raum. Die sommerliche Morgensonne sorgt für ein seltsam schönes Licht in der Küche. Eine Szenerie wie auf einem Heiligenbildchen. Mein Bruder steht völlig außer Atem im Türrahmen hinter mir. Opa schluchzt nun endgültig zerstört in sich hinein: »Meine Tochter ... meine liebe Tochter ... warum auch noch meine Tochter?«

»Opa, was ist mit Mama passiert?«, frage ich.

»Ich weiß es nicht, Hans-Peter. Ich weiß es wirklich nicht«, gibt er weinend zur Antwort, ohne uns dabei anzusehen.

Mein Bruder fragt mich völlig verängstigt: »Was ist los? Was hat Opa denn?«

Tatsächlich weiß ich in dem Moment gar nicht, was ich meinem Bruder zur Antwort geben soll. Ich schaue ihn für mein Gefühl sehr lange an und sage dann nur: »Sie haben Mama ins Krankenhaus gebracht.«

Ich habe Angst vor seinen Fragen: Wo warst du denn? Warum hast du mich nicht geweckt? Was sollte ich darauf denn antworten? Diese Frage wird mir jedoch nie jemand stellen. Mein Bruder nicht und auch sonst kein Mensch.

Ich hätte die Polizei rufen müssen. Das habe ich nicht getan. Ich war nämlich eigentlich gar nicht da, ich war nicht in meinem Körper. Ich habe völlig vergessen, wo ich die ganze Zeit über war.

Weder meinem Bruder noch meinem Großvater erzähle ich, dass ich die ganze Nacht wachend neben meiner Mutter gelegen habe. Mein Opa würde das sicher nicht verkraften. Wenn er das erfährt, fällt er tot um. Für meinen Bruder bin ich sogar froh, dass ihm dieser Horror erspart geblieben ist.

Während mein immer noch ahnungsloser Bruder sich um unseren Großvater kümmert, kehre ich zurück ins Schlafzimmer und gehe dort nichts ahnend auf Spurensuche. Die weiß lackierten hölzernen Fensterläden sind immer noch geschlossen. Als ich diese öffne und die Morgensonne das Zimmer erhellt, fällt mir aus dem Mittelspalt ein Briefumschlag vor die Füße. Ich hebe den Umschlag auf und öffne ihn. Es ist der Abschiedsbrief meiner Mutter.

Ich beginne zu lesen. Der Brief richtet sich an niemanden. Sie hält darin fest, dass sie glaubt, zur schweren Belastung für die ganze Familie geworden zu sein. Ihre Krankheit hat sie nicht mehr länger ertragen können. Mit dem Tod ihrer Mutter hat auch sie den letzten Lebensmut verloren. Mit ihrem eigenen Tod soll nun für die Familie endlich alles besser werden. Sie bedauert diesen Schritt zutiefst, aber es bleibt ihr kein anderer Ausweg. Auch der Verantwortung gegenüber ihren Kindern ist sie einfach nicht mehr gewachsen. Ihren letzten Wunsch formuliert sie knapp und unmissverständlich. Mein Bruder soll bei ihrer Schwester Gertrud aufwachsen und ich bei deren Tochter Marion, meiner bereits erwachsenen Cousine.

Die absurde Vorstellung, bei meiner Cousine aufwachsen zu müssen, verängstigt und schockiert mich endgültig. Stumm blicke ich hinaus in den Garten auf meinen Baum, die große Erle.

Stark und kraftvoll steht, sie da und wacht scheinbar trotzig und seltsam gleichgültig über die Ereignisse.

Was ist denn das bloß für ein verrückter Gedanke! Ich soll bei meiner Cousine aufwachsen? Meine Seele stößt einen stummen Schrei aus. Innerlich sperre ich mich sofort gegen jede Entscheidung meiner Familie, die, falls meine Mutter wirklich nicht überleben sollte, zu einem solchen Arrangement führen könnte.

Unterm Bett finde ich ein leeres verschmiertes Glas mit einem Löffel. Ich rieche daran. Die Schlaftabletten hat sie in Holundersaft aufgelöst. Die Fundstücke händige ich still meinem Opa aus. Beim Anblick der beiden Gegenstände verliert er nun völlig die Fassung. Mein Opa, wie im Rausch: Das ist das letzte Bild dieses Tages, an welches ich mich noch klar erinnern kann.

Ab hier habe ich keinerlei Erinnerung mehr an diesen und die darauffolgenden ein bis zwei Tage. Auch wenn ich mich noch so anstrenge, diese Zeit ist wie ausgelöscht. Mein Gehirn wollte und konnte diesen verwirrenden Kram anscheinend nicht mehr speichern. Selbst heute, als Erwachsener, über vierzig Jahre danach, frage ich mich noch manchmal: Ist mir das tatsächlich so widerfahren, oder war es nur ein schrecklicher Albtraum?

In den folgenden Tagen werde ich schlagartig erwachsen, denn ich bin umgeben von Menschen, die keinen klaren Gedanken mehr fassen können und ihrerseits zu hilfebedürftigen und unerzogenen Kindern mutieren. Kurz nach der Katastrophe zieht vorübergehend Tante Gertrud bei uns ein, und schon bald fliegen die ersten Fetzen zwischen ihr und mir. Und genau hier setzt meine Erinnerung wieder ein.

Mein Vater wacht Tag und Nacht an der Seite meiner Mutter, die in der Klinik mit dem Tode ringt. Dementsprechend wenig bekomme ich ihn zu Gesicht. Lediglich zum Duschen und um die Kleidung zu wechseln, ist er manchmal für eine halbe Stunde im Haus. Auch meine Tante hat meine Mutter offensichtlich bereits in der Klinik besucht und erzählt meinem Großvater und mir am provisorisch gedeckten Mittagstisch mit verhaltener Euphorie: »Die Mama war heute Morgen das erste Mal wach, und da konnte ich dann mit ihr sprechen. Sie hat als Erstes nach dir gefragt, Hans-Peter. Ich habe ihr gesagt, dass es dir gut geht und dass du sie vermisst. Sie lässt dich herzlich grüßen, und sie freut sich darauf, bald wieder nach Hause zu kommen.«

Ich kann ihr einfach nicht glauben, was sie mir da erzählen will. Diese rosige kleine Geschichte passt einfach nicht in meinen Albtraum von Realität. Gern würde ich es glauben können, aber ich habe meine Mutter nun mal mit eigenen Augen in jener Nacht gesehen, und sie sah beileibe nicht so aus, als würde sie sich in Windeseile erholen können. Und dass sie sich nun darauf freuen soll, nach Hause zu kommen? Das hat sich meine Tante doch wohl eher ausgedacht!

Also denke ich laut: »Mama wollte sich umbringen. Und jetzt freut sie sich darauf, nach Hause zu kommen? Hat sie das wirklich gesagt, Tante Gertrud?«

Meine Tante stutzt, und ihr Kopf läuft glutrot an, während sie Suppe aus einer Terrine in einen Teller schöpft. Mein Opa sitzt wie gelähmt neben mir und starrt vor sich hin. Tante Gertrud beginnt zu schimpfen: »Ja, glaubst du denn etwa, ich lüge dich an?«

Ich entgegne nur knapp: »Das denkst du dir aus, um mich zu beruhigen.«

Meine Tante ist den Tränen nahe und knallt den Teller mit der klaren Suppe direkt vor meiner Nase auf den Tisch.

»So ... und jetzt iss!«, faucht sie mich an.

Meine Tante weiß eines über mich ganz genau, und zwar, dass ich bei Tisch nichts mehr hasse als eine klare Suppe. Durch einen kurzen Seitenblick versuche ich mich der Unterstützung meines Großvaters zu versichern. Doch der schweigt nur. Also erkläre ich noch ziemlich gefasst: »Ich esse keine Suppe.«

Meine Tante, die demonstrativ und direkt vor mir Platz genommen hat, will es nun scheinbar auf einen Streit mit mir ankommen lassen und flüstert erbost: »Wie bitte?« Sie verzieht ihr anmutiges Gesicht zu einer unansehnlichen Fratze und poltert: »Das wollen wir doch mal sehen, ob du die Suppe isst oder nicht. Du stehst nicht eher vom Tisch auf, bis du die Suppe gegessen hast!«

Selbst meine Mutter, von der ich einiges gewöhnt bin, hätte so etwas nie zu mir gesagt. Tatsächlich denke ich: Wie kann sie dem kleinen Neffen, dessen Mutter gerade im Sterben liegt, etwas Derartiges an den Kopf werfen?

Also schiebe ich den Suppenteller ganz langsam von mir weg, in ihre Richtung, und sage dann in einem trockenen und erbosten Tonfall, den meine Großmutter Änne sicher für den passenden gehalten hätte: »Du bist nicht meine Mutter. Merk dir das, Tante Gertrud.«

Meine Tante schnappt nach Luft. Großvater scheint aus seiner Starre erwacht zu sein und sagt erstaunlich verhalten: »Gertrud, ich bitte dich. Der Junge mag keine Suppe. So einfach ist das. Akzeptiere das bitte.«

Nun knöpft sich meine Tante, da sie schon mal in Fahrt ist, auch noch ihren Vater vor. »Willst du mir damit sagen, dass ich den Jungen zu hart anpacke? Das lass mal lieber meine Sorge sein! Du hast doch überhaupt keine Ahnung von Kindererziehung. Oder willst du dich etwa um ihn kümmern, falls Margret nicht zurückkommt?«

Nun hat sie in der Rage doch noch die Wahrheit gesagt. Es ist also überhaupt nicht sicher, ob Mama überlebt. Das ist zwar schrecklich zu hören, aber es ist wenigstens die Wahrheit.

Gegen Abend kommt mein Vater völlig niedergeschlagen aus der Klinik zurück. Dennoch erzähle ich ihm die verstörende Episode vom Mittagstisch.

»Typisch deine Tante!«, lautet unter Kopfschütteln sein einziger Kommentar.

»Wie geht es Mama denn? Ist sie wirklich wach?«, forsche ich nach.

Mein Vater druckst herum. »Zwischendurch war sie mal kurz wach. Sie hat mich sogar erkannt und hat ganz leise nach dir und deinem Bruder gerufen und mit den Augen im Zimmer nach euch gesucht. Sie hat ganz fürchterlich geweint. Und dann ist sie wieder eingeschlafen.«

»Kommt sie denn wieder zurück?«, will ich wissen.

»Doch! Ich glaube, sie braucht jetzt ein paar Wochen, aber sie wird bestimmt wieder gesund.«

Die Worte meines Vaters klingen überzeugend; er scheint sie sogar selbst zu glauben. Also atme ich auf. Meine Mutter wird leben.

Am darauffolgenden Tag sind die Sommerferien beendet, und ich muss wieder in die Schule. Mein Vater begleitet mich und bittet meine Klassenlehrerin Frau Klöker vor dem Unterrichtsbeginn um ein persönliches Gespräch, bei dem ich anwesend bin. Mein Vater erzählt meiner völlig schockierten Klassenlehrerin vom Selbstmordversuch meiner Mutter. Frau Klöker schaut mich immer wieder entsetzt an.

»Oh Gott, das tut mir so leid!«, wiederholt sie mehrfach in diesem Gespräch.

Am Schluss bittet mein Vater sie inständig: »Ich darf Sie bitten, das alles für sich zu behalten, Frau Klöker. Wir haben uns in der Familie darauf verständigt, dass wir als Ursache für ihren Krankenhausaufenthalt von einem Hirnschlag sprechen. Das macht es auch für den Jungen einfacher. Sie wissen ja, wie das ist, die katholische Kirche würde einen Selbstmörder ja nicht einmal beerdigen.«

Während die aufgelöste und schniefende Frau Klöker sich die Tränen aus den Augen wischt, sagt sie: »Selbstverständlich. Es ist besser, wenn das niemand erfährt. Hans-Peter, du musst vor der Klasse auch heute gar nichts erklären. Das mache ich gleich. Und wenn einer blöd fragen sollte, schick ihn zu mir!«

Fast ist es eine Wohltat, wieder zurück in der Schule zu sein. Hier gibt es endlich wieder klare Regeln. Nichts läuft hier ganz nebenbei und unaufhaltsam aus dem Ruder. Ich empfinde sogar eine gewisse Freude am Unterricht. Es ist schön, sich endlich wieder mit etwas anderem als dem Weltuntergang zu beschäftigen.

Frau Klökers besondere Aufmerksamkeit, die mir nun zuteilwird, ist mir zwar anfänglich ein bisschen peinlich, andererseits war ich auch zuvor schon einer ihrer erklärten Lieblinge. Denn wenn sie mal richtig was zu lachen haben will, dann bittet sie mich, nach vorn vor die Klasse zu kommen, damit ich beispielsweise anschaulich den Stromkreislauf erkläre. Der diebische Spaß, den sie an meinen Ausführungen zu haben scheint, steht ihr dann ins Gesicht geschrieben. Frau Klöker ist jetzt die beste Hilfe, die ich bekommen kann. Es wird ihr trotz meiner seelischen Turbulenzen gelingen, mich fit fürs Gymnasium zu machen.

Als ich im Jahre 1999 in meiner Heimatstadt als Schirmherr eine Veranstaltung für das Kinderhilfswerk UNICEF eröffnen soll und vom Rednerpult aus die Zuschauer begrüße, entdecke ich beim Blick ins Publikum eine feine ältere Dame in der zweiten Reihe, die mir äußerst bekannt vorkommt. Es ist Frau Klöker. Verdutzt unterbreche ich meine kurze Ansprache und frage erfreut über das Publikum hinweg: »Frau Klöker? Sind Sie das?«

Alle Blicke landen nun auf ihr. Frau Klöker läuft knallrot an und sagt schüchtern: »Hast du mich jetzt etwa von da oben wiedererkannt?«

Ohne zu zögern, stürze ich von der Bühne in den Zuschauerraum und umarme meine alte Klassenlehrerin ohne jede Rücksicht auf Etikette. Das Publikum hält das wahrscheinlich für einen wesentlichen Bestandteil der Show und beginnt etwas ratlos, aber doch tapfer zu applaudieren.

Sie flüstert mir ins Ohr: »Junge, ich bin so stolz auf dich! Es ist so schön, was du aus deinem Leben gemacht hast.«

Und ich erwidere: »Danke, Frau Klöker! Danke für alles!«

Als ich mich zurück auf die Bühne bewege, sage ich: »Nun, wir sprechen ja heute über das Kinderhilfswerk, und wenn Sie alle mal jemanden kennenlernen wollen, der einem Kind, das es schwerhatte, sehr geholfen hat, dann wenden Sie sich doch bitte vertrauensvoll an meine wundervolle ehemalige Klassenlehrerin Frau Klöker. Ohne ihre tatkräftige Unterstützung würde ich heute sicher nicht vor Ihnen stehen.«

KAPITEL 14
SIE HAT ES NICHT GESCHAFFT

Die Welt ist kaputt?
Dann baut meine Großmutter
eben eine neue auf.

Seit einigen Tagen gehe ich nun bereits wieder zur Schule. Meiner Mutter scheint es nach Aussage aller, die sie besucht haben, von Tag zu Tag besser zu gehen, weshalb ich den Gedanken an ihren möglichen Tod fast verdrängt habe. Mittlerweile mache ich mir sogar Hoffnung auf ihre baldige Rückkehr. Und so schlendere ich an diesem Tag guten Mutes und in froher Erwartung weiterer guter Nachrichten über ihren sich bessernden Zustand nach Hause.

Als ich fast unbeschwert in die kerzengrade Straße einbiege, an deren Ende unser Haus steht, erkenne ich bereits aus der Ferne eine Frau, die unruhig nach jemandem Ausschau hält. Sie ist ganz in Schwarz gekleidet und wartet direkt vor unserer Einfahrt. Vor mir liegen noch knapp 200 Meter Fußweg.

Als ich meinen Schritt ein wenig verlangsame, um die Person besser erkennen zu können, stelle ich zu meinem Entsetzen fest, dass es meine Cousine ist. Sie trägt Trauer.

»Mama ist tot!«, überbringe ich mir selbst die Todesnachricht. Ich explodiere innerlich, so als würde mir jemand mit aller Gewalt das pochende Herz aus der Brust reißen.

Meine erste Reaktion ist, dass ich höllisch wütend werde. Da hat man sich doch auf sehr fragwürdige Weise der lästigen Pflicht entledigt, dem kleinen Jungen die Sache etwas schonender beizubringen und nicht bloß aus der sicheren Entfernung mit einer schwarzen Fahne auf Halbmast zu wedeln.

Was bitte soll mir das sagen? Wir sind leider nicht gewillt oder dazu in der Lage, dir in angemessener Form die Nachricht vom Tod deiner Mutter zu übermitteln? Wieder lässt man mir keine andere Wahl. Ich werde mir auch diesen Angriff zu meiner eigenen Sicherheit dringend merken müssen.

So schnell ich kann, renne ich nach Hause. Sie ist tot. Danke, das habe ich jetzt auch kapiert! Jetzt will ich alles nur noch so rasch wie möglich hinter mich bringen und flehe innerlich: Lieber Gott, lass mich so schnell wie möglich erwachsen werden. Ich halte das alles nicht mehr aus!

Als mich meine Cousine erkennt, kommt sie mir weinend entgegengelaufen.

»Hans-Peter. Sie hat es nicht geschafft.«

Es gelingt ihr für einen kurzen Moment, mich fest im Arm zu halten. Schnell befreie ich mich jedoch aus ihrem Klammergriff und schreie aus Leibeskräften zurück: »Ich weiß! Ich bin ja nicht doof!«

Es gelingt mir, einen Haken zu schlagen und an ihr vorbei ins Haus zu laufen. Drinnen sitzt mein in sich zusammengefallener und laut jammernder Vater, umsorgt von der weinenden Familie seiner Frau. Er sitzt mitten im Wohnzimmer, genau auf dem Stuhl, der in den letzten

Wochen Mamas letzter Ankerplatz gewesen ist. Offensichtlich ist Papa kurz vorher ohnmächtig zusammengeklappt, und man hat ihn mit vereinten Kräften auf den Stuhl gehievt, um ihn wieder aufzupäppeln. Dieser Horror, der sich da vor meinen Augen abspielt, ist schier unerträglich. So ein Leben will ich nicht! Das könnt ihr alle, wie ihr hier versammelt seid, mal gerne ohne mich leben. Also stelle ich mich mitten ins Wohnzimmer und brülle: »Ihr habt mich alle angelogen. Euch glaube ich nie wieder ein Wort!«

Vollkommen hilflos streckt mein Vater seine Arme nach mir aus. Darauf reagiere ich nicht, ich denke gar nicht daran. Sekunden später erlebe auch ich den ersten Nervenzusammenbruch, ich schreie, zu jeder Gewalttat bereit, die ganze Nachbarschaft zusammen: »Was habt ihr mit meiner Mama gemacht? Wo ist sie? Ich will meine Mama wiederhaben! Sofort! Habt ihr das alle verstanden?«

Ich bin der Kläger, und sie sind die Beklagten. Und wenn ich jetzt könnte, würde ich sie alle zu Gott weiß was verdonnern. Ab hier habe ich wiederum keine Erinnerung mehr. Ich weiß nur, dass ich schreiend vor Schmerz und blinder Wut zwischen den Verwandten stehe und alle so erschüttert sind, dass keiner in der Lage ist, auf mich zu reagieren.

Meine Erinnerung setzt da wieder ein, wo mein Vater und ich gemeinsam zu seinen Eltern fahren, um ihnen die Todesnachricht zu überbringen. Vermutlich am frühen Abend desselben Tages oder einen Tag später. Auch mein Vater und mein Bruder haben aus nachvollziehbaren Gründen keine klare Erinnerung mehr an den genauen Ablauf der Ereignisse.

Es mag vielleicht verwundern, dass ich grundsätzlich so wenig über meinen Bruder schreibe. Da ich hier den Ereignissen, die auch seine Lebensgeschichte maßgeblich betreffen, durch meine Niederschrift zwangsläufig etwas Endgültiges verleihe, muss ich doch auch bedenken, dass die Dinge sich für ihn vielleicht manchmal anders angefühlt oder dargestellt haben. Also schreibe ich über meinen Bruder nur so viel, wie ich glaube, verantwortlich aus meiner Sicht präsentieren zu können.

Und während ich dies schreibe, fügen sich viele kleine Details und entscheidende Gesprächsfetzen wie von selbst wieder zu einem Ganzen zusammen. Infolge meiner unermesslichen Trauer mag sich manches in meiner Erinnerung ein wenig verzerrt haben. Aber im Prinzip hat es sich so abgespielt, wie ich es nun darstelle.

Ein Telefon besitzen meine Großeltern immer noch nicht. Also sind sie vermutlich immer noch in dem Glauben, meine Mutter könnte ihre Schlaftablettenvergiftung überleben. Auf der Autofahrt zu meinen Großeltern entspinnt sich folgender Dialog zwischen meinem Vater und mir.

»Ich werde Oma und Opa darum bitten, zu uns zu ziehen. Dann kann sich Oma um dich kümmern.«

»Das heißt, du schickst mich nicht zu meiner Cousine?«, frage ich ein wenig skeptisch.

Mein Vater ist sichtbar irritiert. »Das glaubst du doch wohl nicht im Ernst! Dass ich euch fortschicke? Dich zu Marion und Josef zu Tante Gertrud? Und ich darf euch dann am Wochenende besuchen? Das kommt überhaupt nicht infrage. Ich reiße euch doch nicht auseinander. Deine Oma macht das schon.«

Eine Frage muss jetzt gestellt werden. Sie belastet mich.

»Papa, warum hast du mich angelogen?«

Mein Vater schaut mich geschockt an und stottert: »Wann habe ich dich angelogen?«

»Als du gesagt hast: Mama wird wieder gesund! Das war gelogen!«

Mein Vater redet beschwörend auf mich ein: »Ich habe nicht gelogen. Das ist die Wahrheit! Deine Mama war schon über den Berg. Sie hat immer wieder nach dir gefragt. Dann hat sie im Krankenhaus eine Lungenentzündung bekommen. Daran ist sie gestorben, und nicht an der Tablettenvergiftung.«

Mit dieser Antwort meines Vaters lasse ich das Thema auf sich beruhen. Es lässt sich ja ohnehin nichts mehr ändern.

Als wir schließlich vor meinen Großeltern sitzen und mein Vater ihnen so schonend wie möglich die Todesnachricht überbringt, bricht mein Großvater wie ein kleines Kind schluchzend in seinem Sessel zusammen. Meine Großmutter hingegen blickt mir erschüttert sehr lange in die Augen und schweigt. So seltsam es auch klingen mag, aber ihr wissender Blick, der da auf mir ruht, lindert meinen Schmerz. Omas Augen sind jetzt eine wahre Wohltat.

Für einige Minuten herrscht ein bleiernes Schweigen. Die Standuhr hinter dem Sofa tickt laut in meinen Ohren. Die Zeit will einfach nicht vergehen, und meine Oma Bertha scheint die Nachricht partout nicht zur Kenntnis nehmen zu wollen. Solange sie noch kann, bemüht sie sich, die ganze Tragweite dieser Tragödie einfach nicht anzuerkennen.

Was geht ihr jetzt wohl durch den Kopf? Vielleicht auch, dass sie selbst ihre Mutter viel zu früh verloren hat?

Bertha war gerade vierzehn, als ihre Mutter im Kindbett starb. Sie war die älteste Tochter und die große Hoffnung der siebenköpfigen Bergmannsfamilie. Aufgrund ihrer besonderen Sprachbegabung kratzte mein Urgroßvater zu Beginn des Ersten Weltkrieges seine Ersparnisse zusammen, um ihr eine gute Ausbildung in einem katholischen Klosterinternat zu ermöglichen. Fleißig paukte das Mädchen dort zur Freude der unterrichtenden Nonnen Französisch und Latein. Es war geplant, dass sie in dieser Einrichtung einen höheren Schulabschluss machen sollte; als jedoch unerwartet ihre Mutter starb, wurde sie von heute auf morgen nach Hause beordert und musste sich, ohne jemals wieder eine Schule besuchen zu können, um die Erziehung ihrer vier jüngeren Schwestern kümmern. Die Neugeborene Maria starb drei Monate später in Berthas Armen an Diphtherie.

Meine Großmutter erhebt sich aus ihrem Sessel, hinkt zielstrebig zur Standuhr und hält das Pendel an. Die Uhr hört auf zu ticken. Dann hangelt Oma sich zum Fenster hinüber. Hilflos krallt sie sich an die Fensterbank und kratzt dabei mit ihren Fingern unabsichtlich den weißen Lack ab. Sie schaut hinaus auf Mamas alten Garten. Immer wieder stammelt sie vor sich hin: »Das darf nicht wahr sein. Das kann einfach nicht wahr sein.«

Mein Vater nimmt seinen ganzen Mut zusammen und stellt in die Stille hinein die für mich entscheidende Frage: »Mutter, würdet ihr zu uns ziehen? Eine andere Lösung habe ich nicht.«

Meine Großmutter reagiert zunächst gar nicht. Dann wendet sie sich schockiert um und haucht: »Was?«

Mein Vater redet weiter leise auf sie ein: »Ich weiß, das ist sehr viel verlangt von euch. Aber ich weiß mir wirklich keinen anderen Rat. Mutter, niemand kann sich so gut um meine Kinder kümmern wie du.«

Meine Großmutter ist entsetzt und antwortet fahrig: »Heinz, ich bin über siebzig! Wer weiß denn schon, wie lange ich noch lebe? Dann steht der Kleine womöglich wieder allein da. Das ist doch keine Lösung.«

Meine Großmutter ist sichtlich überfordert mit der schweren Entscheidung.

Mein Großvater hingegen schaut seine Frau nur kurz und eindringlich an, um damit sein Einverständnis zu signalisieren. Wieder blickt sie stumm aus dem Fenster und nestelt nun an ihrer Bluse herum. Also fasse ich mir ein Herz, gehe zu ihr, nehme ihre Hände und höre mich sagen: »Oma, bitte!«

Nun kullern auch bei meiner Großmutter unaufhaltsam die Tränen. Sie hat offensichtlich jetzt erst verstanden, was eigentlich geschehen ist und was es für unser Leben zu bedeuten hat. Mit einem Mal wirkt sie wieder ganz aufgeräumt und erklärt im Anschluss an ein befreiendes Räuspern: »Gut, dann packe ich jetzt mal das Nötigste zusammen!«

Als meine Oma das Schlafzimmer betreten und die Tür hinter sich geschlossen hat, können wir sie draußen laut klagen hören: »Margret, Margret ... was hast du deinen Kindern bloß angetan?«

Mein Opa, der Omas lautes Weinen überspielen will und sich dabei selbst die Tränen aus dem Gesicht wischt, raunzt nur: »Mach du dir jetzt mal gar keine Sorgen, Junge. Deine Oma wird garantiert steinalt.«

Und tatsächlich werden beide Großeltern noch über ein Vierteljahrhundert leben und damit ein geradezu biblisches Alter erreichen.

»So, Hans-Peter, ich bin so weit! Dann komm. Wir werden uns schon vertragen. Wäre doch gelacht, wenn wir zwei das nicht auch noch hinkriegen!«

Mit diesen Worten, einem zaghaften Lächeln und einem kleinen Koffer steht meine Oma mit braunem Hut und im hellen Mantel ein paar Minuten später wieder im Wohnzimmer und reicht mir entschlossen die Hand.

Sie wirkt plötzlich wie ausgewechselt. Es gibt einfach keine Alternative, weder für sie noch für mich. Das hat sie messerscharf erkannt, und nun nimmt sie ihr Schicksal äußerst tapfer und mit einem fast schon trotzigen Lächeln an.

Soweit ich mich erinnern kann, wird sie ihre Wohnung nie wieder betreten.

Sie sieht sich nicht einmal um, als wir das Haus verlassen, in dem sie über 30 Jahre gelebt hat. Den Umzug werden ihr Mann, ihre Kinder und ihr Schwiegersohn einige Wochen später für sie organisieren.

Während der Autofahrt hält sie einfach still meine Hand und ist zu meiner Überraschung bereits mit der Menüausarbeitung des folgenden Tages beschäftigt. So sagt sie nach zwanzigminütiger Fahrt, kurz vor der Ankunft in ihrem neuen Heim, mehr zu sich selbst als zu mir: »Morgen könnte ich vielleicht Rouladen machen? Die isst du doch immer so gerne, Junge!«

Da es sich dabei um den so ziemlich besten Vorschlag handelt, der mir in den letzten Monaten unterbreitet wurde, nicke ich zustimmend.

Genau wie ich weigert sich meine Oma, vollends in das Katastrophenszenario einzutauchen. Sie weiß, dass nur sie den zerrütteten Laden zusammenhalten kann, und da ist mutig zur Schau gestellter Zweckoptimismus allemal hilfreicher als erdrückende Trauer. Oma ist unverwüstlich. Die Welt ist gerade untergegangen, und was macht meine Großmutter? Sie jammert kurz, beißt dann die Zähne fest zusammen und kocht mit Hingabe ihre berühmten Rouladen.

Die Welt ist kaputt? Na und! Dann baut meine Großmutter eben eine neue auf. Das hat sie schon ein paarmal in ihrem Leben gemacht. Und jetzt, wo sie geglaubt hatte, das Schlimmste überstanden zu haben und einen verdient ruhigen Lebensabend genießen zu können, da kommt noch mal der ganz dicke Hammer. So, als wollte der liebe Gott sie mit der Frage prüfen: Wirst du noch einmal alles stehen und liegen lassen, wenn ich dich dringend um deine Hilfe bitte?

Als wir unser Haus betreten, sitzen dort immer noch oder vielleicht auch wieder, teils in unserer Wohnung, teils in der Wohnung von Opa Wilhelm, die trauernden und wehklagenden Verwandten meiner Mutter. Alle in tiefes Schwarz gehüllt.

Oma Bertha wirkt hier in ihrem unpassend hellen Outfit wie ein erschreckend frischer Farbtupfer. Sie hat in all der Hektik schlicht vergessen, sich schwarz zu kleiden. Ein bisschen ist ihr das auch peinlich, als sie von einem zum anderen wandert und händeschüttelnd und Umarmungen verteilend ein ums andere Mal ein herzliches Beileid wünscht. Dabei bräuchte sie selbst diesen Zuspruch vermutlich viel dringender. Sie wird den Verlust ihrer Schwiegertochter nie verwinden. Sie wendet sich schließlich meinem Bruder zu und bittet ihn: »Josef, würdest du einen Moment mit mir in den Garten kommen? Ich brauche deine Hilfe.«

Oma legt ihren Arm um meinen Bruder, und die beiden verschwinden einträchtig durch die Hintertür ins Freie. Nach einiger Zeit kehren sie zurück ins Wohnzimmer, und mein Bruder wirkt bei aller Trauer nun so, als habe ihm jemand erzählt, er habe gerade den Jackpot geknackt. Oma hat ihm gesagt, dass sie bei uns bleiben wird, und mein Bruder erkennt das nun erhobenen Hauptes als Glück im Unglück an.

Oma nimmt in der großen Runde Platz und lächelt mich weiterhin tapfer gegen die vorherrschende Weltuntergangsstimmung an. Sie hat sogar vergessen, ihren Hut abzusetzen. Was ich fast ein wenig lustig finde. Zu Hause fühlt sie sich in dieser dunklen Runde allerdings ganz offensichtlich nicht.

Tante Gertrud meldet sich bald zu Wort: »Ja, liebe Bertha, das hätten wir wohl alle nicht gedacht, dass wir uns so schnell nach Hans-Peters Kommunion wiedersehen würden, und dann zu einem so traurigen Anlass. Ich weiß gar nicht, wie das jetzt mit den Jungs weitergehen soll. Da werde ich mich jetzt wohl opfern müssen, nicht wahr! Meine Tochter Marion ist 24, und sie will irgendwann mal eigene Kinder haben, da kann sie den Kleinen ja nicht zu sich nehmen. Und ob ich die ganze Arbeit mit ihm überhaupt schaffe? Gib du mir doch mal einen guten Rat!«

Für mich ist verstörend, wie desinteressiert meine Tante Gertrud ihren erzieherischen Anspruch auf uns Kinder anmeldet. Das irritierte Gesicht meines Bruders spricht

Bände. Sie ist seine Lieblingstante – so kann man sich irren. Da hatte ich scheinbar den besseren Riecher. Auch wenn ich natürlich verstehen kann, dass sie sich gegen die Übernahme einer so unglaublichen Verantwortung zunächst einmal sträubt. Hätte ich an ihrer Stelle denn anders reagiert? Dafür könnte ich meine Hand nicht ins Feuer legen. Persönlich bin ich allerdings eher erleichtert über ihre abwehrende Unschlüssigkeit. Diese Hürde hätte ich schon mal genommen. Tante Gertrud ist, auch wenn sie es selbst gar nicht weiß, endgültig raus aus der wenig unterhaltsamen Lotterie mit dem Titel: Wer hat das schwierige dicke Kind nun an der Backe? Sie wirft ihr Los sogar freiwillig in die Runde. Wie praktisch.

Oma Bertha, die noch immer ihren braunen Hut trägt, denn heute geht es nun einmal drunter und drüber, hat, bedingt durch die seltsam ungelenken Ausführungen meiner Tante, jetzt zusätzlich noch den sprichwörtlichen Hut auf. Sie schaut so, als wäre der einzige gute Rat, den sie für meine Tante parat hat: Halt doch bitte einfach deinen Mund!

Stattdessen sagt sie tapfer: »Mach dir bitte keine Sorgen, Gertrud. Es muss sich niemand für meine Enkelkinder opfern. Das haben wir schon in der Familie besprochen. Ich werde mich selbstverständlich um sie kümmern.«

Wie sie das Wort »Familie« ausspricht, ist unnachahmlich. Denn meiner Tante muss jetzt klar sein, dass sie sich in Omas Augen selbst aus der entscheidungsbefugten Familie ausgeschlossen hat.

»Waaas?«, entfährt es Gertrud schrill entsetzt. Sie hatte anscheinend mit allem gerechnet, nur mit dieser unwahrscheinlichsten aller Lösungen nicht. Mein Opa Willi indes schaut so, als fände er diese auf den ersten Blick absurde Idee zwar überraschend, aber dennoch genial. Meine Tante Gertrud möchte ihrer Verantwortung als Patentante meines Bruders offensichtlich gerecht werden und lehnt sich nun gefährlich weit aus dem symbolischen Fenster: »Bei allem Respekt, Bertha, aber du bist doch mit deinen 72 Jahren nun wirklich nicht mehr die Jüngste. Und dann noch die kranke Hüfte! Ich dachte, ich müsste eventuell einspringen?«

Einspringen? Was ist denn das eigentlich für eine Wortwahl? Hier geht es doch nicht um den Ersatzspieler bei einem Bundesliga-Zweitligisten, sondern darum, sich aufzuopfern, gewissermaßen ein Wunder zu vollbringen! Nie will meine Tante sagen, was sie wirklich denkt, und dann tut sie's doch immer unversehens. Meine Oma lacht darüber verhalten. Ich traue meinen Augen und Ohren nicht, aber sie lacht tatsächlich, und es ist nicht einmal unpassend.

»Ach, ich schaffe das schon! Ich habe meine kleinen Schwestern großgezogen, dann meine eigenen Kinder, dann die Kinder meiner Tochter, weil sie damals ihr eigenes Geld verdienen wollte, und jetzt ziehe ich eben auch noch die Kinder meines Sohnes groß. Die Mutter kann den Kindern sowieso niemand von uns je ersetzen.«

Oma hält kurz inne, so als hätte sie einen richtig guten Einfall, und fährt dann zögerlich fort: »Beim Putzen allerdings könnte ich hier und da sicherlich Hilfe gebrauchen. Da könnt ihr mir alle gerne unter die Arme greifen. Dafür wäre ich wirklich dankbar.«

Jetzt muss ich tatsächlich aufpassen, dass ich nicht selbst laut lache. Oma ist so etwas von unverschämt drollig. Sie degradiert meine Tante in einem Halbsatz zur willkommenen Putzhilfe. Sie weiß ganz genau, dass dies der sicherste Weg ist, um sie in Zukunft von uns fernzuhalten. Oma wächst gerade über sich hinaus und steckt ihr neues Territorium ab. Sie zeigt zwar nicht ihre Zähne, aber sie macht doch allen klar, dass sie noch beißen könnte, sollte es nötig werden.

Die versammelte Verwandtschaft meiner Mutter ist bis auf meinen Großvater Wilhelm zwar spürbar unzufrieden, aber es ist auch eine gewisse Erleichterung in ihren Gesichtern zu erkennen. Denn wenigstens ist die Sache jetzt geklärt, und in den Augen der meisten hat meine Oma den Schwarzen Peter gezogen.

Meine Oma selbst wird unsere gemeinsame Zeit trotz der grauenvollen Umstände, die uns zwei so eng zusammengeschmiedet haben, zwanzig Jahre später im Rückblick einmal als die glücklichste Zeit ihres Lebens bezeichnen. Das Leben mit meinem Bruder und mir sei ein großes Geschenk für sie gewesen, auch wenn es manchmal hart gewesen sei. In Omas Augen sind weder mein Bruder noch ich die Nieten in der Lotterie gewesen.

»War ich ein sehr schwieriges Kind, Oma?«, habe ich sie als Erwachsener etwas nachdenklich gefragt.

Es war ihr 90. Geburtstag, und Oma antwortete abwinkend: »Ach was! An manchen Tagen war es zwar nicht so leicht mit dir, denn du hast ja sehr lange um deine Mama getrauert. Aber ansonsten habe ich mit dir, mein Junge, doch das große Los gezogen!«

Den Satz »Wenn das deine Mutter noch erlebt hätte!« konnte ich ihr allerdings nie abgewöhnen, auch wenn ich ihn irgendwann nicht mehr hören wollte.

»Oma, bitte!«, habe ich dann immer völlig genervt gesagt.

Woraufhin sie meistens unbeirrt erwiderte: »Ich will nicht, dass du deine Mutter vergisst, und deswegen erinnere ich dich an sie. Da kannst du über mich stöhnen, so viel, wie du willst. Ich sage es trotzdem. Eines Tages, da lebe ich dann leider schon lange nicht mehr, wirst du erkennen, dass es richtig war von mir.«

Und der Satz kam mit schöner Regelmäßigkeit: zur ersten Schultheateraufführung, zu meiner mittleren Reife, zum Abitur, zum Führerschein, zum ersten Fernsehauftritt, zur ersten goldenen Schallplatte, zur Goldenen Kamera, zum Bambi, zum Grimme-Preis, zu meinem ersten Kinofilm. Es gab so viele Momente.

Da wusste ich schon gar nicht mehr genau, wie meine Mutter mal ausgesehen oder ihre Stimme geklungen hatte. Oma erinnerte bei jeder passenden Gelegenheit daran, dass es da in grauer Vorzeit eine andere Mutter in meinem Leben gegeben hatte.

Und heute denke ich manchmal: Wenn das meine Oma noch erlebt hätte! – nämlich dass ich mich im Nachhinein noch so über ihren Satz »Wenn das deine Mutter noch erlebt hätte!« freuen würde.

Als alle sich in der Dunkelheit langsam aus dem Staub machen und mein Vater dank einiger Beruhigungstabletten bereits ruht, sperrt Oma zum ersten Mal die Haustür ihres neuen Zuhauses ab, und wir stehen allein im Hausflur. Oma wendet sich uns zu.

»Wir müssen zusammenhalten und uns gegenseitig helfen. Dann klappt es schon. Versprochen, Jungs?«

Oma legt ihre Hand aufs Herz. Mein Bruder und ich nicken. Omas Plan klingt einfach und gut. Das könnte hinhauen mit ihr als Trainerin unseres Zweitligavereins.

Dann fällt ihr wie immer noch etwas ein: »Ach so ... Ihr dürft euch nicht über eure Tante Gertrud ärgern. Alles, was sie im Moment redet, dürft ihr einfach nicht ernst nehmen. Denkt daran! Es geht bei euch da rein und da einfach wieder raus!«

Dabei deutet sie an ihrem Kopf erst auf das eine und dann auf das andere Ohr. Sie hat tatsächlich die Größe, die Schwester unserer verstorbenen Mutter auch noch vor uns in Schutz zu nehmen. Oma ist unfassbar großartig und bewahrt mich vor dem völligen seelischen Untergang.

KAPITEL 15
MEIN BEILEID

>>*Du hältst jetzt
einfach meine Hand.*<<

Ich weiß nicht, ob es so etwas wie eine schöne Beerdigung überhaupt geben kann. Das Begräbnis meiner Mutter jedenfalls ist grauenhaft. Die engsten Verwandten meiner Mutter bleiben an diesem herrlichen Sommertag seltsam fern von mir. Ich scheine der lebendige Beweis für die Katastrophe zu sein. Allein meine körperliche Anwesenheit ist Vorwurf genug. Der unberechenbare kleine Zeuge könnte bei der denkbar ungünstigsten aller Gelegenheiten womöglich die unerträglichsten Details auspacken. Alle ziehen sich von mir zurück. Man gibt mir damit das Gefühl, letztlich sei auch ich eine der Ursachen für das Drama.

Vermutlich befürchtet man, dass ich an diesem Tag etwas einfordern könnte, was sich als unerfüllbar erweist. Mit mir umzugehen ist für alle Anwesenden zugegebenermaßen besonders schwierig. Da steht kein unbefangenes Kind mehr, sondern der wutentbrannte Hauptbelastungszeuge in einem verwirrenden Prozess, der bei unübersichtlicher Faktenlage geführt wird. Ich habe nun einmal zu viel gesehen und gehört. Und wer das noch nicht von mir selbst erfahren hat, der ahnt es jetzt sicher.

Auch weiß ich überhaupt nicht, mit wem ich über Mamas Freitod eigentlich sprechen darf und mit wem nicht. Denn »oute« ich mich als Sohn einer »Todsünderin«, werde ich ja womöglich postwendend vom Pfarrer gleich mit ins Inferno gejagt! Eine ordentliche Beerdigung erhält meine Mutter ohnehin nur, weil ihr plötzlicher Tod notgedrungen seitens der Familie gegenüber der katholischen Kirche als Hirnschlag deklariert wurde. Man hat nämlich ganz brav nach deren Pfeife zu sterben! Ein verzweifeltes Menschenleben endet aber nun mal nicht nach Lehrbuch. Erst zehn Jahre später soll diese menschenunwürdige Praxis zähneknirschend aufgehoben werden. Zu spät für meine Mutter und mich.

Jeder, der behauptet, uns exakt sagen zu können, was für jedes einzelne Individuum falsch oder richtig ist vor Gott, erhebt sich über diesen bedingungslos liebenden obersten Guru. Das muss jeder Einzelne von uns für sich allein mit seinem Schöpfer oder seinem einzigen Vertreter auf Erden, dem menschlichen Gewissen, ausmachen.

Eine religiöse Organisation, die ein achtjähriges Kind, statt ihm bedingungslos und hilfreich zur Seite zu stehen, durch einen verwirrenden Regelkanon in einen unerträglichen Gewissenskonflikt treibt, hat ihre Daseinsberechtigung in meinen Augen verspielt. Dafür sollten sich die verantwortlichen Würdenträger jener Zeit einfach mal eine ganze lange Runde schämen. Punkt.

Ich glaube, Gott hat mich auch in die Welt gesetzt, damit ich meinen eigenen Maßstab finde, und nicht, damit ich widerstandslos und kritiklos das vorgegebene Massendenken übernehme, das die Menschheit wieder und wieder in schreckliche Kriege getrieben hat.

Des Schöpfers Maßanzüge sitzen nun mal deutlich besser als die menschengemachte Dutzendware.

Ein seltsam verwahrloster katholischer Gott scheint also während der Beerdigung meiner Mutter die Sache nicht im Griff zu haben. Oma Berthas Zweckoptimismus hat am Tag der Beerdigung ebenfalls Zwangspause. Sie ist derart von Trauer gezeichnet, dass sie sich absichtlich von mir fernhält. Sie will offensichtlich nicht, dass ich sie so aufgelöst und hilflos in Erinnerung behalte. Das gelingt ihr. Oma wendet sich immer dann von mir ab, wenn sie nicht mehr Herrin ihrer Gefühle ist. Sie ist die Einzige, die im Vorfeld dringend dafür plädiert, mich ganz vom Begräbnis fernzuhalten. Mein Vater und sein Schwiegervater geben dem Gnadengesuch meiner kompetenten Anwältin allerdings nicht statt.

»Der Junge muss mit! Das ist ja wohl eine Selbstverständlichkeit«, fordert Opa Willi grollend, und mein Vater nickt nur schweigend dazu.

»Bleibt diesem Kind denn nichts erspart?«, hakt meine Großmutter noch einmal erfolglos nach.

Oma Bertha wäre aber nicht Oma Bertha, wenn sie nicht hinterrücks etwas ausgetüftelt hätte, das mir zumindest die Hälfte und somit den schlimmsten Teil der für mich unerträglichen Zeremonie ersparen wird. Mit Oma muss man zum Glück immer rechnen. Vermutlich wirkt Gott heute durch meine Oma?

Es ist ganz erstaunlich für mich zu erleben, wer sich an jenem Tag mit mir auseinandersetzt und wer eben nicht. Wer hält mich in meinem seelischen Aufruhr überhaupt noch aus?

Als die Totenglocke der nahen Kirche läutet, wird es für die Familie Zeit, zur Messe zu gehen. Mein Vater nimmt wehklagend meine Hand und zerquetscht sie fast dabei. Als wir vor unsere Haustür treten, wartet da als Einzige meine Tante Veronika, eine entfernte angeheiratete und wasserstoffblonde Cousine meiner Mutter. Das erstaunt mich.

Was will die denn hier? Ist die denn so eng mit uns verwandt?, denke ich.

Die lebenslustige und sangesfrohe Tante Veronika ist bei Polonaisen durch johlende Festsäle gern die Erste und bei feuchtfröhlichen Familienfeiern die Letzte. Viel mehr weiß ich gar nicht über sie, außer dass sie von den meisten Familienmitgliedern für etwas ordinär gehalten wird.

Tante Veronika kondoliert allen, und als mein Vater ihr seine Hand reicht, nutzt sie die Gelegenheit und zieht mich zu sich.

»Ich kümmere mich heute um den Jungen!«, sagt sie kurz entschlossen zu meinem ohnehin geistig nicht anwesenden Vater. Wahrscheinlich bemerkt er den Vorgang gar nicht richtig. So hat mich nun also die ungekrönte Familien-Partymaus Tante Veronika am Haken.

Was für eine unerwartete und glückliche Wendung. Sie zieht mich von meiner Familie weg und prescht mit mir im Schlepptau in Richtung Kirche. Sie ist natürlich auch sehr betroffen, aber eben nicht so komplett am Boden zerstört wie meine nahen Verwandten. Das ist jetzt seltsam wohltuend. Vielleicht hat Oma Bertha, wissend um Veronikas quietschfidele Art, sie eigens angeheuert, damit sie sich um mich kümmert?

»Du hältst einfach meine Hand!«, lächelt sie mich an. »Wir zwei stehen das jetzt gemeinsam durch. Wir sind doch nicht aus Zucker! Was, Hans-Peter?«

Bald erreichen wir die Kirche, und die Totenglocke dröhnt weiter in meinen Ohren. Vor uns strömen unzählige Menschen, Freunde, Bekannte, Verwandte, Steuerberater, Dachdecker, Hausärzte, Rechtsanwälte und ich weiß nicht, wer noch, ins Innere des Gotteshauses. Nicht wenige sind sichtlich überrascht, mich an der Hand dieser nicht ins grundkatholische Konzept der Veranstaltung passenden Tante zu sehen. Man war bisher davon ausgegangen, dass Veronika sich nur für Miniröcke, exotische Cocktails und glutäugige Südländer interessiert. So kann man sich irren. Sie kann auch ein Kind auffangen, das gerade ins Bodenlose fällt.

Vor dem Eingangsportal warten geduldig und sehr gefasst zwei unscheinbare, stille und ebenfalls in Schwarz gewandete Gestalten. Die Ebingers. Sie warten offensichtlich auf mich, denn Annemarie Ebinger winkt nun verhalten mit einem weißen Taschentuch, welches sie in Hüfthöhe hält, in meine Richtung. Wiederum sind es keine engen Verwandten, die da tapfer ausharren, sondern ein mit meiner Mutter entfernt verschwippschwägertes, kinderloses Ehepaar.

Tante Annemarie und Onkel Kurt. Die schwarzhaarige und temperamentvolle Annemarie ist auf jeder Familienfeier die unbestrittene Hauptattraktion, und das aus zwei Gründen.

Erstens ist sie eine unverschämt gute Sängerin, brillante Parodistin und die weltbeste und lustigste Zarah-Leander-Darstellerin, die jede noch so trübe Zusammenkunft mit ihren phantastischen Einlagen aus dem Tiefschlaf zu reißen vermag. Ich als ihr erklärtermaßen größter Fan bete sie an!

Zweitens fällt sie regelmäßig nach diesen Auftritten, wieder am Tisch neben ihrem geliebten Mann sitzend, in eine Art Trance oder Schockstarre. Zunächst sinkt ihr Kopf wie in Zeitlupe vornüber auf den Tisch und verharrt dort, auf ihren verschränkten Armen ruhend, für einige Minuten. Sie ist dann nicht mehr ansprechbar. Danach baut sie sich langsam wieder auf und starrt für geraume Zeit vernebelt, weltfremd und verschreckt ins Leere. Diese Starre geht irgendwann wiederum in einen dramatischen und nahezu lautlosen Weinkrampf über, bei welchem ihr Kopf, wie von einer schweren Last gezogen, abermals langsam auf die Tischplatte sinkt.

Dieser für Außenstehende bedrohlich wirkende Zustand dauert circa eine halbe Stunde an. Soweit ich mich erinnern kann, ist niemand meiner Verwandten jemals wirklich darauf eingegangen. Die Partys laufen ungeachtet dieser Zusammenbrüche in geradezu brutal vergnügungssüchtiger Weise ungestört weiter. Einzig ihr Mann, Onkel Kurt, sitzt dann dem Trubel trotzend neben ihr, hält ihre Hand, tätschelt sie und beruhigt sie mit dem ständig sich wiederholenden, rheinisch klingenden Mantra: »Muttilein, es ist doch alles gut. Es ist alles vorbei und schon so lange her. Bei mir bist du doch in Sicherheit!«

Schon einige Male habe ich das so erlebt und mich dann meist direkt vor meine Tante gesetzt und zu verstehen versucht, was da Schreckliches mit ihr passiert. Einmal habe ich Onkel Kurt besorgt gefragt: »Was hat Tante Annemarie denn?«

Aber er konnte nicht antworten, hat nur herumgedruckst und dann doch nichts gesagt. Ein anderer Onkel hingegen, der meine Frage offensichtlich mitbekommen hatte, brüllte mir beschwingt über den halb nackten Rücken seiner Partnerin hinweg von der Tanzfläche zu: »Sie war als Kind verschüttet. Durch einen Bombenangriff! Sie ist neben ihren toten Eltern wieder aufgewacht. Lass sie sich mal ausweinen. Die fängt sich gleich wieder!«

Tatsächlich ist sie unmittelbar nach diesen »Anfällen« wieder ganz die Alte. Unterhaltsam, drollig und grundlustig.

»Vattilein, komm, lass uns das alte Tanzbein schwingen!«, fordert sie dann bei der nächsten Damenwahl ihren stillen Helden im breitesten Rheinisch zum Tanz auf, um eng umschlungen und wieder selig vor Glück mit ihm übers Parkett zu schweben. Und nicht selten kneift sie dabei ein Auge zu und lächelt verstohlen in meine Richtung.

Da stehen sie nun also vor dem Kirchenportal, die Ebingers. Tante Annemarie beugt sich zu mir herunter, streichelt mein Gesicht und sagt in ihrer besonders tiefen Stimmlage, mit einem ganz kleinen Fragezeichen versehen: »Hans-Peter?« So als wollte sie mich sanft aufwecken. Dann schaut sie mir ernst in die Augen. »Das überstehst du doch. Ich weiß das!«, sagt sie und fährt kräftig nickend fort: »Dein Onkel Kurt und ich haben gedacht, dass wir unseren Hans-Peter an seinem schwersten Tag doch nicht allein lassen dürfen. Komm! Jetzt lass uns mal Abschied nehmen von deiner lieben Mama.«

Damit ergreift sie meine andere Hand, und wir bewegen uns in die übel nach Weihrauch duftende Kirche.

Wer hätte das gedacht? Tante Veronika, der dralle wasserstoffblonde Blickfang, und die pechschwarzhaarige Tante Annemarie, der traumagepeinigte Fetenstar, begleiten mich nun auf meinem Weg ins Innere der Kirche. Die zwei Stimmungskanonen und Außenseiter der Familie, mit denen ich nicht einmal blutsverwandt bin, besitzen tatsächlich die Größe, diese Tortur mit mir durchzustehen. Das lenkt mich in jenem Moment ein wenig ab, es fühlt sich stark an.

Dennoch, heute ist jeder überfordert. Vor allem der fahrige und zerstreute Pfarrer. Denn der ist auch mein Religionslehrer und kannte meine Mutter daher ziemlich gut. Den nötigen Abstand zur Beerdigung kann er nicht aufbringen, und mit seinen glasigen Augen wirkt er auf unangemessene Weise betroffen.

Die Kirche ist zum Bersten gefüllt. Als ich den blumengeschmückten Sarg vor dem Altar zum ersten Mal erblicke, fange ich laut an zu weinen. Die beiden Tanten sehen deshalb davon ab, mich, wie von allen erwartet, in die vorderste Bankreihe neben meine Familie zu setzen. Wir verschwinden irgendwo hinten, direkt unterhalb der dröhnenden Orgel. Je lauter die Orgelklänge brummen, desto lauter darf ich alles aus mir herausheulen. Ich ersticke fast dabei, ich habe keine Luft mehr zum Atmen.

Das, was sich da in den hinteren Bänken abspielt, muss sich für die Trauergäste, die weiter vorn sitzen, nach einer ziemlich schweren Geburt anhören. Das ist es auch. Hier erblickt gerade eine schlimme und endgültige Erkenntnis das Licht der Welt. Tante Veronika zieht mich irgendwann kurz entschlossen und laut polternd über unsere Sitznachbarn hinweg aus der Bank und sagt: »Das hat doch alles keinen Zweck! Was sollst du dich hier quälen? Deine Oma hatte recht. Komm, wir gehen einfach.«

Als wir das rettende Freie erreichen, zündet sich Tante Veronika als Erstes eine Zigarette an. Ebingers folgen uns kurz danach auf den Kirchplatz; die Pforte fällt laut hinter ihnen ins Schloss. Auch Annemarie zündet sich, nachdem sie hektisch nach dem Päckchen »Kim« in ihrer Handtasche gefahndet hat, einen Glimmstängel an. Tante Annemarie nimmt einen tiefen Zug, bläst den Rauch mit einem lauten Seufzer gen Himmel, beugt sich zitternd zu mir herunter und beschwört mich sanft: »Wenn der Sarg nachher herausgetragen wird, stellst du dich einfach neben deinen Bruder und läufst mit ihm. Du musst ja dabei nicht auf den Sarg schauen. Schau woanders hin, wenn du willst. Meinst du, du kriegst das hin?«

Ich nicke und denke: Oh Gott, hinter dem Sarg herlaufen? Da kann ich ja gleich mit ins Grab hüpfen. Das überlebe ich nicht!

Nach einer kleinen Ewigkeit öffnet sich das Hauptportal der Kirche. Der Sarg mit den Blumen wird herausgetragen und auf einen fahrbaren Untersatz gehievt. Direkt dahinter gehen mein Bruder und mein Vater. Tante Veronika ergreift ruckartig meine Hand und übergibt mich an meinen völlig versteinerten Bruder.

»Wir müssen jetzt nach hinten. Schau einfach nicht drauf!«, flüstert sie und verschwindet in den hinteren Reihen derer, die dem Zug nun still und andächtig folgen. Mein Vater und mein Bruder starren gebannt auf den Sarg.

Nicht draufschauen!, denke ich und versuche mich gedanklich abzulenken. Dem kleinen Jungen gelingt das im Sommer des Jahres 1973 aber nicht. Er heult, einer Alarmsirene gleich, die ganze Stadt zusammen.

Erst heute, als Erwachsener, kann ich mich auch an das Banale, Selbstverständliche und damit auch an das Schöne im Leben mit meiner Mutter erinnern. Es sind Erinnerungen an eine »normale«, an eine gesunde und unternehmungslustige Mutter.

Da hebt dann zum Beispiel meine Mutter in Arbeitskittel und Gummistiefeln in ihrem alten Garten ein Beet aus und trällert dabei einen Schlager. Hinter ihrem Rücken habe ich, der Fünfjährige, heimlich mein Meerschweinchen Mucki aus seinem Käfig befreit. Von hinten schleiche ich mich an meine abgelenkte Mutter heran und lasse Mucki direkt unter ihren Beinen frei. Meine Mutter schreit wie am Spieß und hüpft mit einem riesigen Satz zur Seite: »Iiiih, was ist das? Eine Ratte ... eine riesige Ratte!«

Ich schütte mich vor Lachen aus und schreie: »Mama, das ist doch Mucki!«

Und meine Mutter schaut mich mit gespielter Wut an, fängt laut an zu lachen und droht: »Na warte, wenn ich dich kriege!«

Sie läuft los, kriegt mich auf dem Rasen unter der Wäscheleine zu fassen, beugt sich über mich und giggelt albern: »Jetzt habe ich dich! Und was mache ich wohl mit dir?«

Ich erstarre vor gespieltem Schreck, verkrampfe mich, schließe die Augen und brülle: »Nein, Mama, bitte nicht ... Alles, aber bitte nicht auskitzeln!«

Da fällt sie aber schon vergnügt über mich her, und wir rollen unverschämt laut quietschend über den Rasen.

Dann wiederum sitzen wir zwei in meiner Erinnerung auf der Rückbank unseres alten Renaults. Mama hält mir während der Fahrt die Augen zu und amüsiert sich prächtig dabei: »Nein, ich verrate es dir nicht!«

Ich quengele: »Wann sind wir denn endlich da?«

Sie flötet mir in einem albernen Singsang ins Ohr: »Das ist eine Überraschung! Wo wolltest du denn unbedingt mal hin?« Mit diesem Satz stoppt der Wagen auch schon.

»Ans Meer! Da war ich noch nie!«

Und Papa kurbelt die quietschende Scheibe nach unten, und lautes Getöse ist zu hören. Mama zieht ihre Hände blitzartig von meinen Augen und schreit begeistert wie ein kleines Mädchen und klatscht dabei in die Hände: »Und bitte, der Herr, das Meer! Freust du dich?«

Vor mir, die wild sprudelnde und sich aufbäumende Nordsee. Ich traue meinen Augen nicht. Was für ein unvergessliches Bild.

»Komm, wir gehen sofort schwimmen!«

Mit dieser Aufforderung hat Mama schon die Beifahrertür aufgerissen, und mir wird kurzfristig mulmig.

»Ich kann doch gar nicht schwimmen!«, werfe ich kleinlaut ein.

»Mama hält dich doch fest! Komm!«, bestärkt meine Mutter mich und winkt mich zu sich.

Banale, schöne und ganz selbstverständliche Episoden zwischen Mutter und Sohn. So will ich meine Mutter in Erinnerung behalten und nicht so, wie sie in der Leichenhalle aussah. Auch unsere gemeinsame düstere Zeit will ich auf keinen Fall dauerhaft im Kopf behalten, auch wenn es mir schwerfällt, diese schrecklichen Bilder ganz auszublenden. In den vergangenen 42 Jahren ist kein einziger Tag vergangen, an dem ich meiner Mutter nicht in irgendeiner Form gedacht habe.

Deshalb weiß ich, dass es weitaus gesünder und wertvoller ist, sich an die Stärke und Lebenskraft eines geliebten Menschen zu erinnern als an die leidvollen Momente.

Würden Sie – entschuldigen Sie bitte die freche Frage – von dem Menschen, den Sie am meisten lieben, ein Bild aufhängen, das ihn blutüberströmt an ein Kreuz genagelt zeigt? Das ist bereits in der Vorstellung schier unerträglich, oder? Wer Jesus wahrhaft liebt, kann es doch nicht ertragen, ihn in dieser schrecklichen Verfassung zu sehen.

»Tut dies zu meinem Gedächtnis!«, lautet die unmissverständliche Anweisung Jesu. Die Rede ist hier zweifelsfrei nicht von seiner Kreuzigung, sondern vom letzten Abendmahl im Kreise seiner Lieben. So wollte er offenbar in ewiger Erinnerung bleiben. Als Spender und Förderer des Lebens, der Gemeinschaft und des Heils. Das Ursymbol der Christen war ja auch kein Kreuz, sondern ein Fisch, der das Zeitalter des Menschenfischers Christi verdeutlichen sollte.

»Hängt das Kreuz meines unerträglichen Leidens auf!«

Wo steht denn das bitte genau in den Evangelien? Nirgendwo. Das ist frei nach dem katholischen Motto: »Augen auf, Halunken und Übeltäter! So kann es euch ergehen, wenn ihr euch nicht strikt an jede unserer selbst gezimmerten Anweisungen haltet!«

Michelangelos Pietà im Petersdom ist wohl am besten geeignet, um an das übermenschliche Leid des Gottessohnes zu erinnern. Die Mutter, die ihren Sohn hält und ihn selbst im Tode nicht aufgibt. Eine so einfache und vieldeutige Szene, die dem Martyrium eine berührend menschliche und gleichzeitig tief spirituelle Dimension verleiht.

Gern will ich ja die »Frohe Botschaft« der Kirche vernehmen, danach leben und sie sogar verkünden, aber wie denn nur, wenn sie uns ständig die Sünde, das Leid und andere Unerträglichkeiten unter die Nase reibt? Es ist allein meinem eigenen Gewissen überlassen, wie ich mit diesen Dingen umgehe. Denn um das Leid und die Sünde wissen die meisten Menschen allein aus ihrer eigenen göttlichen Natur heraus.

Hört also endlich auf zu drohen! Das ist einfach nur anmaßend, unreif und wirkt seltsam verängstigt. Bei Gott mag es ja alles in Hülle und Fülle geben, aber eines gewiss nicht: die nackte Angst!

Ihr in der katholischen Kirche habt euch so oft geirrt und vermeintlich endgültige Urteile kleinlaut revidieren müssen. Da vertraue ich doch lieber auf mein Gewissen! Das fühlt sich gesünder an.

Als die Trauerschar, angeführt von meinem Vater, meinem Bruder und mir, das offene Grab erreicht, um welches sich Kränze und Gestecke türmen, geht mein Blick zuerst zum Grab meiner Großmutter Änne, die nur anderthalb Reihen hinter ihrer Tochter ruht. Unwillkürlich erinnere ich mich an ihre letzten Worte an mich: »Du wirst etwas ganz Besonderes aus deinem Leben machen. Das weiß ich. Du musst dich immer daran erinnern, Hans-Peter! Versprich mir das!«

Tante Gertrud wird einfach ohnmächtig, als der Sarg mit den sterblichen Überresten meiner Mutter von den Trägern ruckartig an Seilen in die Tiefe gelassen wird. Sie sackt langsam und nach einem kurzen Stöhnen in sich zusammen. Ihr Mann und ihre Kinder müssen sie zu dritt vom Boden aufsammeln und stützen. Und erst als man ihr Riechsalz unter die Nase hält, scheint sie sich wieder halbwegs zu fangen.

Diese schreckliche Beerdigung ist ein einziges Heulen und Jammern. Ich erlebe das Ganze wie einen absurden Film. Es ist alles so unwirklich dramatisch und hoffnungslos. Auch habe ich das Gefühl, von innen auf seltsame Weise angenehm zu leuchten und dabei gleichzeitig rettungslos zu verbrennen. So, als müsste ich alle mir zur Verfügung stehende Energie aufwenden, um dieses Spektakel zu überstehen.

Ich bin die Trümmer des Krieges, der in meiner Mutter gewütet hat. Um mich herum tobt ein Orkan, der alles aus der Verankerung reißt; in meinem Zentrum herrscht Totenstille. Was hat Mama mir da Schreckliches angetan? Ob ich ihr das jemals verzeihen kann? Es wird lange, sehr lange dauern.

Diese grausigen Erlebnisse lassen mich jedoch zu dem werden, was ich in ferner Zukunft einmal sein soll. Einerseits misstrauisch, kritisch und distanziert. Andererseits konsequent, standhaft und konzentriert auf das Wesentliche. Die schlimmste Prüfung meines Lebens scheint in diesem Moment bereits hinter mir zu liegen.

Das, was mich jetzt angesichts der Trümmer noch auf den Beinen hält, ist einzig der feste Glaube daran, dass Gott das alles in Liebe ordnen wird. Darauf vertraue ich blind. Sein Wille geschieht, und dem habe ich mich zu beugen.

Meine Großmutter, die mir gegenüber auf der anderen Seite des Grabes steht, schaut mich kurz besorgt an und gibt jemandem, der offensichtlich hinter mir in der Menge steht, durch eine kurze Bewegung ihres Kopfes ein Signal: Basta! Es ist genug. Schon ergreift jemand meine Hand und zieht mich entschlossen weg vom offenen Grab.

»Wir gehen eine Limonade trinken!«, flüstert mir eine männliche Stimme verschwörerisch ins Ohr. Es ist wiederum Onkel Kurt Ebinger, und es scheint ihm völlig egal, was einige der umstehenden Verwandten nun zu denken scheinen. Denn er erntet für seine beherzte Initiative nicht nur verständnisvolle Blicke. Zur Gnadenlosigkeit des Schauspiels gehört offensichtlich auch, es tapfer und ohne Murren bis zum Ende durchzustehen. Das jedenfalls werde ich Onkel Kurt und meiner Oma niemals vergessen. Ihr habt mich in höchster Not gerettet!

Der sich an die Beerdigung anschließende Leichenschmaus ist mir nicht mehr genau in Erinnerung. Allerdings sind es auch hier wiederum eher entfernte Verwandte und Bekannte, die sich meiner annehmen.

Einzig Tante Lisbeths eindringlicher Appell an mich ist mir noch klar im Gedächtnis, nämlich als sie mich abseits der Kaffeetafel auf einen Stuhl setzt und sich fast mahnend zu mir herunterbeugt: »Weißt du, Hans-Peter, von einigen Menschen verlangt Gott besonders viel. Wie jetzt von dir. Warum das so ist, wissen wir nicht, aber eines Tages wirst du es vielleicht erfahren!«

Ihr Wort in Gottes Ohren.

Mein Leben jedenfalls soll ein großes Fest werden, beschließe ich mutterseelenallein nach der Beerdigung. Ich entscheide mich ganz bewusst für das Lachen und für die Fülle des Lebens. Manche Menschen mögen meine Einstellung getrost für oberflächlich halten, sei's drum. Ich habe meine guten Gründe.

Gott bleibt für mich bis heute der unsichtbare Komponist einer wundervollen Musik. Deren Wirkung in der Welt kann jeder Mensch erleben und, wenn er will, sogar genießen. Nach seiner Musik zu urteilen, muss Gott phantastisch sein, und ich kann keinen einzigen Grund dafür erkennen, warum ich an ihm zweifeln sollte. Es kann eine Freude sein, sich den sichtbaren Wirkungen des eigentlich Unfassbaren zu nähern.

KAPITEL 16
APPLAUS! APPLAUS! APPLAUS!

Ein Gurkenbrot
kann Wunder wirken.

»Das hilft dem Jungen auch nicht weiter, wenn sie ihm hier ständig heulend auf der Pelle hocken. Dass es schlimm ist, weiß er selber. Das müssen sie ihm nicht wieder und wieder vorjammern. Sie können alle gerne wiederkommen, wenn sie dem Jungen auch mal was Nettes zu berichten haben.«

Mit diesen an meinen Vater gerichteten Worten unterbindet meine Großmutter rigoros und ein für alle Mal die auch Wochen nach der Beerdigung andauernden und unangemeldeten Trauerbesuche einiger Verwandter meiner Mutter.

Das Leben muss jetzt für mich einfach noch einmal von vorn anfangen. Es ist etwas Entscheidendes schiefgelaufen. Meine Kindheit erkläre ich erst einmal für beendet. Meine Umgebung muss ich jetzt noch schärfer beobachten und mit meinen begrenzten Möglichkeiten noch genauer analysieren, als ich es ohnehin schon getan habe. So eine Katastrophe darf mir nie wieder passieren.

Wenn die Mutter stirbt, hat das zurückbleibende Kind nur zwei Möglichkeiten: Entweder es stirbt vor Trauer,

Gram und Wut gleich mit, oder aber es wird zum unverbesserlichen Optimisten. Für Letzteres habe ich mich entschieden.

Ohnehin besitze ich von Natur aus eine komische Wirkung, und förderlich hinzu kommen damals ein Topfschnitt, eine Hornbrille mit Panzergläsern, außerdem bunte Pullunder, die ich eng am Leib trage, und dicke Pausbacken in meinem Gesicht. Ich sehe aus wie eines der dicken lustigen Kinder aus den herrlichen schwedischen Fernsehserien.

Und spätestens wenn ich Kermit, den Frosch, für die Kinder auf der Straße gebe, wenn ich sein berühmtes: »Applaus, Applaus, Applaus!« imitiere, dann erobere ich die Herzen im Sturm. Es kostet mich keinerlei Anstrengung. Es macht das Leben für mich und für alle um mich herum leichter. Nur bin ich dabei eben nicht mehr ganz so kindlich und unbekümmert, sondern mitunter schon virtuos.

Das, was ich vor dem Tod meiner Mutter an Komischem spontan und unreflektiert zum Besten gegeben habe, trage ich nun äußerst zielgerichtet vor. Quasi nach Plan beginne ich die Tiefe meines Humors auszuloten. Wie weit kann ich humoristisch gehen? Was bewirkt etwas Positives und Starkes bei meinem Gegenüber? Welcher Gag verbessert seinen Zustand deutlich? Bei welcher Pointe wird er wach und fängt an sich zu wehren? Wann lässt er eine komische Spitze noch zu? Der Humor wird von nun an meine Art sein, auf die Welt einzuwirken. Das ist für manche Verwandte und Bekannte durchaus irritierend, und nicht selten empfindet man mich als unangemessen rebellisch.

Meine Großmutter hingegen lässt diese Veränderung nicht nur großmütig geschehen. Nein! Sie fördert meine Entwicklung sogar. Es ist wie mit dem berühmten Fluch im Märchen: Oma kann ihn nicht aufheben, aber durch ihre besonders herzliche Art entscheidend lindern. Als Kind bin ich für meine Großeltern in den ersten Monaten unseres Zusammenlebens vermutlich eine einzige Zumutung. Störrisch, rechthaberisch, verschlossen, unkooperativ, aggressiv und ständig maulend. Nichts passt mir, alles ist falsch. Mein untröstliches Kinderego treibt sehr wütende, aber auch kreative Blüten.

Oma Bertha tut vom ersten Tag an so, als wäre sie eigentlich schon immer meine Mutter gewesen und als wäre rein gar nichts Weltbewegendes in unserem kleinen Leben passiert. So, als stünde ihr auf der Stirn geschrieben »War was?«, beginnt sie entschlossen, die Trümmer wegzuräumen, und sorgt durch diese scheinbare Oberflächlichkeit für viel frische Luft und enorm viel neuen Raum in meinem Leben.

Sie wirkt erstaunlich gut vorbereitet auf diese desolate und in manchem an die Nachkriegszeit erinnernde Situation. Auch wenn sie körperlich manchmal maßlos überfordert scheint, seelisch meistert sie die Sache, zumindest in meinen Augen, mit Bravour und Sternchen. Mit ihrer gottgegebenen Heiterkeit versetzt sie jetzt Berge. Sie wirkt mit einem Mal zwanzig Jahre jünger, als es ihr Personalausweis behauptet.

Ganz pragmatisch beziehen meine Großeltern eine große Wohnung im ersten Stock unseres Hauses. Tante Gertrud höchstpersönlich rückt mit ihrer gesamten Familie in Blaumännern an, um meinen »neuen Eltern« ihr Zuhause so zu gestalten, dass sie dort heimisch werden. Ohne Unterlass renovieren, malern und tapezieren sie meiner Großmutter jeden Wunsch von den Lippen. Na also, es geht doch! Wenn sie will, kann Gertrud auch mal richtig nett sein.

Genau in jenem Haus, in welchem Oma sich nie wohlgefühlt hat und von dessen Kauf sie dringend abgeraten hatte, soll sie nun den Rest ihres Lebens verbringen. Oma springt wieder einmal über ihren Schatten. Aber: Wie lange wird sie wohl noch leben? Diese Frage schwebt von nun an wie ein Damoklesschwert über mir, dem Achtjährigen. Ein weiteres Mal wird mir der Tod zu einem eigentümlich vertrauten Begleiter.

Das städtische Jugendamt meldet sehr bald den Besuch einer eifrigen Mitarbeiterin an, die prüfen soll, inwieweit meine Großeltern und vor allem meine Großmutter aufgrund ihres vorgerückten Lebensalters geistig und körperlich überhaupt noch dazu in der Lage ist, ein schulpflichtiges Kind zu erziehen. Dieser anstehende Besuch verursacht meiner Oma schon im Vorfeld heftige Kopfschmerzen. Und so sitzen wir eines Mittags gemeinsam mit Opa zu dritt am Küchentisch und entwerfen unseren Schlachtplan gegen die vorauseilenden Bedenken des skeptischen Jugendamts.

Oma vergräbt besorgt ihr Gesicht in ihren Händen und grübelt laut vor sich hin: »Wenn die Frau vom Jugendamt merkt, dass ich gehbehindert bin, dann nimmt sie dich mir womöglich weg, Hans-Peter. Was machen wir denn bloß? Ach, diese verdammte Hüfte!«

Zum ersten und allerdings auch zum letzten Mal gesteht sie sich ihr starkes Handicap tatsächlich unumwunden ein.

Mein Opa poltert: »Jetzt keine Schwarzmalerei, Bertha! Wenn die Frau kommt, bleibst du einfach hier auf der Eckbank sitzen, und den Rest erledige ich. Tür aufmachen, die Dame in die Küche begleiten. Das kann doch alles ich machen.«

Meine Oma lacht laut auf: »Du siehst doch gar nichts mehr! Und du hörst doch nicht mal die Türklingel! Du bleibst am besten einfach hier in der Küche sitzen und rührst dich nicht vom Fleck.«

Bedingt durch seinen grünen Star, ist Opa tatsächlich schwer sehbehindert, und wenn man ihn nicht laut und liebevoll anbrüllt, versteht er mittlerweile so gut wie gar nichts mehr.

Also überlege nun ich: »Opa kann das doch trainieren … die Frau von der Eingangstür in die Küche zu begleiten. Wir müssen das üben! Das sind doch nur zehn Meter. Das schafft er schon. Er fährt doch auch noch Fahrrad.«

Das tut er wirklich, und zwar ziemlich waghalsig und todesmutig. Opa ist sofort mit meinem Vorschlag einverstanden. Wir studieren den bevorstehenden Auftritt sorgfältig ein, um grobe Fehler zu vermeiden.

Unser schnell ausgeheckter Plan sieht also Folgendes vor: Opa holt die Dame mit Gottes Hilfe an der Eingangstür ab, begleitet sie daraufhin quasi im Blindflug, und möglichst ohne ein Gespräch anzufangen, in die Küche. Dort sitzen meine Großmutter, schon erwartungsfroh, und ich, ganz artig im weißen Rolli, an der bereits gedeckten Kaffeetafel. Oma wird von Opa und mir auf der Eckbank mittig von beiden Seiten derart eingekeilt, dass sie, selbst wenn sie es wollte, unmöglich aufstehen könnte. So weit die Theorie. Ob das aber auch in der Praxis funktioniert?

Schließlich plädiere ich dafür, dass Oma ganz gegen ihre Gewohnheit eine kurzärmelige Bluse trägt, damit die Dame Omas Oberarmmuskeln in ihrer ganzen Pracht bewundern kann.

Sie hat Bizepse wie eine Leichtathletin, und ich finde, die sollte sie bei dieser wichtigen Begegnung ruhig einmal zur Schau stellen.

Einen gravierenden Haken hat unser Plan jedoch: Oma kann nicht schauspielern! Sie kann es einfach nicht. Sie kann nicht einmal schwindeln oder so tun, als ob. Ihr fehlt nach meiner Einschätzung einfach alles, was man zu einer glänzenden Showkarriere dringend benötigt. Sie ist hoffnungslos authentisch. Genau das könnte jetzt ziemlich gefährlich werden.

Opa und ich üben immer wieder den großen Auftritt der Dame vom Jugendamt. Mehrfach holt er mich an ihrer Stelle von der Tür ab und begleitet mich holprig und manchmal stolpernd in die Küche. Dort sitzt Oma und begutachtet und kommentiert unser Treiben skeptisch: »Das merkt die doch sofort, dass du nichts siehst, Hermann! Das sieht ja alles fürchterlich tollpatschig aus! Du darfst auf keinen Fall so krampfhaft suchend auf den Boden starren, wenn du mit ihr in die Küche kommst.«

Mein Opa schnauzt ungehalten zurück: »Ich mache es, so gut ich es kann. Mensch, Bertha! Ich seh doch nix!«

Kopfschüttelnd fügt Oma hinzu: »Dann verrate mir jetzt bitte mal, warum du immer noch Fahrrad fährst! Nee, nee, nee. Wenn das mal alles gut geht!«

Bald ist der große Tag dann tatsächlich gekommen. Kurz vor der nachmittäglichen Ankunft der ominösen Dame kann ich es mir im Übereifer partout nicht verkneifen, Opas Fahrrad und Mamas altes Hollandrad direkt vor unserer Eingangstür zu parken. Ich habe mir da einen echten Clou überlegt! Es soll jedem bereits vor dem Betreten des Hauses klar werden, dass meine jugendlich frischen Großeltern energiegeladene Sportskanonen sind. Das werde ich dann während des drohenden Gesprächs mit der Dame auch en passant erwähnen.

Oma ist an jenem Tag überaus nervös. Ihr Gesicht ist mit hektischen Flecken übersät. Bertha hat höllische Prüfungsangst. Nur mit Mühe kann sie es sich verkneifen, sich zur allgemeinen Beruhigung der Lage einen Schluck Klosterfrau Melissengeist einzuschenken.

»Ochje! Wenn die 'ne Fahne riecht, ist es wahrscheinlich gleich aus!«, jammert sie.

Dann klingelt es tatsächlich schrill an der Haustür, und Opa bleibt erwartungsgemäß wie angewurzelt auf der Eckbank sitzen.

»Hermann! Das war die Türklingel!«, raunt Oma ihrem Ehemann zu, worauf der überaus erstaunt erwidert: »Ja, denkst du, die hätte ich jetzt gehört? Nix hab ich gehört!«

Gemeinsam setzen Opa und ich uns in Bewegung. Dabei zerre ich ihn quasi zur Wohnungstür und betätige dort eilig den summenden Türöffner. Dann verschwinde ich wieder brav und sittsam zurück an die Seite meiner Oma. Kurz darauf sind im Flur die bedrohlich hallenden Schritte von Damenschuhen zu hören.

»Sie müssen Herr Kerkeling sein, richtig? Der Opa vom Hans-Peter?«, hört man eine leise und freundliche Frauenstimme, die sich unserer Wohnungstür nähert.

Opa antwortet darauf zunächst wie verabredet nichts. Was sollte er auch sagen? Er hat garantiert eh nichts verstanden. Ziemlich unklug ruft er der Dame dann aber doch leicht verwirrt und arg verzögert entgegen: »Wer?«

Oma und ich schauen uns auf der Eckbank nur kurz augenrollend an. Omas Blick spricht Bände, so als wollte sie sagen: Er hat es vergeigt! Prost Mahlzeit.

Nur mit Mühe kann ich Oma davon abhalten, nicht doch noch in den Flur zu stürzen, um die Situation nun übereifrig zu retten. »Du bleibst sitzen, Oma!«, sage ich hektisch und laut flüsternd.

Die Dame erreicht, den Geräuschen nach zu urteilen, unseren Flur, und Opa schleudert ihr entwaffnend ehrlich entgegen: »Wissen Sie, ich höre nämlich nicht mehr so gut! Mir müssen Sie alles immer dreimal sagen.«

Der Dame scheint der Gag zu gefallen, denn sie giggelt erheitert vor sich hin. Anschließend hilft Opa der Beamtin umständlich aus dem Mantel – wir hören das Ächzen und Stöhnen –, und dann stehen sie endlich gemeinsam in der Wohnküche. Opa schaut bemüht nicht auf den Fußboden, sondern in die unendlichen Weiten der Küche.

Über mein Gesicht zieht sich prompt ein breites und ehrliches Lächeln. Denn diese Frau kenne ich, und zwar gut. Also springe ich auf und laufe ihr entgegen: »Hallo, Frau Höltermann!«

»Na, das dachte ich mir doch, dass du mich noch kennst, Hans-Peter!«, ruft sie mir lachend zu und reicht mir erfreut die Hand. Omas verdutzter Blick darüber, dass ich diese hochgefährliche Dame vom Jugendamt persönlich kenne, ist entwaffnend komisch.

»Oma, ich kenne Frau Höltermann aus der Kindergruppe der Kirchengemeinde. Sie hat damals das Krippenspiel geleitet!«, beginne ich zu erklären.

»... Und Hans-Peter hat den Josef gespielt. Er ist ja ein richtig begabter kleiner Schauspieler! Weißt du auch noch, wer unsere Maria war?«, fragt Frau Höltermann.

Mit einem Mal fällt es mir ein. Das vorwitzige Mädchen mit den struppigen blonden Kirschhörnchen vom Schuleignungstest. Und die Dame vom Jugendamt hilft mir weiter auf die Sprünge: »Die kleine Silke, die dich immer heimlich küssen wollte, weißt du das noch?«

Die äußerst sympathische und kinderfreundliche Frau Höltermann nimmt nun an unserem Küchentisch Platz, und bei einer Tasse Kaffee beginnt sie bald entspannt mit meiner Großmutter zu plaudern. Mein Großvater trinkt währenddessen weder einen Kaffee, noch isst er ein Stück Marmorkuchen; er hält sich nur regungslos an einem jungfräulichen Glas Wasser fest. Zu groß ist offenbar seine Angst, er könnte aufgrund seiner Sehschwäche etwas davon verplempern.

Frau Höltermann entspricht sowohl äußerlich als auch charakterlich einer jüngeren Ausgabe meiner Großmutter. Dementsprechend gut scheinen sich die beiden Frauen zu verstehen. Meine Großmutter fasst sich im Verlauf des Gesprächs ein Herz und seufzt irgendwann bedeutungsschwanger: »Ach, wissen Sie, Frau Höltermann, ich will Ihnen hier gar kein Theater vorspielen!«

Ich stutze kurz und kann es nicht fassen. Meine Großmutter ist doch jetzt wohl nicht etwa gewillt, gegen jede Abmachung und in einem Anflug von Ehrlichkeitswahn ihre Krankenakte en detail an der Kaffeetafel auszubreiten?

Oma fährt indes ungebremst fort: »Mein Mann und ich, wir sind beide über siebzig, und ganz ehrlich, einfach wird das alles sicher nicht. Aber was ist schon einfach im Leben? Mein Mann hört zwar nicht mehr so gut wie früher, aber ansonsten sind wir beide ja Gott sei Dank noch kerngesund!«

Diese beherzte Aussage ist ganz unzweifelhaft und tapfer gelogen. Innerlich stoße ich Jubelschreie aus! Bingo! Oma macht ihre Sache ja geradezu hinreißend und überzeugend gut. Maßlos habe ich Bertha unterschätzt, denn die spielt gerade, ohne rot zu werden, Inge Meysel an die Wand. Also getraue ich mich in die Konversation einzumischen, indem ich prahle: »Oma und Opa fahren ja noch täglich mit dem Rad!«

Das scheint Frau Höltermann prompt zu glauben, denn sie sinniert nun beim Blick auf Omas stramme Oberarme: »Man sieht Ihnen ja auch an, wie sportlich Sie sind, Frau Kerkeling! Dann sind das wahrscheinlich Ihre Räder vor der Tür? Mein Kompliment. Das ist in Ihrem Alter schon beachtlich.«

»Bewegung hält jung!«, entfährt es meiner Oma – sie scheint es jetzt tatsächlich selbst zu glauben.

»Hans-Peter, verträgst du dich denn gut mit deinen Großeltern? Hörst du immer auf das, was sie dir sagen?«, will Frau Höltermann wissen und beugt sich zu mir hinunter. Da hat sie einen wunden Punkt erwischt.

Mein Opa schaut mich so eindringlich an, als wollte er sagen: »Los, Junge! Lüg! Bis sich hier die Balken biegen!«

Denn in letzter Zeit war ich kratzbürstig, widerwillig und bockig. Selbst wenn Oma manchmal mit Engelszungen auf mich eingeredet hat, ich habe nicht getan, worum sie mich freundlich und inständig gebeten hat. Ich tue in letzter Zeit einfach nicht mehr, was man mir sagt. Ich stehe auf Kriegsfuß mit dieser Welt, die meine Mama mit Haut und Haaren verschluckt hat. Den Begriff »schwer erziehbares Kind« habe ich exklusiv gepachtet. Was tun meine armen Großeltern sich da eigentlich mit mir an?

Mein Zimmer ist heute zwar picobello aufgeräumt, aber das ist allein Omas Werk. Manchmal mache ich ihr das Leben unnötig schwer, und das wird mir in diesem Moment schlagartig bewusst. Es kommt nicht nur auf Omas Verhalten an, sondern auch auf meines. Also laufe ich puterrot an und stottere kleinlaut: »Wir verstehen uns doch toll, nicht, Oma?«

Meine Großmutter springt mir so redselig zur Seite wie der Baron von Münchhausen persönlich: »Der Hans-Peter ist ganz lieb! Ein Schatz! Da muss ich meistens etwas nur einmal sagen, und er macht es sofort und ohne Widerrede. Also, da ist er vorbildlich. Er ist sehr ordentlich, und er hilft mir bei allem! Wenn alle Kinder mal so lieb wären wie unser Hans-Peter. Stimmt doch, Hermann?«

Meine Oma hat laut genug gesprochen, weshalb mein Opa mich nun gespielt lächelnd ansieht und dann etwas lustlos murrt: »Der Hans-Peter ist ein Engel und immer lieb.«

Sie lügen, ohne dabei rot zu werden. Das tun sie für mich. Ich muss schlucken und nehme mir vor, mich in Zukunft nicht mehr zu verhalten wie der wütende Tobsuchtsanfall in Person.

»Na ja, das sieht man ja auch, wie sehr der Junge an seiner Oma hängt«, resümiert Frau Höltermann mit einem kurzen Blick unter den Tisch. Ups! Das war mir gar nicht aufgefallen. Die ganze Zeit über habe ich unwillkürlich Hilfe suchend Omas Hand gehalten.

Frau Höltermann nimmt einen letzten Schluck Kaffee, schaut verstohlen auf ihre Armbanduhr und erhebt sich von dem Stuhl, der vor einigen Wochen noch Mamas Platz war. Erstaunlich lapidar fasst sie ihre Eindrücke zusammen: »Eigentlich kann ich keinen Grund dafür erkennen, warum der Junge nicht bei Ihnen aufwachsen sollte, Frau Kerkeling. Sie schaffen das schon. Dann mach es mal gut, Hans-Peter.«

Omas Erleichterung ist deutlich spürbar. Immer noch ist sie eingekeilt zwischen Opa und mir auf der Eckbank. Mit einem Satz springt sie nun auf und ruft erfreut: »Warten Sie, ich bringe Sie noch zur Tür.«

Oma will sich doch tatsächlich an mir vorbeidrängeln. Die Pferde gehen gerade mit ihr durch. Deshalb fauche ich fast ein bisschen hysterisch: »Das – mache – ich! Bleib sitzen!«

Und so begleite ich die Dame zur Tür und verabschiede sie, wie es sich gehört, mit einem feuchten Händedruck und einem tiefen Diener. Die Erleichterung, die ich danach empfinde, ist schier unbeschreiblich. Ein Gefühl, als hätte ich die Fahrprüfung und das Abi gleichzeitig mit Sternchen bestanden, nur dass ich damals selbstverständlich noch nicht weiß, wie sich Abi und Fahrschule anfühlen werden. Wieder haben wir eine Hürde genommen!

Als ich zurück in die Küche komme, steht Oma erwartungsvoll strahlend neben der Eckbank: »Na, wie hab ich das gemacht?«

Ein wenig beschämt erwidere ich: »Du hast das ganz toll gemacht, Oma!« Und dann ergänze ich etwas vollmundig:

»Ich werde dir jetzt auch nicht mehr so viel Ärger machen, versprochen!«

Während Opa endlich genüsslich in ein Stück Kuchen beißt, sagt Oma nur mit ironisch erhobenem Zeigefinger: »Sieh an! Sie kommt zwar spät, aber sie kommt, die Einsicht. Ist schon gut, Bub.«

Tatsächlich werde ich mich im Großen und Ganzen an dieses feierliche Gelöbnis halten.

Einige Tage nach dieser Prüfung wartet meine Klassenlehrerin Frau Klöker mit einer tollen und für mich lebensverändernden Überraschung auf.

Sie betritt an jenem Morgen freudestrahlend die Klasse und hat einen kleinen, strohblonden Jungen in kurzen Hosen im Schlepptau, dessen lustiges und schlaues Gesicht mit Sommersprossen übersät ist. Er sieht ein bisschen schüchtern und verängstigt aus. Als die Klassenzimmertür sich hinter ihm schließt, läuft sein leicht gesenkter Kopf glutrot an. Wir Kinder kichern einvernehmlich.

Meine beste Freundin Silvia stupst mich unter der Bank an und gluckst: »Süüüüß! Guck mal, wie süß der ist! Der schämt sich und wird ganz rot. Wer ist das denn?«

Frau Klöker stellt sich direkt an die Tafel und damit vor die Klasse und doziert: »Wir haben ab heute einen neuen Mitschüler! Sein Name ist Achim. Ich wünsche mir, dass ihr euren Klassenkameraden gut bei uns aufnehmt. Seine Familie ist gerade erst hergezogen, also kennt er in unserem Stadtteil noch niemanden. Ich gehe selbstverständlich davon aus, dass ihr alle ihm dabei helfen werdet, sich bei uns einzuleben.« Sie hebt ihre Stimme und skandiert: »Kann-ich-mich-darauf-verlassen?«

Die ganze Klasse brüllt leicht genervt und monoton im Chor: »Ja-Frau-Klö-ker!«

Achim bekommt einen Platz ganz vorn zugewiesen und schweigt bis zum Ende des Heimatkundeunterrichts demonstrativ wie ein Grab.

Schon in der ersten großen Pause ist die lautstark beschworene Verlässlichkeit der Klassengemeinschaft hinfällig. Die unlängst deklarierte uneingeschränkte Offenheit gegenüber unserem Neuzugang ist schlicht Makulatur. So eine knapp vierzigköpfige Rasselbande kann einem im Unisonochor viel versprechen, wenn der Tag lang ist. Eigeninitiative ist wiederum eine ganz andere Angelegenheit. Davon war ja im Klassenraum auch nicht die Rede.

Achim steht völlig verloren und allein in einer Ecke auf dem Pausenhof und knabbert linkisch an seinem Vollkornbrot. Scheißsituation! Eigentlich würde ich ja gern zu ihm gehen, aber was, wenn er sich dann doch wie die meisten anderen Jungs auf dieser Schule als Rabauke entpuppt und mir womöglich gleich zur Begrüßung eine zimmert? Das Ruhrgebiet ist nun mal rau und manchmal gar nicht herzlich. Man muss immer mit allem rechnen.

Frau Klöker, die die Pausenaufsicht hat, steht sichtlich verärgert über unsere mangelnde Einsatzbereitschaft auf den Eingangsstufen des einschüchternd massiven und hässlichen Schulgebäudes. Aus Enttäuschung über die ihr anvertraute Schulklasse verzieht sie ihr kantig schönes Gesicht zu einer unzufriedenen Schnute.

Wie immer spiele ich im sicheren Abstand zu den dauerhaft gewaltbereiten Jungs aus der Klasse mit meinen Freundinnen Silvia, Beate und Astrid in der Mädchenecke

»Fangen«. Die Jungs auf dieser Schule sind in meinen Augen eigentlich fast alle ziemlich doof. Dumpfe Streithähne, rücksichtslose Schläger, mehrheitlich frühreife Hooligans. Da mag womöglich die gespreizte Schlagerdiva Uschi Blum sich schon in meiner Grundschulzeit ein bisschen Bahn brechen – aber das ist einfach nicht mein Niveau!

Lediglich Andreas, der Miniatureisenbahnfanatiker, Alfred, das verklemmte Mathewunder, Jörg, der modellbaubegeisterte Eigenbrötler, und Andre, die fleißige Leseratte, sind wie ich tendenziell eher friedliebend und deshalb okay. Aber eine herzliche Freundschaft verbindet mich deshalb noch lange nicht mit ihnen.

So einigen meiner männlichen Mitschüler habe ich, und das aus purer Notwehr und auf dringendes Anraten von Opa Willi, schon mal ordentlich eine verpasst. Keiner von diesen rauflustigen Kerlchen ärgert oder hänselt mich noch wegen meiner überaus barocken Figur oder meiner Brille – das habe ich ihnen mit gut dosierten und gezielten Schlägen meinerseits erfolgreich abgewöhnen können. Jetzt herrscht Waffenstillstand, wohlgemerkt kein Frieden! Ich halte deshalb einen gesunden Abstand zu den Typen. Besser ist es.

Wenn ich ehrlich bin, vermisse ich jedoch einen Freund, einen Kumpel, mit dem man durch dick und dünn gehen kann. So wie bei Tom Sawyer und Huckleberry Finn. Die Mädchen fangen langsam auch an, sich höchst albern zu benehmen.

Frau Klöker schaut suchend über den Schulhof, und als ihr Blick schließlich auf mir landet und ich ihn erwidere, beordert sie mich forsch mit dem Zeigefinger winkend zu sich auf die Stufen. Ich gehe mit meiner angebissenen Brotzeit in der Hand zu ihr, und sie flüstert mir verschwörerisch ins Ohr: »Dreh dich jetzt bitte nicht um, Hans-Peter! Du hast doch bestimmt auch gesehen, wie alleine dein neuer Mitschüler dahinten in der Ecke steht. Das geht doch nicht. Du gehst jetzt bitte sofort zu ihm und unterhältst dich ein bisschen mit ihm! Frag ihn, was er so macht, woher er kommt, was weiß ich. Dir wird schon das Passende einfallen!«

Ich schaue Frau Klöker ziemlich verdutzt an und rühre mich nicht vom Fleck. Also wiederholt sie etwas strenger: »Ja, nun geh. Worauf wartest du denn?«

Ahnt sie vielleicht, dass sie mich gerade in eine wunderbare und verlässliche Lebensfreundschaft entsendet? Wieso schickt sie denn ausgerechnet mich zu diesem fremden Jungen?

Im Schneckentempo bewege ich mich auf das einsame Eckchen zu, in welchem Achim eingeschüchtert steht. Was soll ich denn bloß mit ihm reden?

Als er merkt, dass ich auf ihn zusteuere, wirkt er etwas irritiert und überrascht. Ich strecke ihm meine Hand entgegen und beschränke mich verbal auf das, was nötig ist: »Hallo, Achim, ich bin Hans-Peter!« Er ergreift meine Hand und drückt sie freundlich.

»Was hast du denn da auf deinem Schulbrot?«, will ich als jemand, der sich generell mehr als andere für die Nahrungsaufnahme interessiert, von ihm wissen.

»Gurken mit Magerquark!«, flötet Achim mir mit seiner sympathischen Stimme entgegen, und zum Beweis faltet er sein angeknabbertes Vollkornbrot offenherzig vor mir auf.

»Und das schmeckt?«, frage ich äußerst skeptisch hinsichtlich dieser doch etwas exotischen Schulmahlzeit.

Achim schüttelt den Kopf und druckst: »Es geht so! Meine Mama sagt, das ist gesund. Und was isst du da?«

Eine Hand wäscht bekanntlich die andere. Dieser Junge ist auf den ersten Blick ja ganz nett, also falte im Gegenzug nun auch ich mein Schulbrot auf. Achim scheint von dem fetten Belag mehr als begeistert zu sein, denn er schreit: »Ist das Nutella? Das gibt es bei uns zu Hause nie!«

Spontan denke ich: Oh je! Vermutlich ist seine Familie bitterarm, von daher die dünnen Gurkenscheibchen.

»Warum gibt es denn bei euch kein Nutella?«, frage ich höflich zurück.

Achims Antwort allerdings hätte ich mir eigentlich denken können. Sie ist plausibel und lautet: »Meine Mama sagt, das ist ungesund!«

Da hat sie vermutlich recht, Achims wundervolle und einfühlsame Mama Bea, die sich auch für mein Leben noch als echter Glücksfall und persönlichkeitsbildender Volltreffer erweisen soll, genauso übrigens wie Achims dauerlustiger und rhetorisch hoch begabter Papa Will.

In dieser offenen, weiten, luftigen und inspirierenden Lehrerfamilie werde ich neben dem besonders musikalischen Achim und seiner nicht minder begabten Schwester Betty bereits nach ziemlich kurzer Zeit so etwas Ähnliches wie das dritte Kind im Hause sein. Beim besten Willen kann ich mich nicht erinnern, von Fremden jemals mit so offenen Armen empfangen worden zu sein wie von den Hagemanns. Dieser Familie werde ich einmal viel zu verdanken haben.

Wer von uns beiden auf dem Schulhof dann den Vorschlag macht, die Pausenbrote zu tauschen, ob Achim oder ich, das wissen wie beide nicht mehr genau. Tatsache ist: Wir tun es. Es ergibt sich einfach ganz selbstverständlich. Genau jenen Moment bekommt Frau Klöker, die uns von der Treppe aus immer noch kritisch beäugt, mit und scheint darüber nicht nur besonders amüsiert zu sein, sondern sie widmet ihre Aufmerksamkeit nun erleichtert auch wieder anderen Baustellen.

»Auf meiner alten Schule wurde aber nicht so viel geprügelt wie hier. Ist das immer so?«, fragt Achim mit einem prüfenden Blick auf die chronisch raufenden Jungs auf der anderen Seite des Schulhofs.

»Ach, keine Sorge, daran gewöhnst du dich«, sage ich als alter Hase. »Wenn sie unverschämt werden, musst du ihnen nur ordentlich eine schallern. Gut zureden hilft bei den Hirnis gar nichts. Das habe ich schon probiert.«

Achim schaut mich mit großen Augen an und schlägt begeistert vor: »Kommst du heute Nachmittag zu mir nach Hause zum Spielen?«

»Was willst du denn spielen?«, frage ich etwas skeptisch.

»Mit meiner Ritterburg?«

»Keinen Fußball?«, frage ich vorsichtshalber nach, der Sache immer noch nicht ganz trauend.

»Fußball ist doch blöd!«, befindet Achim und haut bei mir damit in die absolut richtige Kerbe.

»Das finde ich auch!«, höre ich mich erleichtert sagen.

In Zukunft wird es zu meiner positiven Überraschung mein Kumpel Achim sein, der mich in der Schule vor feindlichen Übergriffen schützt. Er entpuppt sich im Nahkampf auf dem Pausenhof schnell als der Geschickteste und Schlagkräftigste von allen. Die Magerquark-Gurken-Schnittchen von seiner Mama scheinen Wunder zu bewirken. Er bereitet der andauernden Gewalt zwischen den pöbelnden Jungen in der Klasse erfreulicherweise ein jähes Ende. Es hört irgendwann einfach auf. Achim ist nun einmal unbestritten der Stärkste!

Dieser Moment unseres Kennenlernens auf dem Schulhof hat etwas Schicksalhaftes. Achim und ich sind auf einer Wellenlänge. Wir verstehen uns auf Anhieb blind, wir ergänzen uns so gut. Das hat sich bis heute nicht verändert. Und überhaupt scheint es der liebe Gott von da an besonders gut mit mir zu meinen. Es geschehen quasi Wunder.

Knapp anderthalb Jahre später werden Achim und ich gemeinsam auf dem Marie-Curie-Gymnasium eingeschult. Die Schule, an der auch seine Eltern unterrichten. Der Zufall will, dass dieses ehemalige städtische Mädchengymnasium just in jenem Jahr in eine gemischte Schule mit neuem Namen verwandelt wird. Nur knapp dreißig Jungen werden dort im ersten gemischten Jahrgang eingeschult. Uns mickrigem Häufchen steht die stolze Zahl von 1170 Mädchen gegenüber. Das wiederum wird uns Jungen zu einer verschworenen Gemeinschaft zusammenschweißen, was diese abgefahrene Schule letztlich zu einem Ort der absoluten Gewaltfreiheit macht. Die geradezu paradiesischen Zustände lassen mich völlig aufblühen. Wir sind vom ersten Tag an die ältesten und stärksten Jungs und bleiben es bis zu unserem Abitur im Jahre 1984. Nicht nur ich, sondern alle Jungen dieses ersten Jahrgangs bekommen durch unsere wunderbare Schulzeit ein unfassbar starkes Selbstbewusstsein geschenkt.

Achim und ich können in diesem Umfeld sehr unverkrampft zu dem werden, was wir dringend sein wollen: Künstler! Die Schule bremst uns nicht etwa aus, sondern fördert uns uneingeschränkt. Vielleicht werfen wir beide uns auch deshalb nach dem Abitur gemeinsam so unbefangen und selbstbewusst in eine steile Fernseh- und Bühnenkarriere. Unser Durchbruch soll 1989, nur fünf Jahre nach dem Abitur, die ARD-Show *Total Normal!* werden, für die wir unter anderem die Goldene Kamera und den Grimme-Preis bekommen.

KAPITEL 17
DIE SAGENHAFTE FRAU KOLOSSA

So bunt ist die Welt
nun auch wieder nicht.

Vor mir gibt Oma sich über all die Jahre immer seelisch aufgeräumt, vorwiegend heiter. Sie findet, dass ich »genug Elend« gesehen habe, und so mimt sie für mich, wann immer es passt, den böhmischen Kasperl. Wenn Bertha sich am Abend jedoch mit ihrem Ehemann in ihre vier Wände zurückzieht, kullert so manche Träne der Überforderung und Trauer. Das erzählt sie mir erst knapp zwanzig Jahre später, und selbst dann nur auf hartnäckige Nachfrage. Oma zeigt keine Schwäche, denn die konnte in dunkler Vergangenheit den sicheren Tod bedeuten.

Manchmal führen wir endlos lange Gespräche über ihre Zeit als Straßenbahnführerin während des Krieges. Selbst dem brutalen Krieg ringt sie noch die eine oder andere Anekdote ab.

Wie Oma während eines überraschenden Luftangriffs, von der Panik gepackt, ihre Straßenbahn mitten auf der Hauptstraße stehen lässt, die Fahrgäste anschreit: »Raus, alle raus!«, wie tatsächlich alle flüchten und Oma in letzter Sekunde den Eingang des rettenden Luftschutzbunkers erreicht, während um sie herum schon die Bomben auf das Ruhrgebiet prasseln und die Menschen zu Boden fallen. In all dem Chaos verliert Oma den rechten Schuh. Statt ihn einfach liegen zu lassen, läuft sie wieder zurück, um den Latschen vor dem Feuersturm zu retten. Das kostet Oma dann fast das Leben. Aber in jener Zeit ist ein Schuh ein Schatz, den man nicht achtlos zurücklässt.

»Kannst du dir so viel Blödheit vorstellen, Hans-Peter? Wegen eines dusseligen Schuhs wäre ich fast gestorben!«, belacht sie selbst lautstark den glücklichen Ausgang dieser Tragödie. Je lustiger ihre Geschichte, desto schlimmer war Berthas seelische Not.

Oder wie sie auf gepackten Koffern, gemeinsam mit ihren Kindern im Schlafzimmer unter einem löchrigen Regenschirm versammelt, auf den nächsten Bombenangriff wartet, der Regen währenddessen durch das bereits geschädigte Dach auf ihre Köpfe plätschert und Oma über alles Elend hinweg den Evelyn-Künneke-Schlager »Sing, Nachtigall, sing!« trällert.

»Was hätte ich denn anderes tun sollen? Meine Kinder hatten Todesangst. Dabei kann ich doch überhaupt nicht singen ...«, redet sie sich auch dieses Erlebnis irgendwie kuschelig schön.

Auch ihre berühmten »Bollerwagen«-Geschichten sind seltsam heiter und skurril. Dieser Leiterwagen, der mal mit »gehamsterten« Runkelrüben oder auch mit uralten Kartoffeln bepackt wird, ist der Dreh- und Angelpunkt in Omas Nachkriegsanekdoten. Der Satz aus dem Film *Kein Pardon* ist ein von meiner Großmutter vielfach verwendetes Originalzitat: »Mit dem Bollerwagen bin ich früher, nachts, ganz alleine losgeschoben!«

Stumm wird sie nur, wenn es um das Schicksal ihres Ehemannes und seiner Leidensgenossen zwischen 1933 und 1945 geht. Über seine Zeit als politischer Häftling in Buchenwald schweigen sowohl sie als auch mein Großvater beharrlich. Nur vor Gericht muss mein Großvater als einer der wenigen noch lebenden Augenzeugen wieder und wieder gegen die Täter des mörderischen Systems aussagen und sein Schweigen so unfreiwillig brechen.

»Nimmt das denn nie ein Ende?«, beklagt er sich mehrfach, wenn wieder einmal ein derartiger Prozess ansteht.

Seinem Wunsch, am Aufbau der sozialistischen DDR mitzuwirken, kommt meine Großmutter nicht nach.

»Stell dir vor, Opa wollte, dass wir in die DDR gehen! Er kennt ja viele der Funktionäre da drüben noch aus seiner Zeit im Widerstand, und nach dem Krieg haben sie ihm einen fetten Posten versprochen. Wir haben uns das dann in der Ostzone auch mal einen Monat lang in aller Ruhe angeschaut, aber da wollte ich auf gar keinen Fall bleiben. Da kann man doch nicht leben. Also habe ich zu Opa gesagt: Entweder die DDR oder ich! Du musst dich entscheiden!«

Eigentlich kann ich mir, auch im Nachhinein, keine bessere Erziehung wünschen als die, die mir von meinen Großeltern zugedacht wurde. Oma bringt mir das Unverzichtbare bei. Sie lehrt mich das Lachen. Vermutlich hat sie mir auch das Wichtigste im Leben geschenkt: bedingungslose Liebe. Humor muss, das hat mir meine Großmutter beigebracht, immer auch etwas Großzügiges und Berührendes haben. Nur manchmal, an Festtagen, bindet Bertha mir eine viel zu enge Fliege um den dicken Hals und erwürgt mich dann fast. Da ist sie gnadenlos.

Wenn ihre drei jüngeren Schwestern zu Besuch sind, mutiert meine herzensgute Großmutter zu einer gestrengen Gouvernante. Sie behandelt die drei Damen jenseits der siebzig wie ungeschickte Kleinkinder.

Im Gegenzug führen sich meine drei Tanten, Lore, Erna und Hedwig, gegenüber ihrer unwesentlich älteren Schwester dann tatsächlich wie renitente Teenager auf. Oma lässt jedoch keinen Zweifel aufkommen, wer am Tisch das Sagen hat. Ihre rebellischen Schwestern maßregelt sie ununterbrochen: »Lore, lach nicht so laut! Das gehört sich nicht! Benimm dich, bitte! Und Hedwig, du trinkst nichts mehr. Du hattest mehr als genug. Erna, du erzählst heute bitte keinen einzigen Witz mehr! Das will ich mir nicht mehr anhören. «

Tante Lore ist dann oft besonders guter Dinge und bemerkt: »Jetzt sind wir alle schon über siebzig, und du kommandierst uns immer noch herum. Und das Dumme ist, wir lassen uns das auch noch gefallen! Bertha, bitte, jetzt lach doch mal mit uns. Komm! Trink doch noch einen Eierlikör!«

Keine der drei Kriegerwitwen macht sich an so einem seltenen und besonderen Abend freiwillig auf den holprigen Heimweg. Opa, als einziger männlicher Überlebender einer fernen und traurigen Zeit, ist dann der unumstrittene Hahn im Korb. Es ist zwar völlig paradox, aber sein unerträglich langes Leiden im KZ hat ihn in den Augen meiner Großtanten auch auf wundersame Weise vor dem Tod an der Front bewahrt.

Wenn Oma ihre Schwestern nicht spätestens beim Mondenschein der Reihe nach mütterlich in den Arm genommen hat, dann war es einfach kein guter Abend für diese drei wundervollen Frauen. Sie holen sich ohne falsche Scham die Streicheleinheiten bei ihrer wahren »Mutter« ab. Und am Ende dieser so vergnüglichen wie melancholischen Abende lehnt Tante Hedwig meistens, vom Eierlikör leicht angezwitschert, ihren Kopf an Omas nüchterne Schulter und weint still: »Bertha, weißt du denn nicht mehr, wie schrecklich einsam unsere Kindheit war! Erinnere dich doch, um Himmels willen!«

Oma schweigt dann beharrlich und streichelt ihrer Schwester nur sanft und vielsagend übers Haar. Aber immer bewahrt sie dabei eine geradezu royale Haltung und schickt ein sanftes Lächeln in meine Richtung. Nie bricht etwas Emotionales unerwartet oder gar ungestüm aus ihr heraus. Im besten Sinne des Wortes ist meine Großmutter die Verantwortung in Person. Wäre ich der Papst, ich würde sie seligsprechen, denn sie hat wahrlich Wunder gewirkt.

Wer aber hat wohl Bertha in den schweren Stunden ihrer frühen Jugend tröstend in den Arm genommen? Vermutlich niemand. Zwar fühle ich mich manchmal von der Welt verlassen, aber meine Großmutter ist es im Gegensatz zu mir tatsächlich gewesen.

Berthas Vater Josef ist zu Beginn des 20. Jahrhunderts als junger Mann und Vater von vier kleinen Mädchen mit seiner bildschönen Frau Marie aus dem lieblichen Marienbad eingewandert. Sein breites Sudetendeutsch hat für mich Knirps immer nach Bergen, Zwetschgenknödeln, österreichischem Schmäh und somit nach Urlaub geklungen.

»Ja, schau! Der Peterhansel kimmt mi wieder amoal b'suache! Des is a Freid, gö!«

Mit diesem Ausruf nahm er meine Mutter und mich gern strahlend an seiner Türschwelle in Empfang, meist im Unterhemd, um mir anschließend, untermalt vom glockenhellen Gesang meiner Mutter, in der Wohnküche einen Egerländer von Ernst Mosch auf seinem abgegriffenen Akkordeon vorzuspielen. Sein dicker Wellensittich Hansi flippte dazu im Käfig auf dem weißen Fensterbrett regelmäßig vor Begeisterung fast aus.

Über dem Küchensofa prangte an der mit rosa Blümchen verzierten Tapete ein düsteres Gemälde, welches den Uropa in Uniform als stolzen und jungen Rittmeister im Dienste seiner Kaiserlichen Majestät Franz Joseph von Österreich zeigte. Ein Bild wie aus einem Sisi-Film! Uropa Josef sah darauf aus wie ein Prinz aus längst vergessenen Märchentagen. Seine älteste Tochter, Oma Bertha, sollte bis an ihr Lebensende darauf beharren, Österreicherin zu sein. Meine Großmutter hat niemals ihren Frieden mit der erzwungenen deutschen Staatsbürgerschaft machen können.

»Man hat mir meine Staatsbürgerschaft geklaut! Ich bin und bleibe Österreicherin!«, hat sie im Laufe ihres langen Lebens wieder und wieder betont.

Berthas Schwester Hedwig hingegen ist ihrem Vater nicht nur wie aus dem Gesicht geschnitten, sie hat auch seinen besonders heiteren und pragmatischen Charakter geerbt. Und so ist dann auch sie es, die meine Oma, meinen Vater und mich nach Verstreichen des von der Kirche vorgeschriebenen Trauerjahres im Frühsommer des Jahres 1974 umgehend zu sich in die idyllische Waldsiedlung nach Marl einlädt. Es geht um die feierliche Einweihung ihres allerersten und niegelnagelneuen Farbfernsehers mit Fernbedienung – für mich tatsächlich mal wieder ein Grund zum Feiern! Ganz abgesehen davon, dass Tante Hedwigs goldfarbene und moppelige Mischlingshundedame Peggy immer einen Besuch wert ist.

Eigentlich ist Hedwig grundsätzlich in Feiertagsstimmung, denn in ihren Augen ist das Leben an sich ein Fest. Sie war auch die unbestrittene Anführerin der partyhungrigen, leicht angeschickerten Familientruppe am Tag meiner Geburt, die dafür sorgte, dass mein Vater restlos abgefüllt und unfreiwillig im Straßengraben übernachten musste. Kurzum, diese Großtante ist lebenshungrig, und das macht sie auf sympathische Weise unberechenbar. Meistens führt sie gerade etwas Unerwartbares oder Ulkiges im Schilde. Sie ist bauernschlau und denkt nicht ganz so stur geradeaus wie ihre sittsame Schwester.

Hedwig ist der festen Überzeugung, dass meine Oma, mein Vater und ich mal wieder unter die Leute gehören, und vermutlich will sie mit ihrer bahnbrechenden technischen Errungenschaft auch ein bisschen vor uns weniger »hippen« Verwandten angeben. Da trifft sie vor allem bei mir den Nerv. Bis dato habe ich noch keinen einzigen Farbfernseher leibhaftig zu Gesicht bekommen, geschweige denn die selig machende Wirkung einer Fernbedienung erleben dürfen.

Als Tante Hedwig ihre Haustür öffnet und mich die Treppe hinauflaufen sieht, schreit sie laut vergnügt über den Flur: »Peterhansel, mei, der Peterhansel! Was a Freid! Und groß isser geworden!«

Sie erdrückt mich fast vor Freude, als ich sie auf dem oberen Treppenabsatz erreiche: »Mein Goldstück!«

Peggy lauert schon schwanzwedelnd und auf Streichel-einheiten wartend neben ihr. Während ich mich dem Hund widme, wendet sich Hedwig ihrer Schwester zu: »Er sieht ja immer noch so aus, als wäre er aus Gold, findest du nicht, Bertha? Das haben wir ja schon gesagt, als du noch ein Baby warst, Hans-Peter.«

Meine Oma knurrt nur knapp: »Na, du hast ja wieder gute Laune ... Du hast doch nicht etwa schon ein Likörchen getrunken? Und nicht, dass du ihn hinter meinem Rücken wieder mit Schokolade vollstopfst, Hedwig! Der Junge und ich specken nämlich gerade ab.«

Tante Hedwig lacht schallend und zeigt an ihrer eigenen Linie hinunter, die sich nicht ganz so gut gehalten hat wie die ihrer asketischen und nonnengleichen Schwester. »Ach was, ein bisschen Speck ist gut für schlechte Zeiten. Der Peterhansel kommt eben nach seiner Tante Hedwig. Schau mich an. Mir schmeckt es auch, und hat es mir geschadet?«

Meine Neugier auf den neuen Buntfernseher ist schier unerträglich, also presche ich, Tante Hedwig am Unterarm mitzerrend, ins Wohnzimmer und stelle die an diesem Tag alles entscheidende Frage: »Wo isser? Läuft er schon? Isser schon an?«

Mitten in der guten Stube steht das bahnbrechende Prachtstück in all seiner Schönheit auf einem eigens dafür gezimmerten Tischchen. Ein monströser hochmoderner Farbfernseher. Selbst das Gehäuse ist schon fröhlicher und bunter als bei einem herkömmlichen Schwarz-Weiß-Gerät. Auch in Peggys Leben scheint der neue Fernseher etwas mehr Pep gebracht zu haben, so aufgeregt und fröhlich kläffend, wie sie um das Gerät herumtobt.

Als ich vor der ultramodernen Flimmerkiste stehe, spüre ich, wie es meinen Körper durchzuckt. Ich fühle mich erstmals als Teil einer neuen Zeitrechnung. Eine technische Revolution wird sich in wenigen Sekunden vor meinen Augen vollziehen. Noch schweigt das Wunderwerk vieldeutig, und nur die bunte Hippie-Öllampe auf dem Fernseher, in der kleine dicke bunte Fettwolken langsam von unten nach oben tanzen, gluckert bereits erwartungsvoll vor sich hin. Gleich aber werde ich der pausbäckige und ekstatische Zeitzeuge einer neuen, Glück verheißenden Epoche sein.

Nachdem meine Oma sich ihres Hutes entledigt hat, nimmt sie mit meinem Vater auf dem Sofa Platz. Auch die beiden starren gebannt auf den stummen Fernseher. Vor ihnen auf der liebevoll gedeckten Kaffeetafel steht eine gewaltige Sahnetorte, daneben eine gläserne Kristallschüssel. Es gibt also Sahnetorte mit Sahne. Auch eine angebrochene Flasche Eierlikör hat sich zwischen die fünf Tässchen verirrt. Hedwig weiß eben, was schmeckt. Meine Oma wirft einen kritischen Blick auf die fein kredenzte Süßigkeit und merkt spitz an: »Hattest du am Telefon nicht etwas von Stachelbeerkuchen gesagt?«

»Stachelbeer war aus. Und die Torte schmeckt sowieso besser.«

Hedwig hat sich mit der Fernbedienung in der Hand feierlich vor dem Fernseher aufgebaut und erklärt: »Jetzt pass mal auf, Hans-Peter! Jetzt kommt's! Ihr fallt gleich alle hintenüber!«

Inzwischen sitzen Peggy und ich erwartungsvoll auf dem Perserteppich direkt vor dem Bildschirm. Hedwig drückt entschlossen einen laut knarzenden Knopf auf der fast kofferradiogroßen Fernbedienung und hält sie dennoch fast direkt vor den Fernseher. Sicher ist sicher. Sie scheint der Sache mit den mysteriösen Strahlen noch nicht ganz zu trauen. Und siehe da, eine schrille, grob aufgelöste bunte Wunderwelt tut sich mit einem Mal vor mir auf. Der Zufall will, dass die ARD gerade eine Dokumentation über Papageien im brasilianischen Regenwald ausstrahlt. Das Federvieh auf der Mattscheibe ist allerdings so unrealistisch koloriert, dass es fast in meinen Augäpfeln schmerzt. So als wäre die Welt ein wahnwitziges Comicheft. Und trotzdem ist dieses Feuerwerk der knalligen Farben für mich das Tor zu einer neuen, überwältigenden Welt. Grau war gestern, bitter und nüchtern. Bunt ist heute, zuckersüß und verlockend. Fast ein bisschen vulgär. Ich bin ein Kolumbus der Neuzeit, und ich habe Glück, denn das Tropenparadies Brasiliens liegt jetzt direkt in Tante Hedwigs Wohnzimmer.

»Und? Ist das nicht unglaublich? Wie in echt!«, erpresst Hedwig einen ersten begeisterten Kommentar von mir.

Mir entfährt nur ein gehauchtes: »Toll! Das funktioniert ja wirklich.«

Oma hat natürlich etwas zu mosern und merkt kritisch an: »Die Farben sind ja völlig falsch eingestellt. So bunt und überdreht ist die Welt nun auch wieder nicht wie in deiner Flimmerkiste! Ich kann da gar nicht hinsehen. Na, ob sich das wirklich durchsetzt? Da ist das letzte Wörtchen sicher noch nicht gesprochen. Dreh doch mal an einem der Knöpfe auf der Handbedienung!«

»Fernbedienung heißt das!«, faucht Tante Hedwig zurück und hantiert etwas ungeschickt an dem Klotz in ihrer Hand. Eher zufällig als absichtsvoll dreht sie dabei das

Farbspektrum von psychedelisch schrill auf ein mattes und ungesundes Pastellblaugrau.

»Stopp!«, brüllt meine Oma. »So ist es gut!«

Unterdessen hat Bertha anscheinend auch die Tassen und Teller auf dem Tisch durchgezählt, denn sie bemerkt leicht irritiert:

»Wieso stehen hier fünf Tassen? Wir sind doch nur zu viert! Wer kommt denn noch? Ist irgendetwas im Busch, wovon ich wissen sollte?«

Fröhlich und unschuldslammgleich flötet meine Großtante: »I wo, Bertha. Wo denkst du hin? Ich habe doch vor meiner großen Schwester keine Geheimnisse.« Dann wendet sie sich an meinen Vater: »Heinz, warum nimmst du dir nicht schon mal einen kleinen Eierlikör?« Ganz offensichtlich will sie ihn auf ein besonders geselliges Beisammensein einstimmen.

Auch das passt Oma Bertha naturgemäß nicht in den Kram, denn sie hält ihre Hand wie ein Verbotsschild über das bereitstehende Pinnchen: »Bloß nicht! Heinz muss fahren! Stell die Flasche mal lieber gleich wieder weg.«

Diesen Vorschlag findet mein Vater wiederum ein bisschen ungemütlich. Während er sich eigenhändig und großzügig aus der Flasche einschenkt, entkräftet er ihre Bedenken: »Mutter, also ein Gläschen darf ich mir schon genehmigen. Davon werde ich ja nicht gleich fahruntüchtig!«

Diese Offenheit meines Vaters scheint wiederum Hedwig anzuspornen, denn sie jubelt: »Eben! Heinz hat recht. Man muss die Feste feiern, wie sie fallen, Bertha!«

Oma hat ihrer Schwester inzwischen die Fernbedienung abgeluchst und begutachtet die schwarze Kiste nun eingehend. Dabei murmelt sie etwas mürrisch vor sich hin: »So ein Blödsinn! Wozu brauchst du die? Da bewegst du dich jetzt wahrscheinlich überhaupt nicht mehr!«

»Man muss mit der Zeit gehen«, versucht meine Tante die Bedenken ihrer Blutsverwandten auszuräumen und schnappt wieder gierig nach ihrer Fernbedienung.

Und in diesem Moment klingelt es erneut Sturm an Hedwigs Haustür. Etwas erschrocken und vermutlich unwillentlich dreht sie den Fernsehton noch lauter, dann drückt sie eiligst mir die Fernbedienung in die Hand, versehen mit dem überaus klugen Rat: »Dreh die Farben mal wieder hoch und schalt um! Im Zweiten läuft gleich die Biene Maja.«

Das wird sicher ein fettes und klebriges Farbspektakel. Hoffentlich bekomme ich keine Karies vom Zusehen. Hedwig eilt auf den Flur und betätigt den Türöffner. Durch die Gegensprechanlage ist eine ziemlich ausgelassene weibliche Stimme zu vernehmen: »Juhu, Hedwich. Ich bin 'et! Isser schon da?«

Tante Hedwig druckst etwas verlegen zurück: »Ja, sie sind schon da. Komm rauf!«

Meine Oma und mein Vater schauen sich irritiert an ob des unerwarteten Damenbesuchs, der da gerade ins Haus zu schneien droht. Ich persönlich summe innerlich bereits die von Karel Gott gesungene Titelmelodie der Serie mit, deren Hauptdarstellerin eine kesse Biene ist. Spaßeshalber schalte ich während des Vorspanns wild zwischen den drei Programmen hin und her und entferne mich dabei mutig immer weiter vom Fernseher. Selbst aus Tante Hedwigs Schlafzimmer kann ich bei geöffneter Tür und quasi hinter dem Gerät stehend noch umschalten. Drei Programme im schnellen Wechsel! Das ist völliger Wahnsinn und eine geradezu unübersichtliche Vielfalt. Auf den Schrecken gönne ich mir ein Stück Sahnetorte mit Sahne, das ich genüsslich mit der dicken Peggy vor dem Fernseher verputze. Auf dem Bildschirm werden die knallbunte Biene Maja und ihr etwas trotteliger Kumpel Willi gerade in einen ziemlich schwierigen Fall verwickelt. Ganz so wie nun meine Oma und mein Vater an der Kaffeetafel.

Tante Hedwig steht nämlich alsbald in äußerst schriller und von einer betörend penetranten Kölnisch-Wasser-Wolke umhüllten Damenbegleitung wieder im Wohnzimmer. Das nicht mehr ganz so junge und üppige Fräulein sieht, was ihre Kleidung betrifft, in etwa so aus wie die Zeichentrickbiene auf dem Bildschirm. In einem besonders eng anliegenden, getigerten Etwas und mit bis zum Hals stramm hochgeschnürten Brüsten steht sie nervös im Türrahmen. Den offenherzigen Ausschnitt ihres Kleides als gewagt zu bezeichnen wäre maßlos untertrieben. Die pechschwarz gefärbten Haare hat sie zu einer unansehnlichen pudelmützenartigen Frisur hochgesteckt, und an ihrem Körper klackern goldene Armreife, ausladende Ohrringe und diverse Ketten lautstark um die Wette. Ihre Fingernägel sind grün lackiert. Sie scheint also naturverbunden zu sein. Das wird Oma sicher gefallen.

Ich finde, sie sieht ein bisschen aus wie Tiger-Lilly, die Tigerbändigerin aus der Zirkusserie *Salto Mortale*. Bis auf ihre Frisur, die eindeutig von einem geschmacksverirrten Dilettanten zusammengeschustert worden sein muss, ist sie genauso hübsch wie die Schauspielerin Kai Fischer.

Mein Vater richtet mit einem Mal seine orangefarbene, von kleinen schwarzen Punkten übersäte Krawatte und räuspert sich. Meiner Großmutter hat es einfach nur die

Sprache verschlagen. Mit offenem Mund starrt sie die Erscheinung im Türrahmen unverhohlen geschockt an. So etwas hat sie in der freien Wildbahn noch nie gesehen. Sie ist offensichtlich schwer beeindruckt.

Tante Hedwig reibt sich derweil amüsiert die Hände und verkündet mit Blick auf meinen Vater: »Das ist mein Neffe Heinz. Ich hatte ja, glaube ich, schon mal erwähnt, dass er leider verwitwet ist! Ja, und das ist meine neue Nachbarin Frau Kolossa!«

Wie heißt die? Ich traue meinen Ohren nicht und pruste vor Lachen laut los. Leider spucke ich dadurch unabsichtlich die halb zerkaute Sahnetorte aus meinem Mund im hohen Bogen auf den Perserteppich vor mir.

»Fie heiffen Fie?«, brülle ich, von einem Lachanfall geschüttelt und mit immer noch halb vollem Mund.

»I' bin de Frau Kolossa!«, schallt es mir im tiefsten Ruhrgebietsslang zurück.

Nun ist es ganz aus bei mir. Die spricht ja wie Jürgen von Manger. Es wird ewige Minuten dauern, bis ich mich halbwegs beruhigen kann. Ich will es einfach nicht glauben. Ist das etwa die berühmte Frau Kolossa aus Scherlebeck, der die Männer angeblich immer weggelaufen sind? Die Frau Kolossa, von der im Laden meiner Oma immer die Rede war? Das muss ich unbedingt herausfinden.

Während die Dame etwas ungelenk auf dem Sofa Platz nimmt und sich ihr Kleid dabei zu allem Überfluss auch noch in der Sofalehne verheddert, wird meinem Vater mein unkontrolliertes Giggeln zusehends peinlicher, und er ermahnt mich in gespielt strengem Tonfall: »Hans-Peter, bitte! Jetzt reiß dich mal zusammen. So lustig ist der Name nun auch wieder nicht.«

Ich schreie prustend und nach Luft japsend zurück: »Es geht doch gar nicht um den Namen. Ich glaube, ich kenne Frau Kolossa, Papa.«

Der Blick, den ich daraufhin von der verwirrten Frau Kolossa ernte, sagt mir, dass sie mich nicht im Geringsten für adoptionswürdig hält, sondern vielmehr für komplett meschugge. Still in mich hineinwiehernd und ruckartig mit den Schultern zuckend sitze ich noch immer abseits der Kaffeetafel vor dem Fernseher.

Tante Hedwig kommentiert etwas irritiert: »Das ist ja ein Bild für die Götter, wie der Junge da still vor sich hinlacht, nicht? Heute ist er aber auch besonders lustig!«, um dann Frau Kolossa, die sich bereits ihren ersten Eierlikör genehmigt, glaubwürdig zu versichern: »So albern ist er nicht immer.«

»Der Junge hat eben Humor«, sagt meine Oma. »Das hat er von seiner Mutter. Ich bin ja froh, wenn er mal lacht.«

Hedwig kommt gedanklich schnell wieder zurück zu ihrem eigentlichen Herzensanliegen: »Frau Kolossa arbeitet hier bei uns in der Drogerie! Und schon vor ein paar Monaten, als ich sie da so durch die Schaufensterscheibe im Laden stehen sah, da dachte ich ... ja also, ich dachte mir ...«

»Was dachtest du?« Meine Oma wirft ihrer Schwester einen besonders streng prüfenden Blick zu.

»Ach, nichts!« Tante Hedwig winkt ab und wuchtet nun jedem am Tisch ein fettes Stück Torte auf den goldberandeten Teller. Dazu wird die frisch geschlagene Sahne gereicht. Mit einer abwehrenden Handbewegung und einem knappen Kommentar lässt meine Oma die Sahne weiträumig an sich vorbeiziehen: »Danke. Für mich bitte keinen Schlagobers!«

»Keinen wat?«, fragt Frau Kolossa, während sie sich selbst einen ordentlichen Batzen des fetten Milchprodukts auf den Teller löffelt.

»Meine Schwester meint die Sahne!«, wirft Hedwig erklärend ein.

»Ich bin Österreicherin. Da sagt man Schlagobers! Haben Sie das noch nie gehört?«, triumphiert meine Großmutter über die offensichtliche Unwissenheit der potenziellen Heiratskandidatin in ihrem wurstähnlich schwarz-gelben Borussia-Leoparden-Outfit.

»Wie? Dann bis' du ja au' Österreicherin, Hedwich. Dat wusst i' gar nich'!«

Tante Hedwig gerät offensichtlich in Erklärungsnot: »Ja ... nein ... doch! Also, natürlich war ich mal Österreicherin, aber ich kann mich doch kaum noch daran erinnern. Meine Schwester ist ja älter und erinnert sich noch ganz genau an die alte Heimat. Sie trauert ihr bis heute nach.«

»Wie ihr alle auch noch die süße Sahne zu der fetten Torte essen könnt!«, staunt meine Großmutter kopfschüttelnd über die mangelnde Esskultur am Tisch, ohne auf das Thema ihrer Herkunft einzugehen.

»Dat is ganz lecka mit die Sahne! Probier'n Se do au' ma'!« Frau Kolossa hat bereits ein halbes Stück verdrückt und gönnt sich großzügig ihren zweiten Likör.

Mein Lachanfall hat sich mittlerweile gelegt, und ich beginne, von detektivischer Neugier getrieben, mit meinem Verhör: »Sie sind nicht zufällig aus Scherlebeck, Frau Kolossa?«, frage ich.

Mit vollem Mund bläst es zurück: »Wie kommse denn da getz drauf, Junge? Ne, da komm i' nich' her!«

In meiner Großmutter indes beginnt es nun ebenfalls zu arbeiten: »Kolossa? Kolossa? Moment, da war doch was. Natürlich! Da gab es tatsächlich eine Frau Kolossa in Scherlebeck. Hans-Peter hat recht! Die müssten Sie doch kennen, oder nicht?«

Frau Kolossa scheint sich vage an etwas zu erinnern, verlangsamt den Kauvorgang, und schon stolpert die Eingebung aus ihrem Munde: »Ach so, die Frau Kolossa! Ja, die kenn' i' wohl. Dat is 'ne unverheirate' Schwester von unser'n Vatter gewesen. Meine Tante Gerti, dat war früher 'n ollen Haudegen!«

Omas Freude über diese enge Verwandtschaft zwischen den beiden Kolossa-Damen scheint sich in eng gefassten Grenzen zu halten, denn sie rekapituliert leicht pikiert, aber spitzbübisch lächelnd: »Ihre Tante hatte ja einen Ruf wie Donnerhall!«

Dröhnend lachend und mit der Faust dabei auf den scheppernden Kaffeetisch schlagend stimmt die duftende Tischnachbarin meines Vaters meiner Oma unumwunden zu. »Da sagen Se ein wahret Wort! Ich bin übrings die Margit!«, bietet sie meinem durchaus erfreuten Vater im selben Atemzug das Du an und erhebt ihr nunmehr drittes Glas Eierlikör zum Toast.

Was mein Vater spontan mit seinerseits erhobenem Gläschen in der Hand und einem etwas gekünstelten Lächeln erwidert. Meine Großmutter fährt angesichts dieser nicht zu verleugnenden Anbahnung einer scheinbar auf gegenseitigem Interesse beruhenden Bekanntschaft ganz sanft ihre rhetorischen Krallen aus: »So, so, Margit! Meine verstorbene Schwiegertochter hieß Margret. Mein Sohn ist ja bekanntlich noch im Trauerjahr.«

Ziemlich unsanft lässt die schwarz-gelbe Dame ihr Glas auf dem Tisch landen und seufzt bestürzt: »Ach, herrje. Ich dachte, dat wär schon wat länger her. Wat hatte deine Frau denn Schlimmet, Heinz?«

Mein Vater stutzt kurz und senkt verschämt den Blick, um sich dann folgende Erklärung abzuringen: »Sie war schon länger krank, und dann ging alles plötzlich sehr schnell.«

»Ach, dat tut mir leid! Aba dat Leben muss ja für euch alle doch irngswie weitergeh'n, ne?« Margit stöhnt aus tiefstem Herzen und ehrlich betroffen, während Biene Maja auf dem Bildschirm über die schrillste und geschmackloseste Blumenwiese summt, die ich je gesehen habe.

Tante Hedwig versucht die leicht gedrückte Stimmung am Tisch wieder aufzumöbeln, indem sie vorschlägt: »Margit hat einen selbst gemachten Kartoffelsalat mitgebracht. Sie kocht ja sowieso ganz wunderbar. Was meinst du, Margit, ob wir den Salat schnell gemeinsam in der Küche mit Essig und Öl anmachen, damit er schon mal ziehen kann? Ihr bleibt doch sicher noch zum Abendessen?«

»I' komm schon, Hedwich!«

Mit diesem Satz hüpft Margit beherzt vom Sofa, und die zwei verschwinden hinter der sich schnell schließenden Küchentür. Omas Einwand »So lange bleiben wir auf gar keinen Fall!« verhallt ungehört. Einen Moment lang hört man außer dem dröhnend scheppernden Fernsehton nichts mehr im Zimmer. Mein Vater räuspert sich etwas verlegen, nimmt einen Schluck Kaffee und schaut seine Mutter forschend an.

»Wieso möchtest du denn nicht zum Abendessen bleiben, Mutter? Es ist doch ganz nett hier?«

Meine Oma richtet sich kerzengerade im Sofa auf und flüstert schrill: »Heinz, ich bitte dich! Das ist doch ganz offensichtlich, was dieses Schmierentheater hier soll. Ich setze den Jungen doch nicht einer so unmöglichen Situation aus. Was denkt sich Hedwig bloß dabei? Nur ein Jahr nach Margrets Tod. Hat sie denn gar kein Feingefühl? Für wen hält sie uns!«

»Jetzt sei doch nicht so streng! Tante Hedwig meint es doch nur gut mit mir!«, versucht mein Vater die Wogen zu glätten.

Das gelingt ihm nicht, denn Oma gerät jetzt erst so richtig in Fahrt.

Nahezu lautlos, aber doch aufgebracht haucht sie: »Wie kann sie uns nur diese Schießbudenfigur hier anschleppen? Dieser Ausschnitt! Also, so was hat die Welt ja noch nicht gesehen. Hast du eigentlich mitbekommen, wie viel Eierlikör die feine Dame in der kurzen Zeit getrunken hat? Und sie hat überhaupt keine Manieren. Wie die isst! Da kann ich gar nicht zusehen.«

Meine Oma wendet sich demonstrativ von meinem Vater ab und sagt stattdessen im schrillen Flüsterton in meine Richtung: »Wenn Biene Maja zu Ende ist, gehen wir, Hans-Peter. Und falls dein Papa ohne uns hierbleiben will, nehmen wir zwei halt den Bus. Die Haltestelle ist ja gleich da vorne.«

Mein Vater ist angesichts Omas impulsiver Entschlussfreudigkeit bass erstaunt, und um ihren Unmut zu dämpfen, lenkt er umgehend ein: »Mutter, bitte! Selbstverständlich fahren wir gemeinsam nach Hause. Jetzt sei doch nicht gleich beleidigt. So kenne ich dich ja gar nicht. Es ist doch überhaupt nichts Schlimmes passiert!«

Und dennoch, das unangekündigte Spektakel in Hedwigs Wohnung scheint meine Oma in ihrer Ehre tief gekränkt zu haben. Sie wirkt geradezu aufgelöst.

Die Küchentür öffnet sich, und Hedwig und Margit gesellen sich giggelnd wie zwei Teenager wieder an die Kaffeetafel.

Hinter ihrem Rücken zaubert Hedwig eine frische Flasche Eierlikör hervor, und nachdem sie diese geöffnet hat, beginnt sie großzügig mit dem Ausschenken.

»Für mich nicht!«, giftet meine Oma ihre Schwester an und zieht ihr Glas vom Tisch. Hedwig rührt das wenig. Sie beginnt stattdessen in ganz ausgezeichneter Bombenlaune aus dem familiären Nähkästchen zu plaudern: »Ich sagte gerade zu Margit in der Küche, dass unser Heinz ein ganz feiner Mann ist. Nicht, Bertha?«

»Mh!«, brummt meine Oma als Antwort darauf nur lustlos in den Raum.

Da sie keinen direkten Widerspruch erntet, will Tante Hedwig es nun mutig wissen und schneidet das heiße Thema ohne Umschweife an: »Die Frau, die ihn mal heiratet, die macht eine richtig gute Partie. Er sieht ja auch noch verdammt gut aus, nicht, Margit?«

Margit giggelt errötet in Richtung Fenster, ohne sich damit mehr als nötig und vielleicht arg verfrüht zu erklären. Es scheint aber tatsächlich zwischen meinem Vater und dieser ominösen Fremden, die ihre sekundären Geschlechtsmerkmale so eindrucksvoll in Szene zu setzen weiß, irgendwie gefunkt zu haben. Denn mein Vater lächelt zwar verschämt, aber doch vielsagend zurück.

Oma hingegen habe ich noch nie so wütend erlebt. Sie fährt jeden Moment aus der Haut, darauf wette ich. Vielleicht erinnere ich mich auch deshalb so genau an diesen Tag. Es ist der einzige Wutanfall meiner Großmutter, dessen ich mich überhaupt entsinnen könnte. Ihr Kopf läuft glutrot an, und sie droht vor Zorn zu platzen. Die einzige Rettung besteht darin, dass sie sofort Dampf ablässt – und das tut sie dann auch, und zwar ziemlich laut: »Also, jetzt mach aber mal einen Punkt, Hedwig!«

Ihre Faust landet polternd auf dem Tisch.

»Wieso? Was habe ich denn Falsches gesagt?«

Gekonnt die Unschuld vom Lande mimend setzt Tante Hedwig zu einem hektischen Schluck aus ihrem randvoll mit Eierlikör gefüllten Glas an.

Oma kräht unterdessen erbost weiter: »Wir sind doch hier nicht auf dem Viehmarkt!« Um dann etwas milder und leicht verschreckt über die eigenen Worte in Margits Richtung einzuflechten: »Entschuldigen Sie bitte den Ausdruck Viehmarkt, Frau Kolossa. Das ist mir jetzt so herausgerutscht.«

»Macht nix, Frau Kerkeling! Dat war ja wahrscheinlich au' ni' gegen mich gerichtet«, stottert Frau Kolossa versöhnlich über den Tisch.

Nun, da wäre ich mir an Frau Kolossas Stelle nicht so sicher, ob der »Viehmarkt« nicht doch auf sie gemünzt war. Tatsächlich bin ich beeindruckt von der Art und Weise, wie sich Oma hier präsentiert. Wie schnell sie denkt, wie rasch und kompromisslos sie handelt. Diese plumpe Eheanbahnung seitens meiner Tante finde ich im Gegensatz zu meiner Großmutter zwar eigentlich kein Drama – Tante Hedwig ist halt immer für eine mehr oder weniger gelungene Überraschung gut. Prinzipiell betrachtet hat Oma Bertha jedoch wohl recht.

Es ist zu früh für einen so derben Kuppelversuch. Nichts gegen Frau Kolossa, denn die ist eigentlich sehr liebenswert, aber es handelt sich bei ihr garantiert um das falsche Pferd, das hier auf den Markt geführt wird.

Frau Kolossa erhebt sich leicht betreten von ihrem Platz, zuppelt ihr Kleid zurecht und flüstert, während sie zur Badezimmertür im Korridor stakst: »I' mach mich ma' kurz frisch.«

Mir tut sie ein bisschen leid. In was für eine beschissene Situation ist sie da ohne böse Absicht nur hineingeraten? Sie hatte so eine Sehnsucht nach einem schönen Nachmittag, und Papa hat sich doch eigentlich ganz prima mit ihr verstanden.

Während der Abspann der Zeichentrickserie langsam über den Bildschirm flimmert, setzt Tante Hedwig sich direkt neben ihre Schwester, legt zärtlich einen Arm um sie und redet vorsichtig auf sie ein: »Bertha. Sieh den Tatsachen doch mal ins Auge. Heinz kann nicht ewig alleine bleiben. Er hat über ein Jahr getrauert. Schluss jetzt! Je eher er eine gute Frau findet, desto besser ist es für euch alle. Er ist doch noch so jung. Ob Margit die Richtige ist, weiß ich auch nicht, aber es ist doch wenigstens einen Versuch wert.«

Oma verschränkt widerwillig ihre Arme, starrt eisern in die Tiefe des Raumes und behauptet mit glasigen Augen: »Niemand kann Margret ersetzen. Niemand! Sie war einmalig.«

Hedwig erhebt sich vom Sofa und flüstert: »Heinz, dann fahrt mal besser nach Hause. Ich erkläre Margit das schon. Tut mir leid, wenn ich da jetzt einen Fehler gemacht habe, aber du weißt ja, wie gut ich es mit dir meine.«

Die kleine Runde löst sich in Windeseile auf, und als Frau Kolossa wieder aus dem Bad kommt, stehen wir bereits an der geöffneten Haustür. »Margit! Meine Verwandten müssen leider schon los«, erklärt Tante Hedwig die peinliche Situation etwas ungenügend.

Wenig überrascht, posaunt Frau Kolossa: »Dat hab i mir schon auffer Toilette gedacht! Tschüss, Heinz.«

»Tschüss, Margit. Ich komme vielleicht nächste Woche noch mal bei dir vorbei, Hedwig!«, erwidert mein Vater und verspricht damit etwas, wovon Oma ihn in den kommenden Tagen noch händeringend und geradezu flehentlich abhalten wird.

Frau Kolossa hingegen wendet sich sehr freundlich meiner Großmutter zu: »Aufwiddasehn, Frau Kerkeling. Dat wa trotzdem nett, Se mal kennenzulernen!«

Ein Auf Wiedersehen kann sich meine Großmutter beim besten Willen nicht abringen, also verkündet sie stattdessen: »Machen Sie es mal gut. Und entschuldigen Sie bitte noch einmal.«

Als Letzter gebe ich Frau Kolossa artig die Hand. Sie wirkt ein bisschen traurig. Als ich die Treppe hinunterlaufe und mich unten angekommen noch einmal umdrehe, trifft mich fast der Schlag. Frau Kolossa sieht, aus der Entfernung und wie sie da als schattige Silhouette in der Tür steht, mit einem Mal meiner Mutter auf gespenstische Weise ähnlich. Ich winke ihr noch einmal zu und rufe: »Tschüss!«

Deswegen hat Tante Hedwig sie also ausgewählt! Meinem Vater hat diese gewisse Ähnlichkeit gefallen, und meine Großmutter hat diese Tatsache in hellen Aufruhr versetzt.

Das Licht im Hausflur erlischt. Obwohl es draußen noch taghell ist, wird es im Flur plötzlich dunkel. Kurz bevor ich das Haus verlasse, drehe ich mich ein weiteres Mal um und kneife beim Blick nach oben die Augen zusammen. Dadurch verschwimmt das Bild noch mehr. Da steht jetzt ganz eindeutig Mama im fahlen Lichtschein der geöffneten Tür und winkt mir ein letztes Mal zu.

KAPITEL 18
WER MÖCHTE PUDDING?

Er bleibt Junggeselle,
soviel ist sicher.

Als ich etwa vierzehn Jahre alt bin, entfährt meiner Oma eines Sonntags bei Tisch im Beisein der ganzen Familie aus heiterem Himmel folgender Satz: »Also, ich möchte euch allen jetzt mal etwas sagen! Darüber denke ich schon eine Weile nach. Unser Hans-Peter wird mit an Sicherheit grenzender Wahrscheinlichkeit Junggeselle bleiben, und wir sollten uns besser jetzt schon darauf einstellen. Er wird bestimmt nie heiraten!« Ich starre meine Oma nur an und denke: Hä? Was redet sie denn da?

Mein Vater verschluckt sich fast an seinem Rinderbraten und kontert: »Mutter! Wie kommst du jetzt bitte auf diese völlig abwegige Idee? Das ist doch kein Thema für einen Sonntagmittag. Selbstverständlich wird der Junge einmal eine Frau und Kinder haben.«

Meine Oma lacht herzlich: »Pah! Na, du wirst noch staunen! Und damit du dich nicht zu sehr wunderst, sage ich es lieber jetzt. Das ist so sicher wie das Amen in der Kirche!« Mein Opa grunzt lachend: »Nun reg dich mal nicht auf, Heinz! Soweit ich weiß, hat der Hans-Peter ja tatsächlich keine Freundin, oder?«

Er blickt mich grinsend an und erwartet eine Antwort von mir. Die gebe ich brav, und sie lautet: »Nö!«

Meine Großmutter hakt zur Sicherheit, und um ihre kühne Behauptung wasserdicht zu machen, noch einmal nach: »Und wünschst du dir denn irgendwann mal eine Freundin, Hans-Peter?«

Wiederum lautet meine nunmehr etwas ausführlichere Antwort: »Nö! Eher nicht.«

Meine Großmutter ballt eine Faust und lässt sie sanft auf die Tischplatte fallen. »Sag ich's doch! Er bleibt Junggeselle! Also fangen wir gar nicht erst damit an, ihn dauernd nach einer ›kleinen Freundin‹ zu fragen. Lasst ihn damit in Ruhe!«

Mein Vater ist amüsiert und gleichzeitig entsetzt. Er stottert: »Und damit ist das Thema jetzt für dich abgehakt, Mutter?«

Meine Großmutter nickt, steht auf, hinkt zum Kühlschrank, öffnet ihn, greift nach der Schale mit der Nachspeise und sagt bei noch geöffneter Kühlschranktür: »Selbstverständlich! Für mich ist das Thema damit vom Tisch. Wer möchte Pudding?«

Es stellt für meine betagten Großeltern nicht das geringste Problem dar, in ihrem heranwachsenden Sprössling eindeutig einen »Junggesellen« – wie ich dieses Wort liebe! – auszumachen. Und dadurch muss ich mir bei meiner eigenen Entwicklung nicht auch noch selbst unnötig im Weg stehen. Und Kritik daran seitens meines Vaters lassen sie einfach nicht zu. Er wird zum Schweigen angehalten.

Das Verhältnis zwischen meinem Vater und meinem Opa ist ohnehin eher problematisch. Als mein Vater fünf

Jahre alt ist, verschwindet sein Vater von heute auf morgen für zwölf Jahre hinter Schloss und Riegel. Zwischen 1933 und 1945 wächst er nur bei seiner Mutter auf. Erst als mein Vater 17 Jahre alt ist, kehrt plötzlich dieser leidgeprüfte und stumme Mann wieder in sein Leben zurück. Es mag auch an dieser komplizierten Beziehung liegen, dass mein Großvater darum bemüht ist, zu mir eine besonders innige Beziehung aufzubauen, und er mich dadurch, gewissermaßen eine Generation überspringend, zu seinem Sohn erwählt.

Auch wenn es ihm manchmal sichtlich schwerfällt, lässt mein Vater das geschehen, und er tut sogar gut daran, denn er wird einige Jahre benötigen, um über den Verlust seiner Frau hinwegzukommen.

Von seiner Zeit im Zuchthaus, bei den Moorsoldaten und später im Konzentrationslager Buchenwald spricht Opa nie. Die Nazis haben es bedauerlicherweise geschafft, meinen Großvater mundtot zu machen.

»Wir hätten noch rechtzeitig nach Holland zu Opas Verwandten fliehen sollen! Gott, selbst mit dem Fahrrad hätten wir das in knapp drei Stunden geschafft«, wiederholt meine Oma an fast jedem Gedenktag zu Ehren der Opfer des Faschismus. »Ich saß schon auf gepackten Koffern, aber dein Opa wollte bleiben und mutig Widerstand leisten. Also sind wir geblieben. Das war falsch. Wir hätten gehen sollen.«

Es mag unangemessen pathetisch klingen, aber für mich gibt es nur ein Vaterland – und das heißt Freiheit. Nicht an den Boden bin ich gebunden, sondern an den weiten Himmel darüber. Immer gedanklich auf gepackten Koffern zu sitzen, den Pass stets zur Hand und jederzeit bereit, die Heimat zu verlassen, um nicht mit Haut und Haaren unterzugehen.

Das ist die Haltung, die ich durch die Lebensschule meiner Großeltern verinnerlicht habe.

Mein Großvater beschränkt sich in seiner Erziehung auf vieldeutiges Schweigen. Allerdings nicht im Sinne eines *Ver*schweigens. Alles kommt früher oder später auf den Tisch, aber manchmal eben einfach stumm. Je nachdem, wie Opa schweigt, weiß man, ob er etwas befürwortet oder ablehnt. So wie die Eskimos alle Formen des Schnees benennen können, so demonstriert er mir alle möglichen Formen der Wortlosigkeit.

Betreten, amüsiert, zustimmend, ablehnend, irritiert oder auch aufmunternd. Ja, er kann tatsächlich aufmunternd und sogar herzerfrischend schweigen. Obwohl er so gut wie nie etwas sagt, ist er ein wacher und interessierter Beobachter jeglichen politischen Geschehens. Willy Brandt zum Beispiel scheint der einzige Politiker zu sein, der so ganz nach Opas Geschmack geraten ist.

Mein Großvater hört sich in späteren Jahren manchmal über Stunden meine frühreifen Gymnasiastenmonologe zur politischen Lage der Nation an, und nicht selten lacht er darüber herzlich oder nickt stumm und zustimmend.

»Oh Gott, er kommt ja ganz nach dir, Hermann! Was redet er denn da? Er wird sich auch den Mund verbrennen!«, stöhnt meine Großmutter dann während meiner oftmals langatmigen und altklugen Referate.

Einige Male lande ich während meiner Gymnasialzeit mit meinen selbst gefertigten Traktaten auf den vorderen Rängen von Schüler-Bundeswettbewerben zur Geschichte oder Politik, entweder gemeinsam mit gleichgesinnten

Freunden oder manchmal auch im Alleingang. Zu Aufsatzthemen wie »30 Jahre Grundgesetz – Alle Staatsgewalt geht vom Volke aus!« oder »Fragen an die deutsche Geschichte – Leben unterm Hakenkreuz!« schreibe ich Seite um Seite, vermutlich ein bisschen ungelenk, aber doch höchst engagiert.

Und so erhalte ich als 15-Jähriger beispielsweise im alten Reichstag zu Berlin eine Ehrenurkunde aus den Händen von Bundestagspräsident Richard Stücklen oder auch mal einen anerkennenden und motivierenden Brief von Bundespräsident Walter Scheel, der meine Arbeit anscheinend mit, ich zitiere, »besonderem Interesse« gelesen hat.

Unkomisch geht allerdings die Urkundenverleihung im Reichstag auch nicht über die Bühne. Bevor der Bundestagspräsident knapp zwanzig Schülerinnen und Schülern aus dem Bundesgebiet ihre Urkunden in einer kleinen Feier aushändigt, wird netterweise ein erfrischender, klebrig bunter Fruchtsalat gereicht, der dann statt in meinem Magen auf meinem weißen Rollkragenpullover landet. Auf dem anschließend aufgenommenen Erinnerungsfoto muss ich deshalb anstandshalber mit einem Platz in der hinteren Reihe vorliebnehmen.

Der Bundestagspräsident schaut mich bei der Übergabe der Urkunde dann auch ein bisschen angewidert an. Mit meinem bekleckerten Pullover sehe ich nicht so aus, als wäre der Obstsalat zufällig auf mich gefallen, sondern eher so, als hätte ich ihn nach Leibeskräften aus mir herausgewürgt. Meine fadenscheinige und kleinlaute Begründung lautet: »Das ist Obstsalat, Herr Bundestagspräsident!«

Als meine stolze Oma nach meiner Rückkehr das Foto betrachtet, sagt sie enttäuscht: »Wieso stehst du denn ganz hinten? Ich denke, du bist vorne gelandet!«

Die Sache mit dem Obstsalat kann ich nur schwer erklären ...

Allen herzlichen und ehrlichen Bemühungen meiner Großeltern zum Trotz empfinde ich die Tatsache, ohne meine Mutter aufwachsen zu müssen, als einen gewaltigen Makel. Es ist ein Stigma. Das Fehlen der Mutter macht mich anders und sonderbar. Muttertage streiche ich aus meinem geistigen Kalender. Ich fühle mich meiner Kindheit beraubt. Das ständige Bedauertwerden hängt mir bald zum Halse raus.

»Och, du Armer, du hast keine Mama!« ist ein Satz, den ich irgendwann nicht mehr hören kann.

Nur ein einziges Mal begegne ich, einige Monate nach dem Tod meiner Mutter, völlig überraschend einer faszinierenden und wildfremden Frau, von der ich denke: Sie wäre eine tolle Mutter für mich.

Eines Nachmittags betrete ich unseren Milchladen, um wie jeden Tag frisch gezapfte Milch mit einer Kanne zu holen. Vor der Tür ist mir bereits ein offenes Mercedes-Cabriolet mit weißen Ledersitzen und Münchener Kennzeichen aufgefallen. Derartige Wagen sieht man im Recklinghausen der frühen Siebziger sonst nicht, deshalb sticht er mir ins Auge wie eine außerirdische Erscheinung. So etwas kenne ich sonst nur aus dem Fernsehen, genau wie die Frau, die da im Innern des Geschäfts nun als einzige Kundin etwas nervös vor mir an der Ladentheke steht.

Sie trägt einen hellen, fast weißen Trenchcoat und eine knallrote Sonnenbrille, ihre langen und voluminösen blonden Haare versucht sie unter einem bunten Seidenkopftuch zu verstecken. Erst als sie zu sprechen beginnt und ein paar Lebensmittel und Kaugummi ordert, erkenne ich sie. Dieses Timbre ist unverkennbar.

Das ist Barbara Valentin, die berühmte Schauspielerin. Mit offenem Mund staune ich sie von hinten an und denke: Wow! Die gibt es ja wirklich und nicht nur im Fernsehen!

Ich liebe Barbara Valentin. Sie ist für mich ein Idol. Auch erinnert sie mich in Gestus und Auftreten kolossal an meine Mutter. Als sie sich für einen kurzen Moment umdreht, um zu sehen, wer da nach ihr in den Laden gestiefelt ist, lächelt sie mich kurz an, um sich dann wieder der Verkäuferin zuzuwenden.

Ich könnte sie doch einfach fragen, ob sie meine Mutter sein will? Sie wäre sicher eine starke und lustige Mutter. Für einen Moment spiele ich ernsthaft mit dem Gedanken, ihr einfach meine Geschichte zu erzählen und mich dann selbst zur Adoption freizugeben. Als sie ihre Waren bezahlt hat und den Laden schnell wieder verlässt, laufe ich statt zur Ladentheke kurz entschlossen hinter ihr her. Sie verstaut ihre Lebensmittel auf dem Rücksitz und steigt in ihr Cabriolet. Während sie den Motor anlässt, rufe ich ihr stolz zu: »Du bist Barbara Valentin! Ich kenne dich. Du bist toll.«

Sie dreht sich verdutzt zu mir um, lüpft kurz ihre dicke Sonnenbrille und schenkt mir das breiteste Lächeln, das man einem neunjährigen Jungen nur schenken kann, und ruft dann amüsiert kokett: »Danke, kleiner Mann!«

Und schon braust sie in Windeseile davon. Hätte ich sie fragen sollen? Was hätte sie wohl gesagt? Persönlich sind wir uns danach leider nie wieder begegnet.

Als knapp zwanzig Jahre später Rosa von Praunheim seinen Auftritt in der RTL-Sendung *Der heiße Stuhl* dazu nutzt, um unter anderem mich als homosexuell zu outen, ist dort als einzige Frau in der Runde Barbara Valentin geladen. Ich traue meinen Augen nicht.

Rosa von Praunheim kommt im Verlauf der Diskussion auf mich zu sprechen, und Barbara Valentin springt ihm an dieser Stelle fast an die Gurgel und sagt in etwa folgende Worte: »Lassen Sie Hape Kerkeling aus dem Spiel! Wollen Sie hier etwa seine Karriere ruinieren? Nein, also, das lasse ich nicht zu! Sie sollten sich was schämen!«

Sie verteidigt mich wie eine Löwin. Ich hatte recht. Sie wäre eine ideale Mutter gewesen.

Mit dem Outing und Praunheims Verhalten habe ich schon lange meinen Frieden gemacht. Rosa von Praunheim war mutig. Er hat, aus meiner heutigen Sicht, damals das einzig Richtige und Notwendige getan. Schwamm drüber.

Als ich eines Tages gut gelaunt aus der Schule zurückkomme und in die Küche stürze, stelle ich zu meinem Erstaunen fest, dass der Stuhl, auf welchem meine Mutter immer unterhalb des Fensters gesessen hat, spurlos verschwunden ist.

»Oma! Wo ist denn der Stuhl geblieben, der immer unter dem Küchenfenster stand?«, brülle ich verblüfft durch die ganze Wohnung.

Meine Großmutter eilt aus dem Wohnzimmer herbei und baut sich etwas verlegen vor mir auf. »Da hing doch nicht etwa dein Herz dran, Junge? Oder?«

Einen Moment lang muss ich tatsächlich nachdenken, um dann umso überzeugter erklären zu können: »Nein. Natürlich nicht. Aber wo ist er denn?«

Oma ist die Sache sichtlich peinlich, und sie erwidert etwas kleinlaut: »Och ... Der doofe alte Stuhl? Den habe ich heute Morgen zum Sperrmüll gegeben. Ich konnte ihn einfach nicht mehr sehen, Hans-Peter. Schlimm?«

Ein Grinsen kann ich mir nicht verkneifen, so schuldbewusst wie Oma da vor mir steht und an ihren Fingern herumknetet. Mich beschleicht schlagartig ein befreiendes Gefühl. Dieser Stuhl war für mich so etwas wie ein wuchtiger Grabstein, der mir mitten im Leben den Weg versperrte. Oma hat ihn nun verbannt. Das war richtig. Und so sage ich: »Ich wollte ja nur wissen, wo er ist.«

Von Oma Berthas Sofa aus schaue ich mir – damals noch in Schwarz-Weiß – die Shows von Peter Frankenfeld, Hans Rosenthal und Rudi Carrell an. Dieses nüchterne Schwarz-Weiß schafft für mich kleinen Zuschauer die nötige und natürliche Distanz zu dem, was da auf dem Bildschirm so geboten wird. Es ist deutlich erkennbar nicht die Realität. Seit Erfindung des Farbfernsehens ist diese gesunde Schranke zwischen den gezeigten Inhalten und dem Konsumenten jedoch nach und nach aufgehoben worden. Je realer alles auf dem Bildschirm aussieht, desto mehr verschmelzen Alltag und aufgeblasene Medienwirklichkeit miteinander.

Ab und zu klettere ich, der inzwischen Zwölfjährige, vom Sofa herunter, stelle mich vor den Fernseher, ahme meine großen Vorbilder nach oder präsentiere meine ganz eigene Show. Zu Omas Erheiterung träume ich schon früh davon, selbst einmal durch eine große Samstagabendshow zu führen. Bei einem gemeinsamen Spaziergang zum Supermarkt nehme ich meinen ganzen Mut zusammen und weihe Oma in meine hochtrabenden Karrierepläne ein.

»Oma, wenn ich groß bin, werde ich ein berühmter Fernsehstar!«

Oma lacht verschmitzt: »So, so, interessant! Darf man fragen, wie du auf die Idee kommst?«

»Ich weiß es einfach! Wenn ich groß bin, komme ich eine leuchtende Showtreppe herunter, das Orchester spielt, und dann klatschen die Leute ganz laut ... Kannst du dir das vorstellen?«

Oma zögert einen Moment und beginnt dann gespielt ernsthaft über meine Zukunftsplanung nachzudenken: »Ja ... das würde schon zu dir passen. Aber vorher müssen wir dafür sorgen, dass du vielleicht ein klitzekleines bisschen abnimmst, Hans-Peter! Was meinst du?«

Das scheint mir noch das geringste Problem auf dem Weg nach oben zu sein. Mit einer abwiegelnden Handbewegung übergehe ich den Einwand meiner Oma. Etwas anderes beschäftigt mich viel mehr, und deshalb befehle ich ihr nun: »Du darfst auf keinen Fall vorher sterben, Oma! Das musst du doch miterleben, wenn ich da im Fernsehen die Showtreppe runterkomme!«

Oma grinst sanft und verspricht: »Ich werde mich anstrengen, Hans-Peter.«

Und wie sie sich anstrengt. Meine Großmutter erlebt die Erfüllung meines Traumes bei geistiger und auch körperlicher Gesundheit tatsächlich noch mit. Da ist sie bereits 84 Jahre alt, und sie erfreut sich daran wie eine Königin. Als ich voller Stolz in der Familie den Ausstrahlungstermin meiner ersten Show bekannt gebe, den 5.12.1984, vier Tage vor meinem zwanzigsten Geburtstag, jauchzt sie vergnügt: »Lieber Himmel, wie hast du das bloß geschafft, mein Junge?«

Damals fällt mir die Antwort nicht ein, und ich bleibe sie meiner Großmutter schuldig. Heute wüsste ich sie: »Durch dich habe ich das geschafft, Oma. Du hast mir alle Steine aus dem Weg geräumt!«

KAPITEL 19
GUT GEMACHT!

Man kommt nie zu Hause an,
wenn man sich nicht auch mal
davon entfernt.

Noch immer auf dem Sofa im Düsseldorfer Parkhotel liegend und in Gedanken beim Lächeln des kleinen Luis in Mosambik, stelle ich mit einem kurzen Blick auf die Uhr verschreckt fest, dass mir nur noch eine knappe halbe Stunde bis zur Abfahrt zum Capitol Theater bleibt. Also stürze ich unter die Dusche, entledige mich auf dem Weg dorthin stolpernd der Horst-Schlämmer-Klamotten, um mich dann flugs vernünftig anzuziehen.

»Henning, wir müssen ja los!«, schreie ich wie wild durch die Suite.

»Ich weiß, aber ich dachte, du bist eingeschlafen. Da wollte ich dich nicht wecken. Nach all dem Stress in den letzten Wochen!«

Mit diesen Worten steht er bereits wie aus dem Ei gepellt und schön wie ein Erzengel mitten im Zimmer. Er hat recht. Dann kommen wir eben ein paar Minuten zu spät. Was soll's? Ich stehe doch heute Abend gar nicht selbst auf der Bühne.

Auf sehr unsentimentale Weise hänge ich den Kleidersack mit meinem wohl bekanntesten und erfolgreichsten

Kostüm in den Kleiderschrank. Und so gut ich auch alles zu verstauen versuche, durch den grauen Stoff des Kleidersackes erkennt man immer noch eine lustig unförmige und geradezu unanständige Beule, verursacht durch das wichtigste Requisit: das schwarze Herrenhandtäschchen. Das bringt mich zum Lachen.

»Selbst ohne mich ist Horst noch lustig«, denke ich laut.

Zum heutigen Karnevalsbeginn legen sich die meisten Rheinländer eine Maskerade zu – ich hingegen lege nun endgültig die Maskerade des Rheinländers ab. Ich kann eben einfach nicht mit dem Strom schwimmen. Das lag mir noch nie. Von den Pfadfindern bin ich damals geflüchtet, als es plötzlich hieß, wir sollten nach unserer Eingewöhnungsphase diese blöde Uniform tragen. Nicht mit mir, habe ich mir gesagt und bin nie wieder hingegangen.

Im Laufe der Jahre habe ich gelernt, mich von geliebten Menschen zu verabschieden. Im Vergleich dazu ist der Abschied von Horst Schlämmer nun wirklich alles andere als ein Drama, eher eine Befreiung. Und auch, dass meine Leidenschaft für die Showbranche nicht ewig währen würde, ahnte ich schon an meinem allerersten Arbeitstag in einem Kölner Fernsehstudio, als ein selten weltfremder Jermaine Jackson mich mit Blick auf den Dom ernsthaft fragte, ob er in Paris sei. Ich war so verdattert, dass ich ihm die Antwort bis heute schuldig geblieben bin. Er denkt vermutlich immer noch, dass er Notre-Dame de Paris live und in Farbe gesehen hat. Und zwar in Köln.

Mit dem Ausruf: »Helau ... und vorbei!« schließe ich sanft den Kleiderschrank. Und nun? Eigentlich reicht es mir an dieser Stelle. Ich habe keine so große Lust mehr, das zu sein, was andere in mir sehen wollen. Das ist mein

Leben, und ich will es jetzt zurück. Ich bin in diesem Moment entschlossen, den schon lange geplanten künstlerischen Freitod zu begehen! Oder um es mit meiner Kunstfigur Gisela zu sagen: Nein, das möschte isch nischt mehr!

Vor dem Capitol Theater, einem aufwendig sanierten ehemaligen Straßenbahndepot, tummelt sich das entspannte Vorpremierenpublikum. Ein Hauch von Off-Broadway liegt in der kaltfeuchten rheinischen Luft. Alle Düsseldorfer Freunde und Verwandte sowie ehemalige Nachbarn sind gekommen. Der Abend wird also keine anstrengende Pflichtveranstaltung, sondern ein ganz entspanntes und legeres Familientreffen. Über dem Eingang prangt violett leuchtend das gigantische Plakat, welches die beiden grandiosen Hauptdarsteller in Szene setzt: Dirk Bach und Enrico de Pieri. Es soll heute Abend ihr Triumph werden.

Seit vielen Monaten haben alle Beteiligten getextet, komponiert, inszeniert, trainiert, entworfen, verworfen, geschneidert, gebaut, gemacht und getan und ihr gesamtes Herzblut in diese Produktion gegeben. Allen voran Dirk Bach. Er war die stützende Seele und die seelische Stütze des Ensembles.

Der sichtlich angespannte Thomas Hermanns, Autor der Bühnenversion und Initiator dieses an Größenwahn grenzenden Spektakels, steht blass und noch allein im Regen. Den Mantelkragen hat er hochgestellt, den Blick auf das Plakat gerichtet.

»Das Ding muss heute Abend förmlich über die Bühnenrampe knallen ... sonst war alles umsonst!«, murmelt er, immer noch in das Plakat vertieft, mehr zu sich selbst als zu mir.

»Ich mache mich nicht verrückt!«, flöte ich entspannt und halte Thomas wie zum Beweis meine ruhigen Chirurgenhände vors Gesicht. Die unendlich vielen Proben, die ich gesehen habe, lassen einen umwerfenden Abend erwarten. Thomas als Initiator und künstlerischer Leiter, Thomas Zaufke und mein Kumpel Achim Hagemann, die beide als Komponisten gearbeitet haben, sowie der Regisseur Alex Balga haben da etwas Einmaliges auf die Musicalbühne gebracht.

Die Vorfreude im bis auf den letzten Platz gefüllten Capitol Theater ist gigantisch. Vor allem die absoluten Hardcorefans, die den gesamten Film von vorn bis hinten fehlerfrei mitsprechen können und im Schnitt erstaunliche zwanzig Jahre jünger sind als meine leicht übergewichtige Wenigkeit, haben sich zur Vorpremiere eingefunden.

Vermutlich haben sie sich die Tickets bereits vor Monaten gesichert und warten nun rosabäckig und nervös darauf, dass dieser verdammte dicke rote Samtvorhang sich endlich heben möge. Untereinander wirft man sich über die Sitzreihen hinweg Zitate aus dem Film zu.

»Isch kann so ned arbeide!« – »Heinz, du warst phantastisch!« – »Mit 'n Bollerwagen is deine Omma früher nachts ganz alleine losgeschoben!« – »Dat is datselbe Surfbrett, wat der Henne auch hat!« – »Bitte werfen Sie eine Münze ein. Hier erfahren Sie Ihre persönliche Glücksmelodie!« Oder auch: »Wäscher mit äää!«

Das Ganze funktioniert zwischen diesen äußerst sympathischen Fans wie eine Art Geheimsprache. Die Zitate fungieren wie ein Code, den man in allen Lebenslagen und gegen die böse Welt verwenden kann, wenn sie sich mal wieder gegen einen verschworen hat. Diese bruchstückhaften Wortkonstruktionen verwandeln sich dann quasi in mysteriöse Bannsprüche, welche sich als sehr wirksam gegen die alltägliche Idiotie, Bürokratie, Akribie und andere unlustige menschliche Feindseligkeit zu erweisen scheinen. Mit dem Aussprechen dieser für Nichteingeweihte vollkommen unverständlichen Sätze weicht sich für den geneigten Fan die eigene oder wahlweise auch die verhärtete menschliche Kruste seines Gegenübers auf. Irgendwie rätselhaft, aber in jedem Fall funktionstüchtig.

Aus dem Zusammenhang gerissen wirkt jeder Satz für sich eigentlich nicht komisch, sondern eher unverständlich und sogar unbeholfen. Erst im Kontext erschließt sich dann – das hoffe ich zumindest – eine gewisse dramatische Komik und operettenhafte Absurdität. Denn in *Kein Pardon* geht es um Menschen, die pausenlos aneinander vorbeireden, die nie sagen, was sie wirklich denken, immer recht haben wollen und ihre Gefühle im Prinzip gar nicht ausdrücken können – es sei denn, sie rasten im unpassendsten Moment komplett aus und übertreiben es maßlos mit der Preisgabe ihrer persönlichen Befindlichkeiten.

Ein Drama eigentlich, aber eben ein komisches.

Wenn man etwas nach langem Nachdenken mit großer Hingabe über Monate hinweg niederschreibt, um es dann in einem Film sozusagen zum Leben zu erwecken, dann erhofft man sich als Autor natürlich, dass der eine oder andere Satz in Erinnerung bleiben möge. Aber dass die Zuschauer nach wiederholter Betrachtung ein und desselben Streifens quasi den gesamten Stoff fehlerfrei und auswendig vortragen können und dabei selbst die allergrößte Freude empfinden, das wagt man sich nicht einmal in den kühnsten Träumen vorzustellen. Wie gesagt, irgendwie rätselhaft ... aber schön!

Als ich da so im Zuschauerraum sitze und mitfiebere, denke ich, dass ein großer Wunsch von mir hier und heute erstmals in Erfüllung gehen wird. Schon immer wollte ich erleben, wie etwas, an dem ich entscheidend mitgearbeitet habe, auf der Bühne wirkt – und zwar ohne mich! Ausnahmsweise stehe ich heute nicht im Scheinwerferlicht, sondern darf alles aus der Zuschauerperspektive erleben.

Schaue ich mir Aufzeichnungen meiner Shows oder Filme an, sehe ich vor allem ständig bildfüllend eines: meine eigene Hackfresse! Es sei denn, ich schaue mir die paar Momente und wenigen Szenen an, in denen ich nicht gerade den gesamten Rest verdecke.

Entschuldigen Sie bitte den harten Ausdruck »Hackfresse«, aber seit Kindertagen begrüßen mein bester Kumpel Achim und ich uns mit diesen Worten: »Na, du alte Hackfresse! Wie läuft's?« Wie wir überhaupt darauf gekommen sind, habe ich vergessen. Aber lustig finden wir es bis heute. Genauso wie den Ausdruck »Mettgesicht«!

Das Licht im Theater verdunkelt sich allmählich, der Vorhang hebt sich feierlich, das Orchester beginnt mit einem Paukenschlag zu spielen. Jetzt gilt es!

Ein zutiefst egoistischer Gedanke ergreift mich: Oh, Gott! Wie gut, dass ich da heute nicht hinter dem Vorhang stehen muss! Der bloße Gedanke an einen sich hebenden Vorhang im grellen Scheinwerferlicht wirkt bei mir sofort verdauungsfördernd. Wenn ich mir dann noch voluminöse Orchesterklänge dazuhalluziniere, kann ich mir eigentlich umgehend Kohletabletten aus der nächsten

Apotheke besorgen. Falls ich da überhaupt noch rechtzeitig hinkomme.

Dieser Moment hat für mich immer etwas Endgültiges und Unausweichliches. Jetzt ist es zu spät für ein Zurück. Man spürt einen tiefen Abgrund und fragt sich, wie es überhaupt geschehen konnte, dass man sich bis hierher manövriert hat. Es hilft nichts, man muss nun springen. Oder genauer gesagt: Es schubst einen jemand, denn den Moment des Sprungs bestimmt nicht man selbst, sondern der Regisseur und die tickende Uhr. Als Fallschirm dienen in diesem Moment nur die ersten gesprochenen Worte auf der Bühne und eine dazu passende, unerschütterliche innere Haltung.

Es gibt kein zögerliches Zurückweichen mehr, sondern es muss mit aller zur Verfügung stehenden geistigen und körperlichen Kraft gnadenlos nach vorn gespielt und gestrahlt werden. Das ist zwar schön, aber auch ganz schön anstrengend.

Oh Gott, ich weiß ganz genau, wie alle Darsteller sich jetzt fühlen. Hundeelend!

Enrico de Pieri als Peter Schlönzke, Iris Schumacher als Hilde und Dirk Bach als Heinz Wäscher reißen das Publikum immer wieder von den Sitzen. Was Dirk da oben auf der Bühne als cholerisch bösartiger und seelisch verwundeter Showmaster Heinz Wäscher treibt, ist in meinen Augen eine Glanzleistung.

Obwohl ich jeden Satz auswendig mitsprechen könnte, sitze ich im Zuschauerraum wie ein ahnungsloses, aufgeregtes Kleinkind im Kasperletheater. Und Dirk gibt zur Freude aller heute das Krokodil und den Kasper in einem. Durch sein intensives Spiel zwingt er jeden Zuschauer seelisch zu sich hinauf auf die Mitte der Bühne. Ja, natürlich ist er rasend komisch. Vor allem aber spielt er abgründig präzise, ist geistig und körperlich extrem gut vorbereitet und improvisiert dennoch mit spielerischer Leichtigkeit in jeder Sekunde.

Im Saal sitzen fast ausschließlich Fans, und so ist es eigentlich kein Wunder, dass die folgenden zwei Stunden für uns alle wie im Fluge vergehen. Als das Musical den Punkt erreicht, an welchem Mutter und Oma Schlönzke im familieneigenen Laden in trauter Zweisamkeit und in breitem Ruhrpottslang das rührselig komische Duett »Mein Sohn ist beim Fernsehen!« anstimmen, geschieht etwas Wunderliches.

Bei keiner einzigen der Proben, die von den Darstellern meistens in deren privater Garderobe gespielt wurden, ist es mir zuvor aufgefallen. Nicht nur erinnert mich das Bühnenbild stark an den Krämerladen meiner Familie, sondern Iris Schumacher hat zudem frappierende Ähnlichkeit mit meiner Mutter und Verena Plangger mit meiner Großmutter. Sie sehen im glänzenden Bühnenlicht fast tatsächlich so aus wie die seit Langem verstorbenen Frauen. Ein eiskalter Schauer fährt mir über den Rücken. Da steht für einen kurzen Moment meine Mutter auf der Bühne. Und zwar so, wie ich mich gern an sie erinnere: heiter vergnügt, menschlich warm, freundlich zupackend und ständig ein Lied auf den Lippen. Gespenstisch!

Das Musical geht ohne Pannen und Aussetzer glatt über die Bühne, und es lässt sich bereits erahnen, wie positiv turbulent die Premiere am darauffolgenden Tag für alle Darsteller und Beteiligten werden wird.

Nach der Vorstellung bin ich so begeistert, dass es mich sofort hinter die Kulissen zu den Mitwirkenden treibt. Dirk Bach steht glücklich und erschöpft in einer dunklen Ecke zwischen einem mit Federboas geschmückten Garderobenständer und seinem von einem faden Neonlicht angestrahlten Maskentischchen und reibt sich die Schminke vom Gesicht.

»Dirk, du warst phantastisch!«, sage ich euphorisch, denn ich bin immer noch in einer tiefen Theatertrance gefangen.

»Das freut mich aber, dass es dir gefallen hat! Ich glaube, das war ein guter Abend!«, erwidert Dirk und drückt mich ganz fest.

Natürlich kann nicht jeder Abend auf einer Bühne gut sein. »Gut« ist schon weit mehr, als man erwarten darf. Mir hat das generöse deutschsprachige Publikum viele gute Abende beschert. Mensch, für mich ist es richtig gut gelaufen! Und wenn es bei mir beruflich mal wieder hart oder eng wurde und ich in langwierigen und unangenehmen Produktionsbesprechungen bis in die Nacht hinein festsaß und mit den Verantwortlichen um jede noch so kümmerliche Pointe ringen musste, dann habe ich mir immer vor Augen geführt, für wen ich diesen mitunter harten Knochenjob eigentlich mache.

Selbstverständlich auch für mich. Denn alles in allem ist und bleibt dieser Beruf erfüllend.

Aber doch in erster Linie für die Menschen, denen es nicht so gut ging und denen vor dem heimischen Bildschirm partout nicht zum Lachen zumute war. Die Zuschauer, die auf ihrer Lebensstraße ausgerutscht oder ins

Schlingern geraten sind, das waren meine Hauptadressaten. Und selbst während meiner Liveshows habe ich mir das immer wieder klargemacht und in Gedanken bei denjenigen Menschen für Leichtigkeit, Schwung und Lachen gesorgt, bei denen das Leben gerade traurig, festgefahren und verkeilt war.

Zugegeben, das ist ein beinahe vermessener Anspruch, und ich kann mir selbst kaum vorstellen, dass ich dem immer gerecht geworden bin. Manchmal mag mein Auftreten auch zu überreizt, zu schrill, zu bunt und zu frech gewesen sein. Aber das geschah nicht aus einem Unvermögen heraus, sondern meistens mit voller Absicht. Das hat sicher nicht immer jedem gepasst, und manchen Zuschauer mag ich damit wohl auf die sprichwörtliche Palme gebracht haben.

In meiner »verschlitterten« Kindheit haben mir die Herren Jürgen von Manger, Hans Rosenthal, Peter Frankenfeld, Walter Giller, Rudi Carrell, Peter Alexander, Dieter Hallervorden, Loriot, Heinz Erhardt, Willy Millowitsch und die Damen Evelyn Hamann, Trude Herr, Heidi Kabel, Erni Singerl, Helga Feddersen, Elke Heidenreich und Gisela Schlüter via Bildschirm treu und verlässlich aufheiternd zur Seite gestanden. Eure komische Mission hat mich erreicht. Ein Dankeschön dafür! Ach, Humor ist schon ein guter Kumpel.

Es ist gar nicht so leicht, Menschen professionell zum Lachen zu bringen und seinen eigenen Stil zu finden. Den einen gemeinsamen Humornenner vieler unterschiedlicher Individuen muss man erst einmal entdecken. Vor jedem, der das schafft, ziehe ich meinen Hut – ohne Wenn und Aber.

Viele werden vermutlich sagen: Also doch! Der Clown ist immer auch ein trauriger Clown! Auf der Bühne habe ich jedoch weder Zeit oder Lust noch Platz, mich mit meinen traumatischen Kindheitserlebnissen auseinanderzusetzen. Das kann ich zu Hause, mit Freunden oder in einer guten Therapie besser aufarbeiten. Auf der Bühne bin ich aus tiefster Überzeugung ein gut gelaunter Unterhalter, und nichts davon ist aufgesetzt. Das ist alles echt. Lediglich die Tatsache, dass ich überhaupt den einen oder anderen Mitmenschen unterhalten kann, resultiert entscheidend aus meinen Erlebnissen und Erfahrungen.

Selbst wenn mir, laut Aussage des Dalai Lama, in meiner Kindheit das Schlimmste widerfahren ist, was einem Kind überhaupt passieren kann, muss ich heute doch sagen: Der da oben hat mein Schicksal mit Gnade und Fürsorge verwaltet. Auch der schlimmste Verlust hat manchmal etwas Positives. Das gemeinsame Leben mit meinen Großeltern hat mir völlige Freiheit zur Entfaltung meiner Persönlichkeit geschenkt. In gewisser Weise hat mich das zwar, oberflächlich betrachtet, auf den Weg eines Komikers geführt, aber auf einer subtileren Ebene – so denke ich manchmal – vielleicht auch auf den Pfad eines tapferen Kriegers.

Wir alle befinden uns in unserem Leben unbestritten auf einer Suche. Auf meiner Lebenssuche habe ich, zu meinem eigenen Erstaunen, nicht den Weg eines Frömmelnden, eines Realitätsflüchtlings oder eines besonders Gescheiten eingeschlagen. Der einfache Krieger versteht es, seine Kraft zu bündeln und sie vollständig auf ein Ziel auszurichten. In diesem Sinne bin ich ein astrologischer Schütze wie aus dem Bilderbuch. Es gelingt mir, mich zu sammeln. Ich bleibe bei mir und kann deshalb von mir weg. Man kommt halt nie zu Hause an, wenn man sich nicht auch mal davon entfernt.

Der Abstand zu den Ereignissen in meiner Kindheit hat sich für mich durch dieses Buch auf gesunde Weise noch einmal vergrößert. Über vierzig Jahre ist das alles nun her. Das Symbol meiner Menschwerdung ist der leere Stuhl am Küchenfenster. Wenn Sie so wollen, ist dieses Buch ein einziger langer Schlusssatz zu meiner Kindheit geworden.

Ursprünglich sollte es die unterhaltsame Autobiografie eines schillernden deutschen Showstars werden. Ich wollte darüber schreiben, wie umwerfend und seligmachend das Gefühl ist, wenn man dem Publikum ein befreiendes Lachen entlockt. Darüber, dass es, aus der Künstlerperspektive betrachtet, bombastisch ist, wenn sich die Zuschauer in ihren Sitzen vor Lachen kugeln und an nichts anderes mehr denken können als daran, dass sie gerade fröhlich sind. Das sind herrliche Bilder in meinem Kopf, die ich freiwillig nicht löschen werde.

Darüber, dass es einfach nur toll war, mal die Beatrix zu sein oder Hurz zu singen oder mich als Horst Schlämmer durch die Weltgeschichte zu nuscheln. Die zickige und umjubelte Schlagerdiva Uschi Blum geben zu dürfen. Hannilein und Sigi Schwäbli gewesen zu sein. Filme zu drehen. Hörbücher zu machen. Schlager zu singen. Shows zu präsentieren. Bücher zu schreiben.

Das alles durfte ich meistens mit großem Erfolg tun und kann dieses Glück manchmal selbst nicht fassen. Nach Herzenslust habe ich mich wie ein unbeschwertes Kind austoben dürfen, und das Publikum hat mich großmütig gewähren lassen, fast jeden Spaß mitgemacht und mich in meinen Sternstunden sogar dafür geliebt.

Womit habe ich das verdient? Das habe ich mich oft gefragt, wenn ich mal wieder einen mörderwichtigen Publikumspreis für irgendeine Show in die Hände gedrückt bekam und mir insgeheim dachte: »Na, das hätte ich noch besser machen müssen.«

Nun habe ich – und das ohne jede Absicht – die Geschichte einer verlorenen Kindheit erzählt. Es musste vielleicht einfach alles mal gesagt werden.

Dass der kleine dicke, schüchterne Junge aus dem Kohlenpott das alles mit naivem Gottvertrauen schaffen würde, hätte ich ihm nie zugetraut. Das hat er gut gemacht.

Vielleicht fragen Sie sich, wer um Himmels willen ist denn nun dieser Hape Kerkeling? Was denkt er heute, was fühlt er, was will er?

Die Antwort ist ganz einfach.

Ich bin meine Mutter und mein Vater, meine Großeltern, mein Bruder, meine Tante Gertrud, Tante Lisbeth, Tante Hedwig, Onkel Kurt und Tante Veronika. Ich bin Frau Edelmund, Frau Rädeker und Frau Strecker und viele mehr. Jeder hat mich zu dem gemacht, was ich bin.

Und gleichzeitig bin ich auch Tante Lore und die Richtung, in die sie mich im Kinderwagen auf dem Feldweg schiebt. Ich bin die gescheckte Kuh auf der Weide, das gelbe Korn auf dem Feld und der rote Mohn am Wegesrand. Ich bin der schmale Trampelpfad und dessen Ende. Ich bin der wolkenlose Himmel. Ich bin wach.

NACHBEMERKUNG

Auch wenn dieses Buch selbstverständlich auf wahren Begebenheiten beruht, so kann ich doch keine Garantie dafür übernehmen, dass sich in meiner Kindheit alles haargenau und bis ins kleinste Detail so abgespielt hat, wie ich es hier beschrieben habe. Ich habe versucht, meine eigene Kindheit vor meinem inneren Auge wieder erstehen zu lassen, und mich dabei auf die Bilder, Geschichten und Eindrücke, die sich seit meinen frühesten Lebensjahren in mir angesammelt haben, sowie vor allem auch auf die Schilderungen meiner nächsten Verwandten gestützt.

Die Erinnerungen eines jeden Menschen sind persönlich, selbst wenn sie Dinge betreffen, die auch andere erlebt haben. Die vorkommenden Personen mögen es mir deshalb nachsehen, wenn das Geschilderte nicht immer ihrem eigenen Andenken entspricht – es ist die Vergangenheit, wie ich sie erfahren habe. Einige der auftretenden Personen habe ich zu ihrem Schutz mit geändertem Namen aufgeführt.

»Der wichtigste Weg meines Lebens.«

Hape Kerkeling

Ich bin dann mal weg

Meine Reise auf dem Jakobsweg

Piper Taschenbuch, 352 Seiten
€ 9,99 [D], € 10,30 [A]*
ISBN 978-3-492-30711-6

Hape Kerkeling, Entertainer, Moderator und Kabarettist, ging nach Santiago de Compostela und erlebte die besondere Kraft einer Pilgerreise. Er lernte moderne Pilger und ihre Rituale kennen, erfuhr Einsamkeit und Stille, Erschöpfung und Zweifel, aber auch Hilfsbereitschaft, Freundschaften und Belohnungen. Ein außergewöhnliches Buch voller Witz, Weisheit und Wärme, ein ehrlicher Bericht über die Suche nach Gott und nach sich selbst, der Millionen Leser begeistert hat.

PIPER

Leseproben, E-Books und mehr unter www.piper.de

»Herrlich ehrlich und komisch, so wie ihn Deutschland kennt und liebt.« Focus

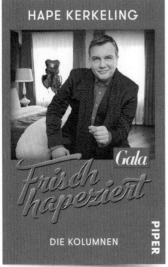

*Cover- und Preisänderungen vorbehalten

Hier reinlesen!

Hape Kerkeling

Frisch hapeziert

Die Kolumnen

Piper Taschenbuch, 176 Seiten
€ 11,00 [D], € 11,40 [A]*
ISBN 978-3-492-31434-3

In seinem Debüt als Gesellschaftsreporter plaudert Hape Kerkeling aus dem Nähkästchen seiner Erfahrungen mit Stars und Sternchen, Blaublütigen und Celebritys. Er sinniert darüber, was einen echten A-Promi vom »Adabei« unterscheidet und wie die europäischen Königshäuser miteinander verwandt sind. Über Tücken im Urlaub, seine persönlichen Lieblingssportarten (Billard und Mau-Mau) und darüber, wie einfach Facebook-Fasten geht.

Mit Bonusmaterial zur Faszination gekrönter Häupter und einem Loblied auf die deutsche Sprache.

Leseproben, E-Books und mehr unter www.piper.de

PIPER